劉君祖易經世界

身處變動的時代，易經教你掌握知機應變，隨時創新的能力。

易經六十四卦的全方位導覽

易經密碼 第八輯

劉君祖——著

目錄

申命行事——巽卦第五十七（䷸）

朋友講習——兌卦第五十八（䷹）

發而中節——節卦第六十（䷻）

信受奉行——中孚卦第六十一（䷼）

學而時習——小過卦第六十二（䷽）

究竟涅槃——未濟卦第六十四（䷿）

申命行事——巽卦第五十七（䷸）

八個基本卦的規律

巽、兌二卦前面的豐、旅二卦，我們已經詳細分析過了，但真要弄清楚這兩卦的奧妙，並不容易。如果能真正理解這兩個卦，這輩子不論遇到什麼大事，相信都足以應對。包括個人的、國家的，乃至全世界的關鍵資訊，都藏在豐、旅二卦中；尤其再結合錯卦的觀點——豐、旅、渙、節四個相錯相綜的卦，堪稱是《易經》的高級密碼，天下大小事都不會逾越這四個卦的變化趨勢；什麼地方要注意、什麼是徒勞的，不必嘗試，這都是我們要理解的。我在渙、節二卦還會再次詳細分析。

豐（䷶）、旅（䷷）、渙（䷺）、節（䷻）四個卦相錯相綜，離得很近，但中間插入兩個八純卦——巽、兌二卦，這就很值得玩味了。乾、坎、艮、震、巽、離、坤、兌這八個基本卦是六十四卦的變化原型和基本構成元素；像乾、坤是父母卦，乾、坤交合之後生出三男三女，即所謂的六子卦。八卦有本有源，對它們彼此互動的特性都能瞭若指掌，面對重組的六十四卦時，才有一把打開密碼的鑰匙。

三畫卦的八卦是基本原型，衍伸為六畫卦之後，其變化規律皆有跡可循，例如上卦是艮的卦，就必定會顯示出艮卦的特性；上卦若是兌或其他卦，亦復如是。《易經》自古就以艱深難懂著稱，因為它確實要花很多心思，要懂得靈活運用，不能拘泥於哪一個卦、哪一個爻，這種錯綜複雜的關係，孔子在〈繫辭傳〉就不斷強調應該如何讀《易經》、如何體會《易經》、如何從《易經》中受益等等。要判斷我們對任何一個卦的理解是否深入，嚴格講，都涉及我們對其他六十三個卦的瞭解。這是一種指數型的修為，絕不是光靠一個卦的一招半式就可以闖江湖，因為全易息息相關，必須掌握它的四千多種變化，包括相錯、相綜、爻變、卦中卦的關係，才算是比較深入、全面的理解。

豐旅相綜看世象

豐、旅二卦相綜，從如日中天的豐功偉業驟然衰退、失去一切，甚至四處流亡；眼看他起高樓、宴賓客，突然間樓塌了。由豐轉旅的因果關係不難理解，日常生活中也有很多實例。因為豐、旅相綜一體，豐的另一面就是旅，這就讓我們可以從一個卦推演到全方位的形勢；那些看起來根深柢固的大企業、大財團、大國，好像千年不倒，我們能不能看到它有「旅」的一面？一般人往往會被豐的場景嚇住，但《易經》早就告訴我們，如果在豐卦中犯錯，就有可能淪為旅卦的慘局。

像蘇聯是那麼強大的一個帝國，二戰後至冷戰時期，它掌握龐大的資源，絕對是「豐」，可是那時有幾人能看出他後來的「旅」？所以大家都在莫名其妙中眼睜睜看著它垮台，就連美國這個

「死對頭」也沒看出來，然後全世界都因為他的突然解體而搞得手忙腳亂。大家絕對料想不到，如日中天的蘇聯會扛不過與美國的冷戰。《易經》就告訴我們任何一個「豐」的局面，都有走向「旅」的可能，如果你只看到「豐」，沒想到有可能「旅」，就很難適應劇變。如果按照錯卦的變化，豐卦六爻全變為渙卦，就像蘇聯一下瓦解成十幾個加盟共和國。不光是《易經》，就是學佛經、學老子，都是教我們練達人生，培養長遠的眼光，可以從「豐」看到「渙」，或者發展為「旅」的可能。

反過來說，人在旅卦的時候，可能會覺得自己倒楣透頂，但要知道，旅卦就是豐卦的另一面。所以要搞清楚豐、旅二卦的關係，不僅要考慮相綜的關係，也要考量到跟渙、節二卦的相錯關係。這就是卦序相綜相錯的意義。

以綜卦來說，任何一個事件的一體兩面，幾乎是同時存在的。按照卦序，最可能的是由豐轉旅，而不是由旅轉豐。但是，豐、旅可以同時存在，相綜就是有A必有B、有B必有A，A可以推到B，從B就知道必然有A那一面。所以不能只偏一面，要掌握因果關係，有通觀的瞭解。在豐的時候要想到旅，如果不希望由豐轉旅，就要注意趨吉避凶。如果已經變成旅，那就要掌握旅卦的特色。像現在中國政府大力反貪腐，但貪腐是人性中必然存在的，有「豐」才有貪，而豐卦講日食，說明一個國家社會絕對不能只有硬實力，要重視文化教養，不然不能擔保有一天不會變成「旅」；所以中國政府現在開始重視文化底蘊。豐卦要平衡發展，就要用謙卦的精神追求天地人鬼神的整體平衡。所以一定要重視上卦震跟內卦離的平衡，不然豐卦的風險太大了。

《易經》中的「閑」與「品」

「閑」是門中有木。家人卦（䷤）初爻云「閑有家，悔亡」，「閑」就是門檻，不是什麼人都可以進來的，要設門檻、門禁，要甄選資格。大畜卦第三爻的千里馬想出去闖，但「日閑輿衛」，沒通過畢業考試就不准出去。進口要管制，出口也要管制，這就是「閑」。一個團隊、一個政黨、一個組織，前門有人管，後門也有人管，不是想進來就可以進來，也不是想走就能走。加入任何組織，當然要有忠誠度，不然怎麼做人？然後「閑邪存其誠」，把關要嚴，要有紀律，要有忠誠、倫理，不然哪來的組織戰力？乾卦第二爻「見龍在田」就是要「閑邪存其誠」，絕對不能讓壞分子進來，把組織搞得亂七八糟，或者盜取組織資源。當然，也不能保證經過門禁管理之後一定都是忠誠、可靠，或者對組織都是有貢獻的同志，所以進來之後還要管制，要訓練、培養、互動，這就是從「閑」字到「品」字的意義。

「品」字很重要，乾卦「雲行雨施，品物流形」，要分級、分檔次，類族辨物，都要重視「品」的分別。所以坤卦就講「含弘光大，品物咸亨」，姤卦（䷫）則說「天地相遇，品物咸章」，還有巽卦第四爻的「田獲三品」。如果沒有「品」，就會高估或低估，怎麼打組織戰呢？可見，光是一個「閑」、一個「品」，對人生來說，太有實用價值了。關於中國的教育事業，孔子稱得上是中華第一人，在中國人口沒有多少的時候，他卻有弟子三千，而且那時交通不便，很多弟子都是外國人；再加上這三千弟子是來自各個社會階層，所以他有教無類。但是三千弟子，最後成材的，也就是在歷史上有點兒名氣的才七十二個。所以說不良率超高，瑕疵品一堆。假如你是孔老夫子，面對二·四%的成功率，你會怎麼辦？對於這三千弟子來說，想入孔門學習當然是有門檻的，必須「自行束脩以上」；至少束脩就是門檻，像顏回可能交不起豬肉，就要申請特殊待遇。但一定不可能來了就收，一定有考核，但最後的教學成果還是只有二·四%。而這二·四%的成材弟子中，我們能記得十個就不錯了。

在孔子的學生中，也是有「閑」有「品」，有人適合幹政治，有人適合外交，有人適合軍事佈局，還有人適合搞學問。本來林子大了就一定什麼鳥都有，那就叫「品」；然後不能什麼鳥都放進來，那就叫「閑」。但這七十二弟子當中，孔子心目中可能只有一個顏淵是可以傳衣缽的，那麼合格率就是三千分之一，而不幸顏淵又早死。你看，孔子花了這麼多心思，投入和產出完全不成比例！如果用孔子這麼高的標準去要求，那孔老夫子恐怕得累死、氣死。可是為什麼歷史的事實還是如此呢？一個很現實的問題就出來了。孔老夫子是不是靠束脩維生我不知道，如果孔老夫子要靠學生繳學費維持生活，以他的高標準，只收顏回一個學生，他能不能生存？當然不能。或者他只收七十二個稍稍有用的學生，同樣這七十二個學生也養不活他。所以三千弟子中，大概有兩千多人是繳學費供養他的；如果只收精英班，那肯定得餓死。

無入而不自得

巽卦是基本八卦之一，看著簡單，篇幅不多，但很重要，因為一切的變化都是從基本組合而來的。巽是「無入而不自得」，這是《中庸》的概念。巽就是入，巽為風，深入而低調。進入一個行業、一個領域，就像入寶山不要空手而回。

人活著，很難挑選生存環境，一旦進入某一個環境，就要「無所不用其極」，這是《大學》所說的概念。與其挑剔、不滿，天天想「升虛邑」，還不如就在那裡扎根，好好面對環境中的優勢、劣勢，以及一切利弊。「無所不用其極」是說，到了任何地方、任何環境，就得將後天的智慧、才能發揮到極致，這樣一定會有成績。這是非常積極的態度。

有了《大學》這種觀點的指導，我們就應該知道，人生修行的目的，就是在任何所在、任何情境都要腳踏實地去幹；就像《易經》的任何卦、任何爻，都可以用其極，盡最大的努力去奮鬥。當然，有智慧的奮鬥，就不能違背環境的基本條件，就像大壯卦跟小過卦都要你不能貪心妄想。順應那個卦的環境，做適合做的事，就可以活得不錯。這就是《中庸》所說的「無入而不自得」，在任何環境都可以自得其樂；要得到什麼，就設法深入其中，這就是巽卦的智慧。我們要學的就是深入任何一個領域，盡可能地將裡面的資源統統吸收過來。而且這是自己得，不是別人得。所以「無所不用其極」，這種奮鬥的結果就是「無入而不自得」，到哪裡都有一定的成就。

人最沒出息的就是天天「想當年」，或者不滿現實，胡扯未來會怎樣，結果該做的都沒做，所以就有了《大學》的「無所不用其極」。在任何卦、任何爻都可以「用其極」，用最大的努力、最大的智慧去修煉。所以「造次必於是，顛沛必於是」，最後的結果就是「無入而不自得」。

《中庸》的「無入而不自得」這段話，其實前面還有一系列但書。那就是：「君子素其位而行，不願乎其外。素富貴，行乎富貴；素貧賤，行乎貧賤；素夷狄，行乎夷狄；素患難，行乎患難；君子無入而不自得焉。」患難、夷狄、富貴、貧賤，人生的形形色色都是「素」，都是卦，都是爻，都是情境。有些人不論到哪個地方都抱怨，聰明的人就會想人生苦短，抱怨無益，還不如多幹。聰明的人不會抱怨環境，不論哪個環境都有最適合的作法，就像《易經》的哪一卦、哪一爻都會教你怎麼做最好。像巽就得低調、無形。巽為風，愛出風頭的，心浮氣躁的，絕對沒辦法深入任何一個領域。深入既辛苦、又低調，又不要名、不要利，就不會產生內心的傲慢，不會有成見，而且要十年磨一劍，因為巽的深入是長期的。做事業也是一樣，你對你的行業真的瞭解嗎？能深入瞭解它的過去、現在、未來嗎？如果不深入，那就是虛的，一旦碰到考驗，一震就垮。

學過〈繫辭傳〉的都知道，巽卦排在憂患九卦的第九卦，是憂患亂世最高的必修德性，履、謙、復、恒、損、益、困、井、巽，每個卦都有工夫，但是最高的工夫是無形無象的巽。兵法云「無形勝有形」，老子云「有生於無」，所以不要著相，不要有形跡，不要有一般虛的名利追求。巽就要低調、沉潛、深入，這樣才真進得去。自在、自得其樂，比外面那些虛名或不義之財要舒服多了。真正深造自得的人，我們說「無入而不自得」，自得其樂，只有自己瞭解箇中趣味，「此中有真意，欲辯已忘言」，也不需對人言說。

關於「自得」，所謂：「萬物靜觀皆自得。」其實這也是巽卦的象，因為深入，肯付出基本功，長期必有所成。深入低調沉潛，這是巽的過程。在亂世做到這一步最難。如果憂患九卦修全了，那真不得了，但最高的工夫是無形無相的巽。

旅、巽、兌、渙卦序分析

巽為風，充滿靈動，可以敏感覺察時代的風向，而且見風轉舵，快得不得了。巽卦的風比坎卦的水更快、也更靈活。巽卦〈大象傳〉一開始就說「隨風，巽」，隨就是沒有一定的方向，「不可為典要，唯變所適」，它懂得權變，《論語》就說權是最高境界：「可與共學，未可與適道；可與適道，未可與立；可與立，未可與權。」權變無方，巽卦兼而有之，尤其在最亂的世界、人心不寧、天災人禍不斷的末法時代，權變是最高手段，巽卦就有這種特點。而且要修到巽，憂患九卦前面八個卦都得修成功，才有巽的成就。一旦修成這種成就，可能還不為人知，因為無形、無入而不自得。

人生如果在任何領域都做到了巽而有所得，後面就是兌卦（䷹）。兌卦跟巽卦剛好是一體的兩面，巽卦是不該講的時候不講，兌卦是該講的時候一定要講出來。因為兌卦是開口之象，「朋友講習」，跟同志、同道切磋琢磨；甚至可以開班授徒，弘法於天下，毫無保留地和更多人分享。如果前面沒有經過十年寒窗的巽的基本功，那種兌絕對是有問題的，甚至可能是禍害；如果經過巽的工夫，然後能夠表現出來，兌卦的下一卦就是渙卦，可以散播各處。

我們且從旅卦開始詳細說明它們之間的關係。在旅卦的時候，蒼茫的人生旅途，看盡生老病死，發覺人生似乎沒什麼可依賴，也什麼都留不住，所以就會想到很多問題。在旅的情境下，尤其很多人是從原來的豐變成旅，名留不住、利也留不住，小老婆留不住、亂寫的書也留不住，最後就會悟到旅卦第五爻的「射雉，一矢亡，終以譽命」。第五爻本來是屬於君位的，但旅卦沒有君位——《易經》只有旅卦和明夷卦（䷣）沒有君位。明夷卦第五爻講的是箕子，君位挪到第六爻；旅卦第五爻談的根本就不是一般的君位，因為它講的是跨越種族、國家的文明遺產。就像現在佛陀、老子、孔子、耶穌是屬於全人類的，所以「旅」沒有國籍，它是世界性的，超越君位，談文明的永恆影響。當一個人在旅中開始思考生命的終極意義時，他發現要搞清楚生老病死、人生的業力是怎麼回事，並不容易，於是他就下巽的深造工夫——深思、研究、參照、體驗，必然就能自得。「深造自得」是《孟子》的話，想要自得必須深造。就像現在的出國留學深造，或者讀完了學士，還要讀碩士、博士，一旦深造自得，就可以左右逢源。巽卦就是深造，不下深入的工夫，不可能有成就。等到深造有得，就可以發表心得，傳教於世。那就是兌卦。以佛陀為例子，他經過人生豐、旅二卦的感慨，然後進入巽卦的深入工夫，經歷種種艱難困苦，也吸收前人的體悟經驗，最後在菩提樹下悟道。悟道之後為了幫助更多人脫離苦海，就要弘法。很多同樣面臨人生的豐、旅情境又找不到答案、也沒有下過巽的深入工夫的人，當然就受到他的吸引，於是就來聽法，慢慢地就建立僧團，先由兌卦的小團體互相討論、互相說法，慢慢就發展為佛陀的教誨，那就叫渙卦。渙卦是超越時空的，從一個突破點往四處擴散，無遠弗屆。孔子剛開始可能只有一兩個學生，到後來有弟子三千。渙卦之後，團體的影響越來越大，就要建立很多制度規範、節制，以免失控，這就是節卦。任何一個文化系統都有一定的規範、制度，只要制度在，離得再遠，都在這個文化圈的影響範圍內，這樣才能長遠。節卦之後就是中孚卦（䷼），產生教派之類的信仰系統，如同母鳥教給小鳥，一代一代傳下去。學到一些東西後，還得不斷地嘗試錯誤、修行改錯，這就是小過卦（䷽）；之後才可以既濟（䷾）渡彼岸，涉大川，得到最後的成功。但是既濟之後，還得去除驕慢心，所以依然是未濟卦（䷿），要周而復始、繼續修行。

深造自得，才可由巽而兌

只有下「巽」的工夫，才有資格「兌」；沒有深入自得，怎麼先知覺後知，先覺覺後覺？這是巽、兌一體的兩面。巽是暗地裡下苦工，兌是有講話、傳道的資格。

歷史上，這樣的事例可謂不少，像蘇秦、張儀就是如此。蘇秦剛開始從鬼谷子學成下山時，信心滿滿，覺得自己是千里馬，迫不及待就要去遊說諸侯，但是在秦國馬上踢到鐵板。他在遊說諸侯的時候就是旅卦，結果出師不利，失時、失勢、失位，最後潦倒回家，還得忍受家人的白眼；但他沒有放棄，暗下三年苦工，頭懸樑，錐刺股，下足了巽的工夫之後，再去遊說諸侯，兌卦的功力大增，所以成效顯著，得配六國相印，馬上就有了國際性的影響力，這就是渙卦。所以他的過程就是由「旅」發現自己不足，於是在「巽」的深造成熟之後，就開始「兌」的遊說，最後產生「渙」的輻射性影響。可見任何成功沒有巧取，一定要下巽的工夫。

「兌」字加言是「說」，加金是鋒芒畢露的「銳」，加心就是「悅」。兌卦就是如何說服人的藝術，如何弘經講法，說到人心坎裡，用言說取悅於人，讓人產生法喜、感動。很多人把兌卦看作是話術——說話的藝術，做銷售的要如何說服客戶，做政客的要如何說服選民，說得他們心甘情願掏錢或幫你做事。要達到這樣的效果，之前都要下巽卦深入瞭解的工夫，否則就不要輕易進行兌卦的說法。所以巽卦是不可或缺的基本功。我們想要進入一個領域，想要突破、想要深入，就得付出長久的努力，而且不是盲目的，一定要挑選自己量才適性的，如此才會有成就。世間的學問、行業多得很，對自己要有一定程度的認識，千萬不要選錯行。在旅卦的時候我們是門外漢，巽卦的時候就要選定目標、開始入門。所以選擇的「選」就有巽字，要挑選，就要先下巽的工夫。選定目標之後，就要準備付出十年、二十年，甚至一輩子的工夫。而且巽卦也不是說選對方向就可以進去，一定要找對入口。入口可能不只一個，從哪個門進去才能擺脫旅卦不利的環境？巽卦這種深入的工夫就像臥底的間諜，進去之後不會被發現，然後慢慢吸收裡面的資源。既然進去了，如何奮鬥、如何吸收寶貴的資源，一定要胸中有成竹，進去之前就有完整的計畫，所以撰文的「撰」也有巽字。如果這些都做到了，那就是《大學》說的「無所不用其極」，之後就是「無入而不自得」。

巽卦的卦中卦

下面我們強調一下巽卦的卦中卦。首先是初、二、三、四爻構成的澤風大過（䷛）之象。巽、兌二卦都有大過壓力超負荷的非常之象。巽卦從基層開始沉潛、低調、深入、腳踏實地，這種「大過」的歷練，是成功前的必經過程。到了兌卦，上面四個爻構成的也是澤風大過，因為在兌的時候不必隱藏，很容易犯錯，所以要注意講話不要過了頭，說過頭、樂過頭，言多必失，肯定樂極生悲。不僅巽、兌二卦有大過卦，前面的豐、旅二卦也有。豐卦不是常態，是很不容易、很稀罕的，所以壓力很大。越是功成名就、如日中天的資源豐厚之象，越有可能隨時進棺材；如果沒有非常的本領，豐的局面維持不了多久。旅卦中間四個爻也是大過卦，這也是一般人受不了的。從第五十五卦到第五十八卦，這四個卦都有「大過」之象，這是對人的非常考驗，端看你能不能應對自如。從卦序因果來講，這是天翻地覆、大起大落的景象。等到這些都熬過了，到了渙卦、節卦中間四個爻就是頤卦（䷚），經過大過的大死一番，就是頤卦的大生。

關於「巽」字，我想再強調一下。「巽」字的造形就是人匍匐在案前，很虔誠、很恭敬地膜拜的象，一點也不驕傲。我講過豐也是祭祀的象，只是祭器裡面裝的不是肉，而是蔬果。可見，中國很多造字，包括《易經》的卦象，在在提醒人要以謙兼顧天地人鬼神之間的平衡協調與互相尊重，千萬不要狂傲。「巽」字就是要達成「共」，至少要有巽的態度，該敬畏的要敬畏，該誠實就要誠實，該謙虛就要謙虛，這就是巽。巽卦六個爻在尋求深入自得的過程中，就要秉持如此精神。

我們再回到卦中卦。從初、二、三、四爻構成的大過卦可知，巽卦的深造過程要下苦工，沒有白吃的午餐。那麼，到了二、三、四、五爻，會是什麼樣的卦呢？火澤睽（䷥）。也就是說，想要本土化的巽卦，在還是外來的旅人時，扎根本土、落地生根的過程是很辛苦的；會遭遇很多敵意的目光，不僅排外，甚至猜忌、仇恨。這就是睽卦的水土不服。就像我們開始學《易經》，想要「巽」的時候，剛開始是「大過」，什麼也不懂，然後發現睽，每個卦對你來講都是陌生的。睽的過程就是如此。外來政權會遭遇本土的抗拒，很難融合，中間會經過充滿敵意、猜忌的過程。有時明明是一家人，卻反目成仇、互相敵視。由陌生而慢慢熟悉，就得低調。

所以，巽卦的深造絕不簡單，先要經過「大過」的考驗，好不容易往前推進，還有「睽」的感覺，不能完全被接受，也沒辦法完全適應。當然，再往下走就不一樣了，因為三、四、五、上爻構成的是家人卦（䷤），由第二故鄉變成第一故鄉；由「睽」變「家人」，就是安家落戶。當年華人到美國，經過一、兩代，就徹底變成了美國人，像曾有一任的美國駐中國大使就是華裔，可是他要效忠的是美國，因為他已經徹頭徹尾變成美國人。從「睽」變成「家人」，這就是巽的過程。就像我們讀

《易經》，剛開始是「大過」，後來是「睽」，然後變成如數家珍，對《易經》越來越熟悉，這就是巽卦的深入過程。

以上是四個爻的卦中卦，還有五個爻的。先看初、二、三、四、五爻構成的火風鼎（䷱）。這個卦告訴我們，既然不能回去，就不要活在過去，要立足當下，想辦法落地生根、開花結果；但是人在屋簷下，不能不低頭，所以要以柔順的姿態，低調扎根，尋求和諧，因為要開始革故鼎新的人生歷程。就像國民黨到了臺灣，就絕對不能跟在內地一樣。我們到任何一個地方，如果注定要長期待下來，就得學習巽卦，不能老用旅卦的心態。巽卦的時候就是人生革故鼎新的開始，旅卦第二爻爻變也是鼎卦，也就是說，一定要務實地進行新的規劃，建立新的生活平台。旅卦後面的巽卦也是一樣，暫時忘掉過去，要佈局將來，在異地展開新的建設、創造新生活。

展開革故鼎新的建設之後，到了二、三、四、五、上爻則要求怎樣呢？中孚（䷼）。既然安定下來，就如同母雞生小雞、母鳥生小鳥一樣，展開新一代的傳承。革除舊習進入新生活，積極樂觀地面對現實，重建一個溫暖的窩，並且代代相傳。這就是巽卦的過程。

〈序卦傳〉說巽、兌、渙

〈序卦〉說：「旅而無所容，故受之以巽。巽者，入也。入而後說之，故受之以兌。兌者，說也。說而後散之，故受之以渙。渙者，離也。」旅卦最糟糕的是無所容，失時、失勢、失位，到處漂泊流浪，沒有一個地方是家鄉。然而，旅卦是失其所，又怎麼能無所不用其極而各得其所呢？所以一定要先找一個所，建立一個穩定的平台。

關於「無所容」，就是天下之大無處容身，恒卦（䷟）第三爻的〈小象傳〉就說「不恒其德，无所容也」；跟〈序卦傳〉的「旅而无所容」是同樣的狀況；還有離卦（䷝）第四爻突如其來的浩劫，〈小象傳〉也說「无所容也」。可見「无所容」很慘。所以要在新的環境彼此相容、打成一片，就一定要有深入的過程；先要設法進去，然後安家落戶，才可能建立奮鬥的基地。「故受之以巽」，這就是巽卦的由來。下面就得低調謙卑，用巽卦的態度展開新的人生學習，融入新環境。這就是「巽者，入也」。

「入而後說之」，「說」即「悅」。深入之後才有資格講經說法，「故受之以兌」；不經過沉潛的深入，就不可能自然流露心聲、表達自我。先入再說、再悅，在巽的時候確立長期奮鬥的目標，到兌的時候就可以兌現理想。「兌者，說也。說而後散之」，說給少數人聽，影響有限，所以要說給千萬人、給千秋萬世之後的人聽，產生超越時空的文化傳播效果。「說而後散之」如同風吹過水面，從一個同心圓往四處擴散。「故受之以渙」，文化傳播就是渙的象，由影響少數人到影響多數人，甚至影響到千年萬代之後的人。

兌見而巽伏也

〈雜卦〉云：「兌見而巽伏也。」兌是見，巽是伏。伏是看不見的，見是看得見的。先做看不見的努力，才會有看得見的、公認的成就。如果先「見」後「伏」那就完了。先下苦工，然後實至名歸，自然而然就散播出來，這才是正道。就像震卦（䷲）和艮卦（䷳）：「震，起也；艮，止也。」震跟巽有什麼差別？一個是起，一個是伏，人生總是起伏不定；震是往前走，艮是止，這就是人生的行止。還有，巽是入，震是出，出入起伏就是震卦和巽卦這組錯卦的區別，人生一定是有起有伏，有出有入。該是震卦表現的時候就出、就起；該是巽卦低調沉潛的時候就伏、就入。

震卦是雄性的、陽剛的，是出；巽卦是陰柔的，是伏。我們說一個人不甘雌伏，就得學巽卦，耐得住性子，不強出頭。出入起伏，雄起雌伏，一剛一柔，就是人生節奏的掌握。復卦說「出入无疾」，是說不論出入，都不要犯了急功近利的毛病。此外，震卦是守住宗廟社稷，是政權保衛戰，巽卦則是借殼上市、暗中奪權，混進去吸收別人的資源之後，最後搖身一變，取而代之。所以震卦和巽卦可說是政權的攻防戰。

《易經》六十四卦中，如果對現狀不滿，就有三種改變的方式。一是蠱卦（䷑）的幹父之蠱，是體制內的改革，秦孝公和商鞅、宋神宗和王安石、光緒和康有為，他們做的就是幹蠱之事。另外一種就是改變現狀的革卦（䷰），那是上下易位、改朝換代的革命。還有一種就是最陰柔、防不勝防的巽卦。巽卦是借殼上市，既不革命，也不是領導人，卻又想改變現狀，就用巽的方式奪權，這跟震卦要捍衛祖宗留下來的政權剛好相反。借殼上市是什麼呢？混進來之後取到一個殼，也不敢換掉這個殼，可是裡面做的跟這個殼原來的宗旨完全不一樣。所以，巽卦的借殼上市，一開始是裝模作樣、謙卑低調，對領導必恭必敬、亦步亦趨；一旦取得大位，真正的想法表露出來，他的作為就一改從前。像李登輝哪裡是孫中山的信徒？可是他做過國民黨黨主席，那個過程就是巽。

所以，人生除了要懂得震，捍衛既有的權益，還要會扮演巽。搞懂了震、巽兩面的互動，面對政權的攻防出招就可以得心應手。像歷史上幾個了不起的女人，如慈禧太后、武則天，都是透過巽卦的方式取得權位；就像病毒進入人體，吸收資源，設法壯大，宿主就會漸漸虛弱；等到主體被掏空，就把它一腳踢開，然後越爬越高，最後變成女皇帝。慈禧太后的崛起也是巽的過程，她要「利見大人」——利見咸豐帝，等到咸豐變成「咸扁」，慈禧就壯大了。這個過程女人一定要學，要奪男人的權，就得學巽卦；男人要防女人奪權，就得學震卦。

憂患九卦之巽卦

在憂患九卦中，巽卦是最艱難的一個卦。〈繫辭下傳〉第七章談憂患九卦，是這樣說巽卦的：「巽，德之制也……巽，稱而隱……巽以行權。」

「德之制也」，即取得一切控制權，巽卦是由初期的被動轉為成功之後的主動；當控制一切之後，所有的遊戲規則皆由你發號施令。這一招很厲害，由一無所有，到最後全面掌握主導權。癌細胞侵蝕人體也是這樣。

「稱而隱」，隱就是無形無象，所以最難鬥。我們說人怕鬼，就是因為鬼無形，什麼時候在你身邊也不知道，所以無形的東西最可怕。能隱的結果就是最後稱心如意，什麼目的都達到了，而且手法不留下任何瑕疵、稜角，無形中就把對手收拾得乾乾淨淨。「稱」即均衡、對稱，謙卦的本領就是「稱」，很圓融。巽卦這種無形深入的本領，能圓融成功，別人卻還不知道自己已經著了道。間諜就是如此。以前在蔣介石身邊就有很多「巽稱而隱」的人，只要國民黨高層開什麼會或有什麼機密，共產黨第一時間就知道。所以，但凡要做大事，就要學「稱而隱」，能夠「稱」還能夠「隱」。

「巽以行權」，發號施令就是行權。巽卦到最後就是由你發號施令，從一無所有變成掌握大權。權也是權變，權變無方。「以行權」是巽卦很厲害的工夫，極度陰柔，稱得上是金庸筆下的「九陰真經」。

所以，我們對巽卦跟震卦的相錯關係一定要好好研究，這樣就能掌握人生的攻防出入起伏。知道人家會怎麼攻，就知道怎麼防備。如果你是屬於進攻的一方，一定要瞭解對方可能會怎麼防範。巽卦就是用這種無形無象的方式達到攻擊的目的。兵法講形勢，形的最高境界就是無形。《孫子兵法》云：「形兵之極，至於無形。無形則深間不能窺，智者不能謀。」這就是巽的境界，是真正爐火純青的厲害玩家。那些在枱面上大聲嚷嚷的，要成功就很難。「德之制、稱而隱、以行權」，這是〈繫辭傳〉講亂世的深度修為工夫，值得玩味。

還有，〈說卦傳〉說「巽為風」，也為木。我們看一個卦還要看是巽卦在上，還是巽卦在下；如果巽卦在上，就有教化普及的味道，因為「君子之德風，小人之德草，草上之風必偃」。像觀卦（䷓）、漸卦（䷴）的上卦都是巽，都有教化的意思；上面施政、教化的方式，對下卦產生影響。潛移默化的巽就是無形無象，以長期滲透達到目的，形成風尚、完成教化。巽同時又是木，如果從教育、文化傳播的觀點看巽卦，那就是「十年樹木，百年樹人」，需要長久的努力，所以成功不必在我。如果前人不種樹，後人就無處乘涼。前人種樹就是「巽為木」；十年樹木、百年樹人也是取象於木。教化、風尚，都在巽卦裡呈現。

巽卦卦辭

䷸

巽。小亨。利有攸往，利見大人。

我們看巽卦卦辭。「小亨」，跟旅卦一樣，旅卦卦辭前兩個字也是「小亨」；接著的巽卦還是「小亨」，小才能亨。陽大陰小，一定要懂得柔的工夫才能亨。「十年磨一劍」、「只要工夫深，鐵杵磨成針」、滴水穿石，就是如此。豐卦大亨，旅卦得識時務，想要亨通，就一定要小、要柔；以小博大、以柔克剛。但光是旅卦的小亨還不夠，下面的巽卦要跟人家學習，還得繼續小，保持謙虛、低調，才能深入瞭解、全盤吸收。所以深入學習的巽卦跟出門在外的旅卦，都得小、柔，才不會傲慢、主觀，也才能亨通。

「利有攸往，利見大人」，進來之後就要確立奮鬥路線，據此一步一步往前推進，這樣就可以利見大人。進入新的組織體，一定要看準哪個是大人。大人通常是君位，有很多資源。所以慈禧一進宮就鎖定咸豐，咸豐的資源就不斷輸給慈禧這個小女子，小女子最後變成大女人；等到咸豐死在承德，慈禧就有機會掌握大權。這就是「利有攸往，利見大人」。

用什麼去見大人？當然要用巽卦的謙卑柔順、讓人摸不透。像蘇秦、張儀去說服戰國群雄，就是「利見大人」；用巽卦的方式把所有工夫做足，就有本領在三分鐘內說服一個國君，讓他把資源給你，讓你從小變大。所以，要深入一個領域，就要懂得抓重點，才容易有成就。像我們學《易經》，就要看易學史上有哪些大人值得學習。如果一進門就學金錢卦之流，那一輩子都是小。要學就得學具有原創資源的東西。

所以，巽卦的成功首先是「小」——柔順低調，然後是「利有攸往」——搞清楚主要奮鬥路線，還要「利見大人」——抓住主要目標，不然肯定勞而無功。

巽卦〈彖傳〉

〈彖〉曰：重巽以申命。剛巽乎中正而志行。柔皆順乎剛，是以小亨，利有攸往，利見大人。

我們看〈彖傳〉。「重巽以申命」，「重」指重卦，申就是伸。巽卦上、下卦都是巽，意思是說，要不斷調整風向。內部的風向跟外部的風向不一定一樣；往內跟往外、往上的深入過程也不會完全一樣。我們講艮卦的止欲修行，內修跟外修不同，難度也不同。「重巽」就說明巽卦要深入再深入、低調再低調、沉潛再沉潛，目的是要伸張天命。巽卦的時候是屈，不能講出來，還得接受好幾回合的磨煉；可是屈的目的是求伸，「重巽」的終極目的就是「申命」。

人人都有天命，巽卦也談天命。中國人常講天命，失敗的人尤其喜歡講天命；亡國之君總說「天亡我也，非戰之罪也」。有沒有天命呢？確實有。巽卦〈大象傳〉說：「隨風，巽。君子以申命行事。」〈彖傳〉稱「重巽以申命」，這個命就是天命。人生所有的奮鬥佈局都不能違逆天命，人志必須配合天命，水漲船高就非常順；如果志向跟天命相反，即使巧用機關、費盡心思，到頭來沒有就是沒有。人一定要瞭解自己的天命所歸，儘量在天命允許的範疇奮鬥，這不是迷信，而是告訴我們要瞭解大環境、大趨勢。天命不可以智取，要下深入的工夫，才能瞭解自己適合幹什麼、不適合幹什麼。人生很多時間都在摸索這一點，有人摸索一輩子還不知道自己的命是什麼，那就很可惜了。无妄卦（䷘）就講天命，如果沒有天命，怎麼妄想都沒用，換來的只是災禍。

「重巽以申命」，要下「重巽」的工夫，才能瞭解自己的天命，然後把它開發出來。「剛巽乎中正而志行」，這是講巽卦的「九五」，也就是巽卦的終極目標，就是最後變成自己做主。「剛」和「中正」都是指「九五」。「巽」是動詞，要很低調，不要張牙舞爪求表現，只要順著巽的路子走下去，終有一天會登上「九五」大位，完成天命；適合做科學家的就做科學家，適合搞政治的就做政治家，適合拿諾貝爾獎的就拿諾貝爾獎，行業無貴賤，每個領域都有「九五」這個最高境界。所以量材適性很重要，拿到諾貝爾獎的，就不見得可以管總統的事，一管就灰頭土臉。這就是「剛巽乎中正而志行」，人一旦清楚自己的天命所在，做最有效的人生努力，最後就可以達成志向。人志配合天命，當然行得通。姤卦（䷫）第五爻〈小象傳〉說「有隕自天，志不捨命也」，困卦（䷮）〈大象傳〉說「致命遂志」，萃卦（䷬）〈彖傳〉講「順天命」，无妄卦〈彖傳〉講「天之命也」，這些都不是迷信，也不是叫我們放棄志向跟努力，而是強調志不要偏離命，不然會遭遇想像不到的壓力。逆命怎麼行志？除非你有革命的力量，能夠革天命。但是，大部分人都得順著天命的形勢，「剛巽乎中正」然後「志行」，前面很低調，後面揚眉吐氣；志在命的範圍內奮鬥求發展，最後就能行志。

「柔皆順乎剛」，沒有針鋒相對或逞強，進入新的環境，完全順服人家，等到自己變成「九五」，大家都得聽你的。這就是「柔皆順乎剛」的好處。巽卦的卦象其實就是「柔皆順乎剛」，上卦、下卦都是陰爻上承陽爻，「初六」順「九二」、「六四」順「九五」，所以能借殼上市、水到渠成，「是以小亨，利有攸往，利見大人」。

巽卦〈大象傳〉

〈大象〉曰：隨風，巽。君子以申命行事。

「隨風，巽」，隨卦（䷐）的「隨」，隨機應變，充滿彈性，風向一轉就調整，靈活機動，權變無方。很多東西會隨著時代變遷而潛移默化，否則會被淘汰。所以要與時俱進、要「隨風」，不然逆著風向怎麼行呢？「隨風」則完全沒有阻力，這就是巽卦的工夫。

「君子以申命行事」，人想做事，想行志，就得瞭解天命，瞭解自己能幹什麼、不能幹什麼，環境許可什麼、不許可什麼，千萬不要強求，要懂得順天命行事。成語「三令五申」就是這麼來的，跟《孫子兵法》的作者孫武也有關。孫武訓練一批娘子軍，再三強調軍令，就是有人不聽，所以砍了兩個美女。這就是「三令五申」，前面該講的都講了，不聽話就軍令從事，領導人都不能救你。所以，「君子以申命行事」，這也是紀律的要求。人生誰不想伸展、誰不想行志呢？但是你懂得命嗎？命涉及大環境，泰極否來是大環境的變動，泰卦（䷊）上爻「城復于隍，其命亂也」；否卦（䷋）第四爻就叫「有命无咎」，才能志行。人志跟天命調和得恰到好處，才能成功；人志要是偏離天命，那就是妄想，肯定灰頭土臉。這就是巽卦。

巽為進退、為不果、為近利市三倍

大樹要生根，需要很久的工夫，慢慢吸收土地的營養，然後才可以伸枝展葉，讓下面的人乘涼。這是巽為風、為木的象徵。這在〈說卦傳〉講得很詳細：

> 巽為木，為風，為長女，為繩直，為工，為白，為長，為高，為進退，為不果，為臭。其於人也，為寡髮，為廣顙，為多白眼，為近利市三倍。其究為躁卦。

巽卦是講人生的奮鬥過程，第一爻「進退，利武人之貞」，這個爻就有「進退」的象。這個意象是從卦象來的。第一爻就是巽的入口，要能進得去，不然被擋在門外，巽卦怎麼玩？巽卦走到門口，就有進退兩難、猶疑不前的象。〈說卦傳〉稱巽「為進退」，初爻的進退就從這裡來；因為人在巽的門口，就會考慮要不要進去？一旦發現不合適，還是可以退。但是到了巽卦第二爻之後就沒得退了，因為已經進去了，就要接受裡面的規範約束。

巽「為進退」，也「為不果」，不夠果決。巽的時候人難免猶豫不決，會評量划算不划算、合適不合適。在決定人生的進退時，常常會出現這樣的象，這是很合理的。可是巽卦是一個人的天命，如果適合深入這個領域，不論學問、事業，進去之後按照巽卦二、三、四、五爻的奮鬥歷程，等到有一天爬上巽卦第五爻，就真的大豐收了，滿漢全席吃不完。這就是巽卦的「為近利市三倍」，至少接近利市三倍。巽卦有發財的象，如果選對了，經過長期深入研究，最後會大發特發。這就是〈說卦傳〉可貴的地方，把上古傳下來的基本八卦意象都保留下來了。

「為近利市三倍」之後，還有「其究為躁卦」，這就是巽卦第三爻，因為剛開始說服自己要進去好好學、慢慢學，但過了一段時間，就會出現學習瓶頸。以巽卦下卦、內卦的深入學習來講，第一爻是「始」，猶豫、裹足不前，到第二爻可能就下了很深的工夫——「壯」，到第三爻就是「究」，還沒有成就，就開始有點受不了了；看不到「近利市三倍」，只看到前途茫茫，就開始心浮氣躁。巽是要先壓抑真正想要的東西，如果長期要不到，遭遇瓶頸，就會變得煩躁不安，就可能出事，導致功虧一簣，這就是「其究為躁」。一開始學習態度很好，過一段時間卻變成躁，就是「頻巽，吝」——巽卦第三爻。

巽卦六爻詳述

初爻：武人魄力

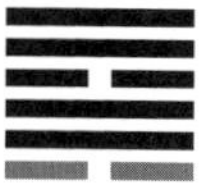

初六。進退，利武人之貞。

〈小象〉曰：進退，志疑也。利武人之貞，志治也。

「進退，利武人之貞。」巽卦有「進退」之象，剛開始有些猶豫，這是人之常情。可是這是巽卦，要是不進去，就得回到旅卦，永遠是進不了門的門外漢，不識大道之究竟。現在的時勢是從旅卦進入巽卦，遲早要進去，作為巽卦初爻，一定會多方考慮，所以有進退不定的象。「利武人之貞」，怎樣才會產生利呢？要有武人的氣魄，「貞者，事之幹也。」武人有弱點，履卦（䷉）第三爻就講軍人的天命不適合當大君——「武人為于大君」，因為政治跟軍事不一樣。但巽卦初爻卻需要武人的精神，因為考慮太多，欠缺武人那種幹事的氣魄。所以，爻辭就提醒，在進退兩難的時候，就得利用武人那套剛健的作法，進去就是了。

前面經過進退的考慮，到最後還是走進去了，這樣才會產生「利武人之貞」的行事風格。武人在履卦「履虎尾」的第三爻有致命的弱點，但在巽卦初爻卻成了優點。有些人就是太柔弱了，就像父子騎驢的故事一樣，左右不定，搞了個半天沒有任何進度，這時就得推他一把，進去就是了，腦袋掉了也不過碗大的疤，沒什麼了不起。這種勇氣就是「武人之貞」。《論語》中講魯國大夫季文子每件事都要「三思而後行」，但孔子不認同這種進退不定的作法，他說：「再，斯可矣。」考慮兩次就可以了。

〈小象傳〉說：「進退，志疑也。」疑心病發作，老是做不了決定。巽卦講天命，人的志向一定要跟天命配合，剛開始還不太確定的時候，志就是「疑」的狀態，所以才會進退不定。可是這種狀態不能太久，久疑不能成大事，睽卦上爻「睽孤」也是疑，疑神疑鬼，結果看到很多亂象。坤卦上爻「龍戰于野，其血玄黃」，「陰疑於陽必戰」，疑心生暗鬼，那也是疑。採取行動前有點遲疑是正常的，但不能太久，所以一定要把疑心病治好，那就得用武人的豪氣助陣，不必瞻前顧後。故〈小象傳〉又說：「利武人之貞，志治也。」對症下藥，疑心病就治好了。「利武人之貞」就是專門針對進退不定、猶豫彷徨的心思對症下藥的。由「志疑」到「志治」，因為下藥下對了，這藥就是「武人之貞」是也。

巽卦初爻在入口徘徊，爻變就是「密雲不雨，自我西郊」的小畜卦（䷈），這就將它所處的情境充分顯現出來；意思是說，在「以小博大」的夾縫中求生存時，不論如何，都得跨一步進去，否則會更加苦悶。「初六」也是卦中卦大過卦（䷛巽卦初、二、三、四爻構成）的初爻——「藉用白茅，无咎」，「柔在下也」。開始接受最基層的歷練時，總要做一個決定。它又是巽卦初爻至五爻所構成的鼎卦（䷱）初爻，革故鼎新的新生活，第一步就是「鼎顛趾」，革除積習，把鍋子刷乾淨，才能重新烹肉。只有這樣，志向才會日趨堅定，接受新的磨煉。

二爻：數往知來

䷸

九二。巽在床下，用史巫紛若，吉，无咎。

〈小象〉曰：紛若之吉，得中也。

第二爻表現得非常完美，經過初爻的考慮，也做了最後決定，當然就要儘量深入，做地毯式的學習。這就像學拳要先從蹲馬步開始；學任何東西、要熟悉一個行業，都要先把基本功扎穩，不然就不會有大樑大柱。所以巽卦第二爻很扎實，把該掌握的都掌握住了。

巽卦真正深入的象其實就在內卦、下卦的第二爻，也是學習情緒高昂的象。「巽在床下」，這是低調之象，都鑽到床底下去了，也不嫌髒，真的是地毯式的學習，認真而全面。要把一門領域搞通，就要像「巽在床下」一樣很低調，這樣才合乎巽卦的時宜。這種下苦工學習的精神，也就是「終日乾乾」。但如果巽卦上爻也是「巽在床下」，那就非但不合時宜，而且大錯特錯。所以同樣一個動作——「巽在床下」，二爻很正面，上爻就錯了。

「用史巫紛若」，把主觀因素排除後，革故鼎新，滌除舊習，全面吸收新領域的知識和智慧，這樣，「用史巫紛若」就會「吉」，而且「无咎」。注意，「吉」後面加上「无咎」，就一定是一百分。師卦（䷆）第二爻也是「吉」後面「无咎」：「在師中，吉无咎。」「吉」後面有時候可能會有咎，因為有的「吉」是不擇手段得來的，那就留下無窮的後遺症。所以「吉」後面若沒有「无咎」，就不見得能長久。「吉」後面要是有「无咎」，這說明巽卦第二爻沒有任何後遺症，學得很精純、很到位，這是「吉」；而且學得很不錯——「无咎」。這就是循序漸進的工夫，因為「九二」爻變就是風山漸（䷴），就是循序漸進的意思。這一點很重要，像我們以前學習《五經》，老師要求我們先學《四書》，《四書》沒學完，不可以學《易經》。在不懂《四書》的情況下學《易經》，根柢太差，基礎不扎實，只是表面的「吉」，不會真的「无咎」。只有循序漸進，最好還有人可以互相切磋琢磨，因為漸卦是雁行團隊，而且巽卦的下一卦兌卦就是「朋友講習」的象，是團體學習的氛圍。這就是《禮記・學記》所說的「獨學而無友，則孤陋而寡聞」。想要深入學習，最好組成團隊，大家程度差不多，還可以互相質疑、問難。爻變為漸卦，就說明不能求快，而且要組成團隊一起學習。

我們回過頭來分析一下「用史巫紛若」。「若」是語尾副詞，「像那個樣子」。「紛」代表有好幾次，不是一次就搞定。因為這種深入學習，有可能搞錯研究方向，或者勞而無功，所以一定要經過好幾次的修正再修正。那麼，這種艱苦的學習，要勉強搞清楚是怎麼回事，靠的是什麼呢？用「史」跟「巫」。以前的君王做決策，一般會配備兩種重要幕僚，一個是史官，一個是巫師。巽卦最後是要發號施令的，一個最高決策者不可能什麼都懂。在第二爻深入學習的階段，要具備一定的史、巫知識。「史」就是幫助你瞭解過去的一切，「巫」就是預測未來。在古代最基本的「巫」就是卜筮，包括《易經》的占卦、龜卜或其他預測的法門。在瞭解過去之後，結合當下，對未來就有預算和展望。「史」跟「巫」就是貫穿過去、未來，幫助現在的決策者作決策判斷。這就是極數知來，是巽卦第二爻要練的基本功。

像《易經》就是如此。過去談《易經》的書，一輩子也讀不完，除了《易經》經傳之外，每個朝代都發展出有特色的易學，那就是「史」；漢朝有漢朝的易，唐朝有唐朝的易，宋朝有宋朝的易，明清有明清的易。這些研究即使你都瞭解了，也不代表你能看到二十一世紀、二十二世紀的《易經》發展，那就是「巫」。所以就要下工夫貫穿古今，數往知來，因為巽卦是「隨風」，要用最好的學習態度，「巽在床下」，深入到最裡面，全面瞭解過去，並嘗試預斷未來，這樣才能與時俱進。如果真的很扎實地學到了「用史巫紛若」的工夫，結果一定是「吉，无咎」。〈小象傳〉說：「紛若之吉，得中也。」第二爻居下卦之中，懂得時中之道，當然有好結果。

三爻：遭遇瓶頸

九三。頻巽，吝。

〈小象〉曰：頻巽之吝，志窮也。

第三爻的學習遭遇瓶頸了，也就是〈說卦〉所說的，巽卦在還未獲得「近利市三倍」之前，不免「其究為躁」。第三爻學了半天，結果還在下卦、內卦，無法突破、提升，所以覺得前途茫茫。「九二」剛而能柔，死心塌地沉潛學習；三爻是過剛不中，陽居陽位，在巽卦需要「小亨」、低調沉潛的時候，偏偏它老覺得自己學了半天也沒法脫胎換骨、往上進階，於是就失去耐心，開始焦躁不安。

遭遇瓶頸，在學習的曲線上是很正常的，是需要突破的學習低潮；但「頻巽，吝」，就很糟，心胸格局都變窄了；為了掩飾自己沒長進，有些人可能會文過飾非，有些人甚至可能考慮放棄。「頻」即經常，出狀況的頻率很高。巽卦是很需要耐心的學習過程，所以，第一爻就有進、退的考慮；第二爻一頭栽進去深入學習，瞭解該知道的一切，也嚐到一些滋味；可是到了第三爻又遭遇瓶頸，即「頻巽」。三多凶，而且內卦到了頭，常常會出現擺盪。像復卦（䷗）第三爻「頻復，厲无咎」，爻變為明夷卦（䷣），天地之心變成黑暗之心。所以三爻犯錯的機率很高，不是半途而廢就是走火入魔、誤入歧途。但只要不斷改正——「頻復」，通過了這一關，接下來就是「中行獨復」。只要調整自己、再「巽」一下，到第四爻時，這個關口就過去了。復卦也是如此。第三爻出現吝的象，這就警告我們，千萬不要文過飾非，要坦然、積極地面對問題，耐心解決問題，才能脫胎換骨，往上發展。

〈小象傳〉說：「頻巽之吝，志窮也。」巽卦一直在探討人志跟天命的關係，初爻「志疑」，然後「志治」；把疑治好了，堅定志向，第二爻就瘋狂投入；可是第三爻又舊病復發，「志窮也」，覺得前途茫茫，志又窮了。這個爻的爻變就是意志渙散的渙卦（䷺）。渙有多重意思，精神渙散是其一。也就是說，第二爻高昂的學習情緒，到了第三爻「頻巽」，就可能瓦解掉，原來凝聚的志很可能就守不住了。但只要這一關突破了，就可以由內而外、由下而上，逐步落實天命。所謂「重巽以申命」，就從上卦開始落實。

從卦中卦來看，巽卦初爻到四爻是辛苦的大過卦，巽卦的「九二」剛好是大過卦的第二爻和第四爻。第四爻「棟隆吉，有它吝」，不斷的振作精神，而且第二爻懂得移花接木，「枯楊生稊，老夫得其女妻，无不利」。巽卦從一個門外漢到能夠移花接木，「九二」是非常重要的，等於是大過卦第二爻、第四爻的合體，這樣才能扛大任、突破萬難。但巽卦第三爻就不是了，三爻就是大過卦的第三爻「棟橈，凶」，還有第五爻的「枯楊生華」。「棟橈凶，不可以有輔也」，加上「老婦得其士夫」這種老少配，就是「頻巽，吝」，出狀況了！不見得沒救，但要非常小心。

四爻：上下打點

六四。悔亡，田獲三品。

〈小象〉曰：田獲三品，有功也。

第四爻突破了「頻巽」的瓶頸，而且打獵有豐收，所以一開始就是「悔亡」，悔恨足以消亡。「六四」由下而上突破了三爻的瓶頸，進入上卦「重巽以申命」的新階段，「悔亡」是很過癮的；因為四爻本身居高位，距「九五」的真正成功只一步之遙。「六四」跟「九五」是陰承陽、柔承剛，已經到了權力核心邊緣，只要好好經營與「九五」這個大人的關係，有朝一日也會變成大人。

第四爻爻變為天風姤（䷫），也就是所謂的「有隕自天」。這千萬分之一的機率怎麼就發生了呢？因為「田獲三品」。已經努力到四爻，離成功只有半步，而第四爻已經取得第五爻的信任，累積很多資源——「田獲三品」，下一步就有機會取得大位，這時就要小心翼翼，等待爻變姤卦千載難逢的機遇，一旦「有隕自天」，就會水到渠成、瓜熟蒂落。

前面是「悔亡」，過去再怎麼辛苦都熬過來了，而且取得這麼高的位置，下一步就達陣成功了。「田獲三品」就是檢視戰利品的意思。「田」是打獵，人生就如打獵，師卦第五爻「田有禽，利執言」，名正言順地出師；恒卦（䷟）第四爻則徒勞無功——「田无禽」。巽卦第四爻打獵豐收，什麼都獵到了，獵物還可以分成三品，可說是囊括各個品級的獵物。〈小象傳〉說：「田獲三品，有功也。」離成功很近了。從巽卦初爻經過二爻的下工夫，到三爻遭遇瓶頸，第四爻居高位，「田獲三品」，好不容易熬過「大過」的階段，當然有功。

關於「三品」，我再強調一下。「三品」是有典故的，過去《易經》的注解也講得很清楚，「品」代表打獵的技術。上品是百步穿楊，就像「射雉，一矢亡」，不會傷到野獸的皮肉，甚至不會流血，一箭穿心，獵物就死亡了。這種最高段的打獵技術也稱為「上殺」，一箭射去，動物還來不及感覺痛苦就死了，可以最大幅度降低獵物的身體受損。這種獵物就可以用來祭祀；代表巽卦很低調、很虔誠地祭祀，希望得蒙上天福佑。但不見得每次都有這麼好的獵物，還有所謂的「中品」，即以「中殺」的技術打來的獵物；因為流血或缺肢斷腿，有一點瑕疵，但大體還算完整，這種獵物就不適合拜神，適合做為上下打點、廣結人脈的禮物，以獲得更多的支持。巽卦第四爻其實就是所謂的散財童子。假如獵物很多，亦即長期經營而得到豐厚的政治資源，就可以藉著送禮改善人際關係，贏得接納、擁護；一種是用上品討好老天爺，中品就拿來打點高層關係，至於那些下品呢？有些獵物被射得肚破腸流、滿身血污，既不能拿來拜神祭天，也不能拿來送給王公貴族，但可以用來賞給部屬；他們只要有的吃就好，不會在乎這些。這樣一來，通過「田獲三品」，就可以上下打點、廣結善緣。一個外地人在巽卦這個新環境，竟然能闖到四爻的位置，就要動用所有資源，把上下關係打點好，才能得到更多支援，然後等著聽牌，等待「姤之時義大矣哉」，好更上層樓，進取第五爻的大位。真正做大事、有企圖心的人絕對不小氣，他所有的打點，未來也會有更高的回報。「悔亡，田獲三品」，確實可以創造奇蹟。但是下了這麼深的工夫，這一步之遙也可能是千萬里之遙。這就要看天命了。

五爻：脫胎換骨

九五。貞吉，悔亡，无不利。无初有終，先庚三日，後庚三日，吉。

〈小象〉曰：九五之吉，位正中也。

巽卦的大位呈現了什麼樣的境界呢？「九五」就是巽卦經過長久奮鬥，終於獲得最後成功的象；是潛移默化成功、百年樹人成功，或者借殼上市成功。這一爻的爻辭寫得很長，因為巽卦的深入並不容易，需要脫胎換骨的意志，並且是在不知不覺中成功的寧靜革命。

「貞吉，悔亡。无不利，无初有終，先庚三日，後庚三日，吉。」九五爻辭是在勝利後帶著愉快的心情回顧過往，歷盡千辛萬苦，終於苦盡甘來、如願以償。就像〈小象傳〉說的：「九五之吉，位正中也。」爻變是蠱卦（䷑）。幹父之蠱需要「先甲三日」、「後甲三日」，這和「先庚三日」、「後庚三日」可說是殊途同歸，同樣是改造環境、奪權成功。不過，蠱卦的變法改革，「先甲三日」是從開始介入，最後成功，表現在卦辭。巽卦則是防不勝防，從無形開始，不顯山不露水，最後成功。庚日前三天、後三天，加上庚日，就是七天。爻變為蠱卦，最後的結果一樣，只是一種是幹蠱的變法改革，一種是極陰柔的借殼上市。《中庸》說：「或生而知之，或學而知之，或困而知之，及其知之，一也；或安而行之，或利而行之，或勉強而行之，及其成功，一也。」這裡說得很透徹，即作法、過程完全不一樣，但成功有很多條途徑。〈繫辭傳〉說：「同歸而殊塗，一致而百慮」，最後都是走向成功。幹蠱成功的路子，經歷脫胎換骨的變革，由被動取得主動，奪權成功，掌握大權；巽卦的借殼上市是學別人的東西，學到手之後建立自己的體系。「庚」就是變更、變化，這種日積月累的變化是外人沒辦法察覺的，等到察覺時，已經成功，擋都擋不住。

在十二天干中，庚在第七。革卦（䷰）叫「已日乃革」，已是第六天干。甲、乙、丙、丁、戊、已就像一卦六個爻，走到頭就一定要變；「已日乃革」說明到了已日就會變革。革之後產生重大的變化，下面就是「庚」的全面更新，接下來是第八天干「辛」；就是一元復始、萬象更新，全部都變更了。

庚是變，怎麼變的？是處心積慮，在庚的前三天就開始佈局，等到庚之後的三天還要看後效、反應。這跟先甲、後甲一樣，只是蠱卦是從甲切入，庚是在中間切入，順勢造成變化。

「庚」跟《中庸》也有關。「中庸」的「庸」字跟「庚」字很像，「庚之用」就是庸，有嚴謹的體系、章程。章程，就是根據章法按部就班，不能亂來，有循序漸進的步驟。在古代官場講「章程」還有更深的意思，即任何事務要決策、執行，一定要拿出一定的方案，先做什麼再做什麼，在做的過程中還要進行比較分析；任何變更都要有深遠的謀畫、嚴謹的程序；那就是庸，也就是「庚之用」，也就是「先庚三日，後庚三日」。所以人可以改變現狀，但是要有章程，不能亂來，在破壞之後還要提出新的取代方案。如果沒有「先庚三日、後庚三日」的改造計畫，寧願保持現狀。

我們回到爻辭的前半部分。「貞吉，悔亡，无不利。」「貞」是固守正道。也就是說，好不容易到了「九五」這個位置，就要守住既得利益才能吉。另外，「貞」也代表已經達成巽卦的成功目標，就不必再掩飾，可以正大光明地實踐真正的想法。「悔亡」，在巽卦四爻、五爻的統治階層，都要高度重視「悔亡」，因為隨時可能出現「悔」的狀況，要謹慎地事先防範。畢竟謀取人家的權位並不容易，取而代之後要守住也不容易，所以要防患未然、讓悔恨消亡。這樣就可以「无不利」。

「无初有終」，這在睽卦（䷥）第三爻也出現過：「其人天且劓，无初有終。」巽卦之所以難於防範，就是剛開始時無形無象、不易覺察，但最後有了最好的結果。這是非常重要的智慧，真會做事的人通常都超低調，不到真正成功絕不冒出來。最後成功已成事實，誰也擋不住。這就是「无初有終」。如果一開始就打鑼打鼓，最後很可能會變成「有初无終」。坤卦第三爻一開始就「含章可貞，或從王事」，結果「无成有終」，這和「无初有終」是一樣的。可見一個人在長期奮鬥過程中，只要旗幟鮮明，競爭的阻礙就數不勝數，自然很難過關；如果一開始就默默佈局，到時一舉成功，這樣的開頭就是「无初」；因為一開始沒人知道你在幹嘛，最後成功了，一美遮百醜，造成既定事實，就是「有終」。可見不要太早嶄露頭角，有大志的人是擺在心裡頭的。《易經》追求「先號咷而後笑」、「先迷後得主」，是最後怎麼樣，而不是剛開始怎麼樣。這個道理很多人都知道，但有幾人能做到「有終」？所以謙卦的難就在這裡，不謙、不巽的人一定不會有終，耐不住寂寞的人一定是「有初」而「无終」，狂風暴雨不終朝，前面再輝煌燦爛，只是「先笑後號咷」。睽卦第三爻充滿凶險、仇恨，老牛破車、互相怪罪，絕對是「无初」；可是還是想「遇剛」，努力修補關係，在「无初」的情況下得到「有終」。而巽卦第五爻就好比一開始做人家的小夥計，經歷脫胎換骨的過程，到最後自立門戶，成為大老闆，「无初有終，先庚三日，後庚三日，吉。」那真的是一元復始，萬象更新。

上爻：能入不能出

䷸

上九。巽在床下，喪其資斧，貞凶。

〈小象〉曰：巽在床下，上窮也。喪其資斧，正乎凶也。

好不容易到了第五爻的成功。上爻卻又產生變化。可見，人生有時真的不可思議，費盡心思得以成功，但一念之差，第五爻就有可能變成第六爻。「飛龍在天」看著不得了，其實離「亢龍有悔」只有一步。因此，我總是不斷提醒大家，一定要注意任何卦的第五爻，第五爻百轉千折終於成功了，只要稍一不慎，得意忘形，就可能斷送大好前程，「九五」轉成「上九」。「巽在床下」，又被打趴下去了。在開始奮鬥的第二爻來說，「巽在床下」是正常的，而「上九」是過氣的大老，還「巽在床下」，就是被人家當垃圾一樣掃到床底下。接下來就更慘了，是：「喪其資斧，貞凶。」「貞凶」，這樣幹的最後結果是凶。「喪其資斧」，「資斧」在旅卦第四爻出現過，「資」代表有錢有資源，「斧」代表武力；「資斧」就是要找保鏢捍衛自己的財產，也就是權與錢的結合。對一個國家來說，就是富國之外還要強兵，沒有強兵，富國可能會被侵略。從旅卦第四爻開始的「得其資斧」到巽卦第六爻的「喪其資斧」，中間才經過八個爻，就得而復失。而且「喪」在中文語氣中通常比「失」還嚴重，很可能一去不回頭，全都玩完了。「喪其資斧」，錢沒了，權也沒了，再堅持下去反而就是凶。

我們都知道，錢、權的結合，自有人類以來就存在。有錢人跟掌權者一定會在人海茫茫中尋求結合。因為有錢人需要權力保護，有權的人就想用權來搞錢，所以在《易》卦中身居高位的四爻、五爻很容易形成共犯結構；很多國家就有設定防範制度，不然芸芸眾生、廣土眾民都要深受其苦。錢權的結合雖然天經地義，但要有正當性，不然大家都倒楣，讓少數「精英」坑了大家。

上爻會「喪其資斧」，就是因為「巽在床下」，原來是坐在床板上發號施令，現在又趴到床底下。〈小象傳〉說：「巽在床下，上窮也。」窮途末路、走到頭了。「喪其資斧，正乎凶也。」喪失應有的保護，不就隨時處在凶禍中嗎？

我們再比較一下第二爻和第六爻。二爻的「巽在床下」，就是一個外來政權或組織，為了扎根，保持低調的努力，有利於健康的本土化；如果到了上爻還「巽在床下」，就是扭曲變質、不健康的本土化。在任何領域、學問、事業能入不能出，就是「巽在床下」。像第五爻是能入能出，第六爻能入不能出，始終處在被壓迫的床底下，以過時的東西訴諸大眾，包袱太重，反而「喪其資斧」。所以第二爻的「巽在床下」是受肯定的，在第六爻則是被唾棄的，這一點一定要注意。

占卦實例1：何謂天命？

巽卦〈大象傳〉強調天命，每個人的天命都不一樣，是獨一無二、不能跟任何人分享的。佛陀一生下來就瞭解這一點，據說他一生下來就指天指地說道：「天上天下，惟我獨尊」，這個「惟我獨尊」沒有驕傲的意思，而是指每一個人獨有的特質。每一個人都要找到生命中的「獨」，那是最珍貴的，是良知良能，每個人都不一樣。

關於天命，曾有學生問《易經》：何謂天命？出來的卦象是睽卦（䷥）動四爻和上爻，而且關鍵的變數在上爻。芸芸眾生都在人生的人情輪迴中睽，很無奈。那麼，怎麼瞭解天命？有些人做無謂的抗爭，有些人按照天命設定的軌道去做；大部分的人因為不瞭解天命，非常有可能走到睽卦第六爻，所做所為完全違逆天命，下場很慘。睽卦上爻爻變為歸妹卦（䷵），「征凶，无攸利」，得精神病，不是看到塗滿泥巴的豬，就是看到一車子的鬼。第四爻是「睽孤」。每個人的天命不同，「君子以同而異」，有相同的地方，又絕對有不同的地方，不同的地方就是「慎獨」的「獨」。老天爺把每個人都安排好了，只是有些人窮其一生也找不到自己的獨——與眾不同的地方。在這一點上，人絕對是孤立、孤獨的，任何人都愛莫能助。可是四爻的「睽孤」就懂得安頓生命，懂得「遇元夫，交孚」，回歸生命本源去尋找。睽卦上爻就是顛倒夢想，然後進入「歸妹」的衝動。這兩爻變有臨卦（䷒）的象，臨卦也跟天命有關。

這個卦象一出來，我相信會給我們很大的啟示。絕大多數人一輩子勞而無功，活得很痛苦，就是因為走到睽孤的上爻，最後能夠「往遇雨則吉」的很少，大部分的後果就是歸妹。有些人在「睽孤」的時候懂得接通天命，「交孚，厲无咎」，所以「志行也」。孔子非常強調「知命」，五十而知天命，不知命不足以為君子。知命很重要，孔老夫子五十歲知天命，也在五十歲左右開始徹悟《易經》，那是下工夫深造自得之後，豁然開朗，才知道天命是怎麼回事。要知道天命，首先得「懲忿窒欲」，做到「四十而不惑」，不能被欲望綁住。如果欲望太多，絕對沒辦法知道天命。從「四十而不惑」到「五十而知天命」，還得下十年的工夫。每個人的生存處境是絕對孤立的，沒有任何人能幫上忙，連佛也不能救你，這就是「睽孤」。佛只是告訴我們，人要自己救自己，而基督教說：「上帝可以救你。」但《易經》是「无有師保，如臨父母」，沒有師傅，沒有保母，在「睽孤」時只能自強不息。

占卦實例2：「一帶一路」的國際開發前景

二〇一五年四月，大陸領導人習近平提出「一帶一路」的國際開發構想，引起國際社會高度關注。我問其前景如何？為巽卦二、四、上爻動，「六四」值宜變為姤卦，其爻辭稱：「悔亡，田獲三品。」〈小象傳〉讚：「有功也。」三爻齊變成咸卦，為大家都受感動熱情參與之意。巽為風，〈大象傳〉稱：「隨風巽，君子以申命行事。」鼓動時代風潮，推行千秋大業。「九二」舖墊打底，組織團隊；「六四」一網打盡，多國參與合作；「上九」爻辭：「喪其資斧，貞凶。」則須提防，別巽過了頭，反致傷損。

占卦實例3：外星人入侵地球

二〇〇八年間，有位學生問地球上有無外星人？為巽卦「九二」爻動，爻辭稱：「巽在床下，用史巫紛若。」爻變為漸卦。巽入隱伏，無形無相，還不時搞些花樣。漸卦為循序漸進，又有鴻雁結隊飛行之象，難道外星人還分批前來，且已滲透多時？巽卦之前為旅卦，由太空旅行而至，「親寡」的情況下彼此呼應，配合行事。這有些像前些年的電影*Men in Black*（MIB星際戰警），外星人「借殼上市」，以人類的形象混迹人間，許多名人都是外星人！

同樣的問題，另一位學生問：宇宙中有無外星人存在？為震卦初、四爻動，有坤卦之象。〈說卦傳〉稱：「萬物出乎震。」

震為眾生，「初九」是我們地球人類，腳踏實地；「九四」爻辭：「震遂泥。」〈小象傳〉解釋：「未光也。」則是宇宙高天處的外星生命，但我們不易看見。

占卦實例4：男女構精萬物化生

二〇一〇年七月，我問男女交合，億萬精子何以獨一入卵受孕結胎？為巽卦二、五、上爻動，「九五」值宜變成蠱卦，齊變成謙卦。依卦序巽之前為旅、之後為兌卦，眾多精子在外游動，企圖深入而至兩情相悅。巽卦「九二」爻辭：「巽在床下，用史巫紛若。」用盡各種方法想深入「著床」。「上九」爻辭：「巽在床下，喪其資斧，貞凶。」多半未能達成目標。「九五」爻辭：「貞吉，悔亡，无不利，无初有終。」似橄欖球隊衝刺達陣觸地得分。三爻齊變成謙卦，亨通有終。「九五」居君位，單爻變成蠱卦，為器皿中有蟲之象，完成受精成孕。蠱卦卦辭：「先甲三日，後甲三日。」巽卦「九五」爻辭：「先庚三日，後庚三日，吉。」都有復卦母腹懷胎、生生不息，「七日來復」之意。此占全合自然原理，真正妙極。

朋友講習——兌卦第五十八（䷹）

《易經》中卦爻辭最少的卦

兌卦的經文十分精簡，卦爻辭總字數是六十四卦中最少的。兌卦卦辭只有「亨利貞」三個字。六十四卦中，卦辭最精簡的只有兩個字，一是大有卦（䷍）的「元亨」，一是大壯卦（䷡）的「利貞」；還有一個卦大概是因為傳抄錯誤而有些異議，那就是鼎卦（䷱）。鼎卦卦辭有三個字——「元吉亨」，明顯多了一個「吉」字，而且多得有點怪。如果以傳解經，鼎卦〈彖傳〉就看不到「吉」字，用古典的術語來講，這個字就是多出來的衍文。再者，火風鼎跟火天大有的結構非常類似，只差初爻的爻變；那麼，大有卦卦辭是「元亨」，鼎卦卦辭如果是「元吉亨」就不太合理了。這麼一來，卦辭只有三個字的，只剩兌卦了。

但真正表現兌卦經文之精簡的還不是卦辭，而是爻辭。爻辭總共才二十六個字，還沒有爻辭最長的睽卦（䷥）上爻多。睽卦第六爻的爻辭有二十七個字，是《易經》最長的一個爻。睽卦上爻因為極度缺乏安全感，疑神疑鬼，出現類似於精神病患所看到的幻象，把人際關係搞到壞透了。

按理說，兌卦是感情的直接流露，應該是很多嘴、說個不停的，可是兌卦卦辭只有三個字，六個爻的爻辭也只有二十六個字，這就有其深刻的意義了。也就是說，雖然你有個嘴巴可以說，也有很多感觸，但還是要謹言慎行；非說不可時，還是精簡為要，不要囉唆。「易簡而天下之理得」，多言惹人嫌，而且言多必失。中國社會自古以來就很重視這個道理。從《易經》來說，艮卦（䷳）就叫我們不要亂講話，講話一定要有條理；尤其是最高領導人，艮卦第五爻「艮其輔，言有序」才能夠「悔亡」；然後還要謹言慎行，「慎言語，節飲食」這樣的道理到處都存在。這就是兌卦爻辭如此精簡的原因。除了卦辭只有三個字，所有跟兌有關的都要合乎「亨利貞」的原則，用言語表達喜怒哀樂，要合乎正道，還要能達到溝通的效果。如果講了半天也不能亨通，就要檢討自己講話是不是有問題？還有就是講話的時機，要懂得察言觀色，「人不厭其言」；如果在不恰當的時候講出讓人尷尬的話，讓處境難堪，這就要好好修正自己。所以，整體來說，兌卦卦辭就是言說的藝術。對於自然的感情流露，兌卦就要給予「亨利貞」的規範，固守正道才有利。爻辭就是從此開展，在始究、始壯究，由內而外、由下而上、由基層到最高層，都要講話、都會流露感情；越到高層，情緒的控制越重要，不能隨便動怒，更不能心直口快、愛怎麼講就怎麼講。而且，一旦表達，也不要多言，掌握好分寸，言簡意賅，甚至意在言外，讓人慢慢體會。兌卦爻辭就是代表在不同的時、位，講話要精簡，講究有效溝通，不必囉里囉唆或者濫情、煽情。

兌卦爻辭只有二十六個字，整個經文就只有二十九個字，兌卦明明是要說、要表達的，可是卻採取這種高度精確、言簡意賅而意在言外的表達方式，這也是《易經》經文最讓人佩服的地方。兌卦有對口之象，大家都喜歡對口討論，彼此交流溝通，人再多一點就開座談會，再大一點就是大型研討會、國際會議，這都是兌的象。每個人把所見、所感表露出來，跟大家進行真誠而有效的溝通，希望引起共鳴，達到「亨利貞」的效果。怎麼說話、表達而不會扭曲喜怒哀懼愛惡欲的情緒，也不會造成傷害，這就是兌卦所要求的效率。

書不盡言，言不盡意

兌卦的文字很少，除了言簡意賅之外，還有意在言外之意。〈繫辭上傳〉最後一章就專門談到這一點。

> 子曰：「書不盡言，言不盡意。」然則聖人之意，其不可見乎？子曰：「聖人立象以盡意，設卦以盡情偽，繫辭焉以盡其言。變而通之以盡利，鼓之舞之以盡神。」

「書不盡言，言不盡意」，聖人之意難道真的無法全然理解嗎？後代人讀經典，經典就是兌，是古人將觀察宇宙人生的心得與後人神交。然而，時隔幾千年，我們怎麼知道經典就是古人的原意呢？伏羲、文王、孔子真是這麼想的嗎？孔子認為「書不盡言，言不盡意」，因為文字、語言，甚至肢體語言都是有限的，無法作百分之百的完整表達，有時還會產生雞同鴨講的無效溝通，引起不必要的誤會、對立。一般的表達尚且如此，要表達形而上的真理或領悟就更難了。可見，「意」是很難捉摸的。「意」曰「立日心」，起心動念、反反覆覆；如果變成語言文字，或者錄音、錄影，那它就凝固了，而且也還有很多意念沒辦法表達出來。況且「意」還在「心」之先，「正心」之前要「誠意」。這個「意」要怎麼捕捉？這又是一個難題。

從「意」推到「心」，再推到實際的言、行，那就是「一日心」為恒。心是飄忽不定的，每天、每時每刻的心都不一樣，能不能恒？那「意」呢？相對於恒卦的「一日心」，「意」是「立心」，它們還是有關係的。益卦（䷩）上爻要小心挨打——「莫益之，或擊之」，爻辭說「立心勿恒」就凶。立日心是意，一日心是恒，《大學》說「苟日新，日日新，又日新」，《易經》乾卦第三爻也說「君子終日乾乾」。一早一晚，就是完整的陰陽循環，表示每天都很重要，今日事今日畢，過好每一天，就是一切成就的基礎。要深切理解這一點，如果沒有一定的高度，就無法觸類旁通，這包括人生很多的歷練；不到一個年齡或經歷一定的事情，很多經典的思想是無法理解到一定的高度的。

兌卦的篇幅很少，但我們至少可以將已經學過的五十八個卦連貫起來，依經解經，這是中國經典最正確、最高明的解法。一以貫之的「一」，不是量詞，而是整體不可分割的意思。聖人有很多思想要傳達給我們，有時候表現在這部經典，有時表現在那部經典；就像《易經》的卦與卦、卦與爻、爻與爻之間靜態、動態的變化，都是息息相關的。所以孔子讀《易》要「韋編三絕」，要前後參照。只有這樣，《易經》的整體思想輪廓才會慢慢顯現出來。不但《易經》如此，《易經》跟其他經典之間的關係也是如此。

為什麼會說「聖人之意不可見」這樣幾近絕望的話呢？像孔子對《易經》下了那麼深的工夫，有這麼深刻的體會，他尚且說「書不盡言，言不盡意」，那我們要怎麼掌握聖人之意呢？其實，只要瞭解大自然的法則，大概就可以理解聖人之意了。要知道，「人之為道而遠人」，人心往往違逆自然還自以為是，以致天災人禍、民不聊生。那麼天意到底是什麼？我們要如何掌握天意？「天何言哉」，它不用言語表達，可是「四時行焉，百物生焉」；揣摩自然界種種妙用，就可以尋求天命流行的自然法則。這就要下工夫了，孔子的建議就非常好。首先是「立象以盡意」，把卦象、爻象所代表的眾生相、社會現象顯現出來，「意」是可以盡的，這就打破了「言不盡意」的說法。《易經》的「象」確實是超過「言」，就像兌卦經文才一點點，可是其意無窮無盡，盡在不言中。「意」不是「言」，「言」無法百分之百表達。老子說：「道，可道，非常道；名，可名，非常名。」這句話就很難用語言作完整的解釋；只可意會，不可言傳。所以，伏羲立象真的很不得了，象是無限的，遠遠超過言詞所能表達的。

其次是「設卦以盡情偽」。象有時候很難組織化、系統化，我心中有個意念、意象，而我做了某種表達，它就過去了；等到明天我可能會另起爐灶，又有一個表達的象，可是這個象跟昨天的象之間不見得會產生關係。《易經》了不起的地方就在於把這些象系統化，透過設一個卦，經歷始壯究、始壯究，由內而外、由下而上，由基層到高層的歷練，成為有機的組織；有因果，又互相呼應。自然界沒有卦這種東西，但他可以設卦「盡情偽」，把真心假意統統用卦顯現。卦是一個有機的結構，不能亂來，初爻跟另外五個爻是絕對有關係的，不像我們今天這個意、明天那個意，零零碎碎、全無組織。

設卦源於立象，先有象再有卦，形成符號的象徵系統，然後再加上文辭，這就是第三個階段「繫辭焉以盡其言」。這時候再盡言，因為前面有立象、設卦，言就可靠多了。《易經》的經文雖然只有四千來字，但因為有卦，卦前面還有象，有陰陽爻的千變萬化，我們就可以從這裡「變而通之以盡利」，從日常的「庸言之信，庸行之謹」表現出來的小事、大事，創造高效率的成果，「鼓之舞之以盡神」；不只個人的事情，也涉及群眾整體，最後都可以「盡神」，達到最高境界。

兌為毀折之象

兌卦不專指語言的表達，也包括文字、符號甚至是身體動作的表達；因為電腦資訊日新月異，將來也許會出現其他表達方式。這些都屬於兌，因為是開口之象，希望能跟人分享、交流，做有效溝通，並建立共識。然而，雖然兌卦是表達的總結，但仍需謹言慎行，而且要真誠，這個分寸一定要掌握。

此外，〈說卦傳〉對兌卦的描述也很豐富：

兌為澤，為少女，為巫，為口舌，為毀折，為附決。其於地也，為剛鹵。為妾，為羊。

兌卦有毀折之象，因為兌有毀滅、折斷之義，所以容易造成感情的傷害，正所謂利口傷人，雖然可能是無心的，但搞不好就會結一輩子的仇、破壞很多好事。如果像巽卦一樣深藏在心不表達，就沒有這個問題。巽與兌是一體兩面，巽是隱微深入，不表達出來，就不會有毀折，但不能永遠憋著，總有需要表達的時候。兌卦所表達的就是巽卦深藏的東西，能夠講經說法、言之有物，就是因為前面下過巽的深入工夫。台上十分鐘，是兌；台下十年功，是巽。巽的時候沒有人知道，所以不會造成毀折傷害；兌的時候動輒得咎，所以一定要有把握不傷人、不傷己，又能夠精確有效傳達自己的意念。可見，兌卦要小心的地方，就是不能道聽塗說，否則會造成毀折之象。

要得到皆大歡喜的成果，在兌之前就要下巽的工夫。像蘇秦、張儀這些戰國策士，以言語取悅於人，也取得大量權力資源，並促進當時的國際和平。這些縱橫家的本事就因為前面做足了巽的工夫。像蘇秦甚至刺股自殘，晚上讀書打瞌睡，就拿錐子扎自己的大腿，最後才能一出馬就建功，立刻「亨利貞」。周遊列國而不能施展抱負時，就是火山旅（䷷）；要破除旅的情境，就要下巽的工夫。再出去遊說時就充滿信心，一看即知對方的弱點、需求，然後才能說服他，讓他心悅誠服，這就是兌。當影響力從一個點突破到更大的範圍，那就是兌卦的下一卦渙卦（䷺）。要想讓影響力輻射出去，兌卦是重要的突破點；渙卦就是從突破點中心往外擴散；像蘇秦配六國相印，影響力遍及整個戰國時代。然後就要建立制度，這就是節卦（䷻）。接下來就是薪火相傳的中孚（䷼）、小過（䷽）、既濟（䷾）、未濟（䷿）。後面幾個卦序可說是一氣呵成的。

用「習」貫穿坤、坎、兌、小過四卦

關於「習」字，我們可能最熟悉的是《論語》開篇的「學而時習之，不亦說乎」；在《易經》經傳中，有四個卦可以用「習」來貫穿。

首先是坤卦第二爻的「不習无不利」。坤卦卦辭說「先迷後得主」。〈彖傳〉云「先迷失道，後順得常」。「道」是指跟坤卦相對應的乾卦。乾卦講天道、自然之道，所以要「自強不息」；坤卦要配合乾道的變化，所以要「厚德載物」，把「道」落實於大地。但是，從天道落實為地德的過程中，可能因為欲望糾纏或現實形勢的限制而有所偏離，這就是「迷」。因為「習」所以會「迷」。嗜欲漸深，天機漸淺，由乾而坤、由屯而蒙，基本上都是如此。如果純粹講自然天道，就不會有習氣的污染。但是到了坤土大地，廣土眾民之間難免產生各種鬥爭；當天道落實到現實，就會有很多計較，很多習氣的污染就出現了。

老子《道德經》下篇「德經」第一章就說「失道而後德」。就像復卦（䷗）是天地之心，初爻沒問題，上爻卻是「迷復凶，有災眚」；差之毫釐，失之千里。所以整個坤卦是有墮落的可能，所以卦辭就提醒我們，要「利牝馬之貞」，不然就會偏離了天道自然的主宰。《三字經》開篇所說的「人之初，性本善；性相近，習相遠」就是很好的證明。坤卦卦辭就已經提出人有可能被習氣牽著走，入世越深越糟，所以爻辭就要立一個典範，也就是君位的「黃裳，元吉」，其對應的就是「六二」這個最重要的爻，表現自然美質、不受污染，「直方大，不習无不利」，雖然已經落實到坤的大地之上，可是在世不染，跟乾卦所代表的天理完全不相違背。其他的則都有可能出問題，「履霜，堅冰至」是一個，「龍戰于野，其血玄黃」更是習氣深重。三爻、四爻這麼險惡的人生，就得「含章」或者「括囊」；如果大家都是「不習无不利」，幹嘛要「含章、括囊」？可見，坤卦有習氣的問題。第二爻就告訴我們不要被習氣兜著轉；保持自然美質，不要失道，要得道、得朋、得主；道與德合一。坤卦除了「不習无不利」的提醒，還告訴我們要往前闖蕩，要始終保持真心，不要染上壞習慣；「少成若天性，習慣如自然」，後天的第二天性幾乎都是壞習氣。

坤卦既然有迷的可能，坎卦就得「習坎」，坎是罪惡的深淵。為什麼前面要加「習」字？坤卦跟坎卦先後天同位，是由體生用的關係。先天八卦中，坤卦在正北方，後天八卦中，坎卦也在正北方；先天屬體，後天屬用；坤卦的大地是體，坎卦是在大地上奔流的河川為用。從坤的體發展到坎的用，坤卦中既然有迷途的可能性，再發展成坎卦的用，就完全被「習」包圍，故曰「習坎」。當我們讀乾卦〈文言傳〉時，可能會莫名其妙，不知道它為什麼那麼講。現在回味起來，就發現完全貫通了。像「本乎天者親上，本乎地者親下，則各從其類也。」「本乎天」就是離卦的火花，離卦跟乾卦是先後天同位，離卦的本就是乾卦，火往上燒，天氣上升，最明顯的就是離為日，天日可見。「本乎地者親下」，坎卦的本在坤卦，所以水永遠往下流。然後前面還有「水流濕，火就燥；雲從龍，風從虎；聖人作而萬物睹」，這就是「各從其類」，乾坤為主，坎離為從；天地為主，水火為從。各從其類，有主有從，從《易經》的理氣象數來印證，我們才得知「習坎」的來由。

兌卦也跟「習」有關。〈大象傳〉說「君子以朋友講習」，也就是《論語》第一章「學而時習之」，後天的學習從知識面來講是很好的，從人的情操來講，習氣深就不是好事。小孩子越大越壞，所以並不是所有學習都是「為學日益」。後天的學習只是學問的增益，但習氣的積累就會讓人越來越壞。所以就有道德的回歸，要啟蒙、要復元。還有小過卦，單純是小鳥練飛，這也是「習」，每天都得學習，才可以振翅高飛。

以上就是用一個「習」字貫穿坤、坎、兌、小過四個卦的分析。

巽、兌一體兩面的深入分析

《中庸》云：「喜怒哀樂之未發，謂之中；發而皆中節，謂之和。中也者，天下之大本也；和也者，天下之達道也。致中和，天地位焉，萬物育焉。」這裡的「中和」是中國的傳統精神。「喜怒哀樂之未發」的「中」就是巽卦，藏得很深，沒有表現出來。像「巽在床下」的第二爻就說「紛若之吉，得中也」；第五爻也說「位正中也」。可是按照卦序發展，最後還是要通過九竅發出來，發就是兌卦。發出來的目的就是要求「和」，故兌卦第一爻曰「和兌」。渙卦就是從一個點往外發出去，可是發到一定程度，就要適可而止，那就是節卦。這就是從爻、從卦分析「中和」的關係。巽、兌、渙、節這四卦就是告訴我們中和之道。中是天下的大本，和是天下之達道。

下面我們從中醫的角度來分析巽卦、兌卦一體兩面的關係。兌卦是口舌之象，中醫很重視舌診，也就是看舌苔；通過觀察這一局部現象，就可得知人體哪個部位有病。也就是說，舌診就是依據顯現在兌為口舌上的種種現象，判斷巽藏在體內的心肝腸肺等器官病變。由兌就可知道巽，誠於中，形於外。這就是舌診的運用。

這是以中醫的觀點來分析巽、兌二卦。那麼還可以從中國人物學的角度去分析比對巽、兌的關係。知人、用人在任何時代都很重要，但「知人知面不知心」，就像巽喜怒不形於色，但《易經》告訴我們，看不到沒關係，可以根據他表露在外的兌，判斷他深藏內心的巽。兌一般是言談舉止、音容笑貌，通過這些，就可以判斷他的內心。這也是《大學》裡講的：「人之視己，如見其肺肝然，則何益矣。此謂誠於中，形於外，故君子必慎其獨也。」也就是說，何必掩飾自己的私密呢？掩藏得再好，人家看你的言行舉止，馬上就知道你是偽裝的，就像戴了X光內視鏡一樣，可以看見內裡的心肝肚腸。

兌之說文解字

兌字加「言」就是「說」，但它不用說，是無言之說，此時無聲勝有聲。所以它的卦爻辭用很精簡的二十幾個字表達無限的情懷。無言之說為兌，無心之悅也是兌，無心就自然，有心就造作。無心之悅不拘形式，不刻意假裝、矯揉造作，那才是最自然的喜悅。孟子就講鑽研經典中的義理，「理義之悅我心」，就是「學而時習之，不亦悅乎」，「猶芻豢之悅我口」，好像吃大餐一樣，是豐美的精神糧食，而且它是自然而然的，不用刻意追求。

這是無言之說、無心之悅。那麼還有「無『金』之銳」，加一個「金」就鋒芒畢露，犀利得不得了。兌卦鋒芒畢露就會傷到人，也容易把自己傷到。再看，「無『月』之脫」，也是兌卦的意涵。以老子為首的道家是從清心寡欲講起，因為那是一切煩惱源，其採取的方式雖然不像佛教，但道家自有一套作法：「挫其銳，解其紛，和其光，同其塵。」這是老子的名言，在短短五千字中出現過兩次。這就跟兌卦有關。因為銳利的「銳」要「挫其銳」，不要鋒芒畢露，必須學會圓融處事，凡是有稜角、有鋒芒，就很容易傷人，所以要磨得圓些。

兌卦卦辭

䷹

兌。亨，利貞。

兌卦卦辭只有三個字：「亨，利貞。」兌卦是談感情的卦，兩情相悅，自然會溝通、分享心中的熱情，不像巽卦埋得很深。關於「亨，利貞」，我們知道，《易經》談感情的卦都是「亨，利貞」，如咸（䷞）、恒（䷟）、萃（䷬）這三個「見天地萬物之情」的卦，都是「亨，利貞」。「觀其所感，而天地之情可見矣」；「觀其所恒，而天地萬物之情可見矣」；「觀其所聚，而天地萬物之情可見矣」。但是，這三個卦的「亨，利貞」，不像兌卦這麼純情。它們的「亨利貞」全部有條件、有但書，有世故的考量。咸卦是少男少女之間的純情、純愛，但是在「亨，利貞」之後就要考慮「取女吉」；亦即戀愛成熟，要論及婚嫁，這就是但書。而兌卦是只要我喜歡，但不一定要嫁給你。兌卦就是喜歡一件事物或一個人而沒有功利計較，都不考慮得失輸贏勝負，就是覺得很高興、很自然，不需要有條件，也不需要回報。所以兌卦是無條件的純真少女情。咸卦為什麼還要有「取女吉」的但書呢？因為它裡面不光是純情少女，還有一個少男。那麼，恒卦的「亨，利貞」，條件就更多了，因為婚後生活很麻煩。萃卦就更麻煩了，既要「王假有廟」，還要「用大牲」、「利有攸往」，要靈肉合一，因為是第二春，感情更為複雜。

兌卦沒有但書，是最純粹的，跟父卦乾非常像。乾卦也是最純粹的，只是他比兌卦多一個「元」，「元亨利貞」俱全。少女很純，但她是「亨，利貞」，沒有「元」，因為情感容易蒙蔽理智，所以兌卦在情感面前最需要謹慎，要提防本性被蒙蔽。蒙卦只有「亨利貞」，沒有「元」，所以要啟蒙，也就是復「元」。四德俱全最純的是乾卦，三德俱全最純粹的是兌卦，一個是老父，一個是少女，這在八卦中是很明顯的。在八卦中，艮卦沒有「元亨利貞」，也不談吉凶悔吝，它最重視的是「無咎」。震卦則強調亨，坤卦也是「元亨利貞」，但是「利牝馬之貞」，還有一堆但書，以免迷途失道。巽卦是「小亨，利有攸往，利見大人」，有「亨」有「利」，但沒有「元」和「貞」。離卦也是「利貞，亨」，沒有「元」。坎卦是「有孚，維心亨，行有尚」，沒有「元」，也沒有「貞」和「利」，只在內心世界亨通，外面則險難重重。

兌卦〈大象傳〉

〈大象〉曰：麗澤，兑。君子以朋友講習。

「麗澤，兌。君子以朋友講習。」這是兌卦的〈大象傳〉。我們先看「朋友講習」。「朋友講習」一般人會感到很親切，因為《論語》第一章就說「學而時習之，不亦說乎」。講、習和朋、友，就說明大家在一起討論、切磋。兌卦就是對口之象，切磋琢磨，分享人生心得。「講」與「習」是兩個不同的境界，在課堂上授課叫「講」，是用語言講出來的；「習」就得天天去練、去嘗試錯誤。上課吸收的東西，下課之後有沒有「習」、有沒有用在日常生活中就很重要了。所以，不能只是「講」的層次，一定要到「習」，才能真正落實。

「麗澤，兌。」麗是離卦的概念，也是美麗的意思。兌卦是少女，離卦是中女，兌卦跟二姊離有關，要形容兌卦就用麗來形容，因為少女臉上有「麗」、有光澤，皮膚彷彿吹彈可破。故曰「麗澤，兌」。麗的字形就是兩頭鹿相依相偎，靠在一起傳遞溫暖的感覺。那是很美、很動人的畫面。八卦的〈大象傳〉修辭都是很值得琢磨的。人與人之間的網絡也是如此，大家互相提供光明、溫暖，你需要我，我需要你，彼此依附，看到對方就起歡喜心，就想跟他講、習，隔一段時間就想見一見，找個地方喝杯酒，或者一起逛街購物。

兌卦〈彖傳〉

〈彖〉曰：兌，說也。剛中而柔外，說以利貞，是以順乎天而應乎人。說以先民，民忘其勞。說以犯難，民忘其死。說之大，民勸矣哉。

我們接著看〈彖傳〉。「兌，說也」，「說」即「悅」，當然，當作「說」也通，但這裡講「悅」是最順暢的。「剛中而柔外，說以利貞，是以順乎天而應乎人」，這裡提出「順天應人」的思想了。革卦（䷰）也講順天應人，時位都對了，也合乎天道、天理，但還要順乎人心，順應社會風潮，才可以進行真正的革命。光「順乎天」，如果沒有「應乎人」是不能革的，或者光應乎人而天時未至也不能革，一定要「順乎天而應乎人」才可以革。革卦跟兌卦就有關，革卦的外卦就是兌。人一旦心悅誠服地接受革命的說法，就會心甘情願為之犧牲奮鬥。

「剛中而柔外」，「九五」、「九二」是「剛中」，「六三」、「上六」是「柔外」，這就是兌卦特別吸引人的地方，因為它外面是很柔軟、有光澤的，不像離卦、巽卦；離卦是一層鋼板，巽卦那個老大姊是兩層鋼板，而其脆弱的陰爻是把內心藏得很深。不像兌卦恣意表現，如花開在外，很容易親近，讓人歡喜。但是，也別認為這個外表柔弱的少女好欺負，她裡頭可是剛的，只要你敢往前越雷池一步，就會踢到鐵板。

「說以利貞」，兌卦要有好的溝通效果，一是創造亨通，大家取得共識、溝通順暢；然後要

「利貞」，講話一定要貞才有利，才會產生實際效益。兌有口舌之象，如果被情欲牽動，胡扯亂講，這種帶著情緒的感染力，弄得好是順乎天應乎人，弄得不好就是禍害，就是毀折。因為人會對他所相信、所愛的，不辭勞苦，也不怕犧牲。

「說以先民，民忘其勞，說以犯難，民忘其死。說之大，民勸矣哉。」這一段講得真好，事實也是如此，但要懂得解讀、運用。「說以先民」，是指那些野心家、行動家、領導人，想要動用廣大的基層力量，一定要讓老百姓認同他，讓老百姓心甘情願、忘勞忘死地追隨。革命就是這樣，首先就要有煽動性，要讓人毀家紓難，就要用種種言詞、許諾打動人心，讓人心悅誠服，就像豫卦（䷏）的「鳴豫」一樣。「民忘其勞」，就會不計代價，再辛苦也會幫助你。「說以犯難，民忘其死」，像革命者，只要他認為值得，即使冒險犯難、犧牲性命也在所不惜。這就是「忘勞忘死」。因為人基本上是好逸惡勞、貪生怕死的，但是在兌的激昂、動情狀態下，就會超越人之常情，變成忘其勞、忘其死。像譚嗣同、文天祥、林覺民等，就是超越常情。他們做到了，我們卻做不到，因為我們還始終記得這個勞要計算代價。可是在兌的情況下，就會創造這種忘勞忘死的奇蹟。然後他還不只整個身心投進去，還會勸別人跟他一起幹，這就是「說之大，民勸矣哉」。不管是宗教、文化、行銷，都是一樣，你要是能感動其中一個，他肯定了，他覺得自己力量不夠，就會把自己所有的人際關係都拉上。像臺灣的國泰保險公司，很多保險員都找家庭主婦，因為只要征服媽媽，就可以征服一個家庭；征服一個家庭，就可以征服一個社區。這就是兌卦的力量，一點突破，就會往外擴散，所以下一卦是渙卦。忘勞忘死，之後就是動員群眾的象。所以要動員群眾並不難，因為群眾基本上是盲目的，都是以情決定一切，投票行為也是；所以豫卦「利建侯行師」，就是要讓人歇斯底里才會做豫的事，這就是群眾運動。兌卦、萃卦都是，在關鍵時刻，真正會影響人生的得失、輸贏、勝敗，還是情。〈繫辭傳〉說「吉凶以情遷」，尤其是動員群眾，幾個簡單的口號，就可以形成巨大的感召力。

說以先民、說之大

從宗教的角度來說，兌卦就是法喜的象；兌卦是正西方，所以兌卦是西方淨土，觀卦則是觀世音的象。觀音的造形也是兌，穿得很莊嚴、很漂亮，不像羅漢一個個都是怪樣子。菩薩很重視法相莊嚴，羅漢心中沒有眾生，所以很拘謹。菩薩笑呵呵，充滿法喜，這就是「說之大，民勸矣哉」。因為要說服人，讓人產生歡喜心，所以兌卦可以做民粹的運用。對民眾講的話無法用理智分析，可是卻能讓現場瘋狂、沸騰。一旦進入那個情境，人好像被什麼東西附身，覺得自己在從事最神聖的事，這就是「說以犯難，民忘其死」。但是等到他冷靜下來，就會變成「慷慨赴死易，從容就義難」。

兌卦六個爻也有不言之象，雖然爻辭非常精簡，但人情都具備了。誰都不希望憋著心事，總想跟人分享，可是兌卦六個爻就有一個憋著不講，那就是君位的領導人。其他五個爻都有「兌」，都有排遣、溝通的方式，可是領導人沒有「兌」。如果兌是喜悅快樂，則領導人最不快樂；如果兌是溝通交流，領導人就是喜怒不形於色。可見，領導真不是人幹的，因為那個位置的關係，所以「萬般不與政事同」。這種不言之象，可以讀出很多言外之意。換句話說，為什麼領導人不能有人之常情？這就值得深思了。

留惑潤生——佛教的兌卦修行觀

我們再看兌卦的用詞。兌為澤，這是從自然界的湖光山色中悟出來的字，澤有潤滑、滋潤的意思。兌卦與艮卦相錯，兩者其實觸類旁通。艮卦講止欲修行，兌卦同樣有觀音慈悲法喜的象，而且又是象徵極樂世界的正西方。佛教有「留惑潤生」的說法。「惑」即迷惑之境，也就是末法時期的迷惑之境；「潤生」就是滋潤迷途顛倒的眾生，或令眾生轉迷成悟，將逆境、惑境轉為增上緣，使其更能激發菩提道心。從兌卦去理解這句話就比較容易懂。艮卦是要我們把與生俱來的七情六欲砍斷，不然就會成為禍害。但只有少數人可以辦到，對多數人來說絕不容易；如果心中有眾生，那就更不容易了。「惑」就跟欲望有關，把欲望統統砍斷，很可能也斷絕了生機，讓生命枯澀如山石。兌卦則留了一汪水，其實，只要節制欲望，不需要完全斷根，也不可能斷根。從眾生慈悲心的立場來說，留一點惑可能會滋潤你的生命，至少對多數眾生是如此。人情也是一樣，絕情反而會帶來絕境。

潤澤是兌卦最重要的概念，另外，兌卦正當金秋時節，是正西方，在五行之中屬金。所以金秋時節就是兌卦的象，兌卦的毀折之象就是從這裡來的，因為秋天有肅殺之氣。俗云「春生秋殺」，古代處決犯人一般都是秋決，這是為了因應天地的殺氣，盡量不在春天殺人。此外，春天也不宜打獵，一般都是秋狩，否則就是不仁不義。

兌卦也是兌現，支票要兌現，要匯兌兩地等。因為是對口的象，意思就是這個口打開，那個口也打開，中間有些資訊、感情、意見要交流，這叫兌換、交換。如果都是巽，那是鋼板對鋼板，就沒有什麼東西可以交換。兌現也代表講話算數，亦即一個人的表達是真實可靠的。所以「亨利貞」

三個字堪比「我愛你」，是真實的感情表達。不像巽卦是「狼心狗肺」，「小亨，利有攸往，利見大人」，是沒人知道的腹語。

麗澤之象

兌卦有潤澤、滋潤的象，描寫嬰兒和少女的皮膚，就是所謂的「麗澤」，光滑、亮麗。清代文人沈三白（沈復，一七六三－一八二五）的散文集《浮生六記》就提到，沈復之母攜其妻芸娘至冷香寓，見女憨園，亭亭玉立，如「一泓秋水照人寒」。把這位女子的神韻表露無遺，像秋天一樣明亮，這就是兌卦的感覺。麗澤的感覺是賞心悅目的，如果只有麗而沒有澤，就無神韻可說。

原則上講，沒有一個少女是醜的，光是青春洋溢就很美。女子為「好」，可是少女為「妙」。〈說卦傳〉很看重「妙」字，「神也者，妙萬物而為言者也」。「妙」是動詞，我們看不到神，也看不到上帝，可是我們可以看到奧妙的宇宙萬象，就會推想到後面一定有個東西讓世界如此美妙，那就叫神。我們常聽人說到「神品」，也就是出神入化、超凡入聖的感覺，那是因為達到了「妙」的境界。這種「妙」就是兌卦，有時完全沒有言語，但卻傳達一種妙不可言的歡喜之感。所以「妙」是從兌卦表現出來的，真的是「說以先民，民忘其勞」，讓人樂此不疲。

卦氣圖與推背圖

在卦氣圖中，兌卦管三個月。卦氣圖到底是怎麼畫出來的呢？根據現在的科技知識能不能畫得出來？這個圖一定不是憑空想出來，而是有長期的農業實證經驗，才能畫出像羅盤一樣的卦氣圖。在基本八卦中，乾、坤是消息卦，震、兌、坎、離是四季卦，春夏秋冬各管三個月。那麼巽卦跟艮卦是幾月？乾卦是陰曆四月，坤卦是陰曆十月，從卦氣圖來看，巽卦大概是陰曆七月底到八月初，而艮卦大概是陰曆九月底到十月初。過去對這個圖的解釋並不多，但卦氣圖就這麼流傳下來了。我曾占卦問卦氣圖的準確性，是觀卦（䷓）「九五」爻動，百分之百準確。可是問題來了，南半球怎麼辦？南半球跟北半球的季節相差半年。其實道理還是對的，但可能就不是北半球的時間。那麼可以直接根據月份轉換嗎？這是一個問題，不一定有結論。但我們要清楚，九十％以上的重大人類文明建設全部是在北半球創造的。古代中國人大概做夢也沒想到有一天會到南半球去。但現在世界不一樣了，我們就得面對這個問題——在北半球創造出來的卦氣圖，能否放諸四海而皆準，運用到南半球呢？這就需要精確考量了，尤其涉及到時間、時位的問題，絕不是簡單加幾個月就可以辦得到。那怎麼辦呢？還是需要以長期實證累積資料。假如要建立一套在南半球適用的東西，就要從頭開始，當然，還得看是否有實用的需要。

還有一個是很具爭議的《推背圖》。《推背圖》從唐朝流傳至今一千多年，這東西不管是李淳風還是袁天罡提出來的，硬是讓足智多謀的中國人迷惑了一千多年。《推背圖》雖然用了一些卦象，但跟《易經》並沒有直接的關係。問題是它到底準不準？過去很多改朝換代的重大歷史事件，它好像都講對了。假如過去說對了，未來就可能對。有野心的人就想從《推背圖》找到自己的天命依據，這就很有意思了。據說《推背圖》又有幾種版本，那麼最可能的歷史真相是什麼？假設《推背圖》真的非常有力量，那麼它經過那麼多的專制王朝，難道不會成為禁書或者被竄改刪節嗎？在

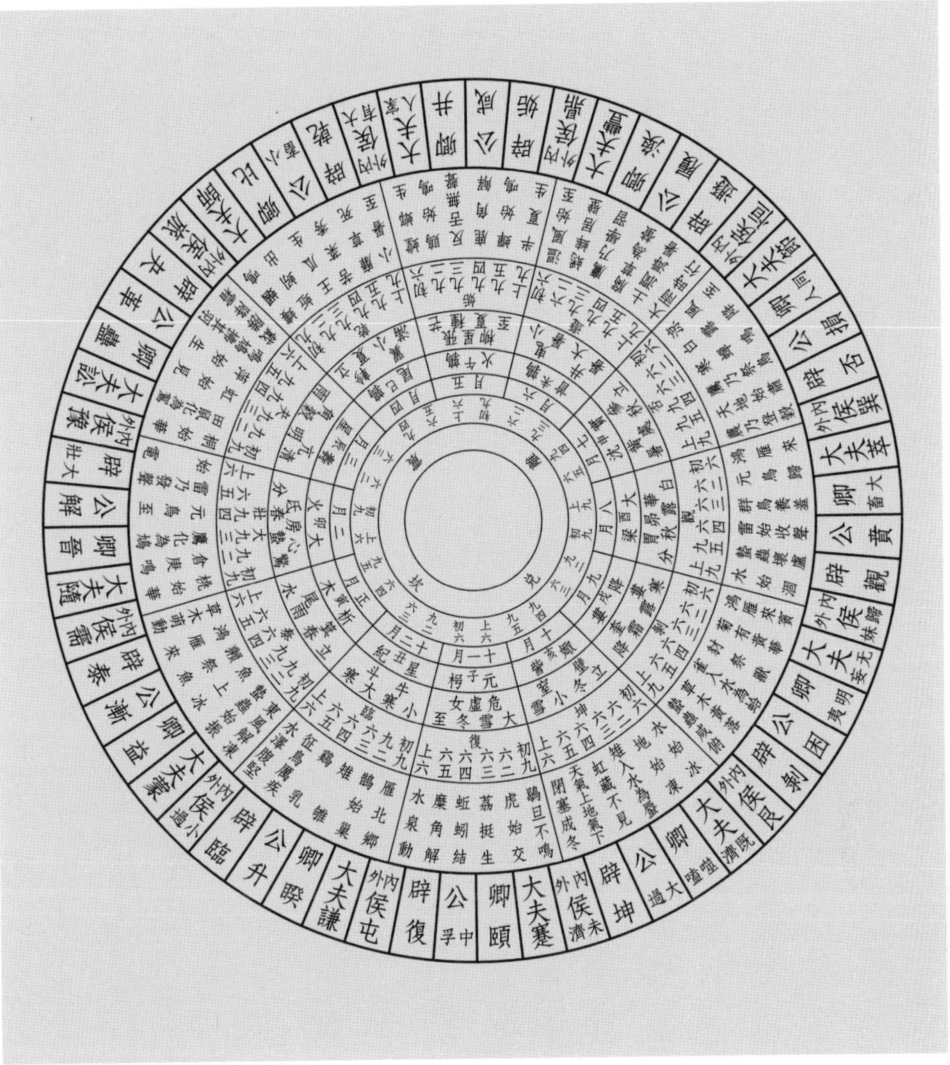

卦氣圖

專制社會，言論、思想都會受到管制，統治者決不允許有人用《推背圖》當成造反的藉口；就算他自己也是造反起來的，但他一定害怕別人造反。假如有這麼一本書真的很準確，估計統治者早就藏到國家圖書館，甚至直接銷毀，或者把它改得真真假假。可見，《推背圖》要是真準確到怕人的地步，最初的真實版本不可能流傳到現在。要知道，每個朝代都打著修書的幌子，其實是在焚書，凡是有礙觀瞻的東西統統都要處理掉，有些東西是絕對看不到的。

《易經》中外卦是兌卦的綜合整理分析

兌卦最值得研究的就是「九五」，因為涉及到最高領導人跟「上六」之間陰乘陽、柔乘剛，有曖昧不明、不足為外人道的關係。「九五」爻辭之所以沒有「兌」，「上六」爻辭也只有最簡單的兩個字「引兌」，就知道這之間有不能說、不可多說的東西，這就是《易經》的不言之象。

我們看人間世的種種人情糾葛，世人皆因此生煩惱、也生禍患。尤其「九五」是大人物，他在公共領域跟私人領域的愛欲糾纏，必然會影響國家、社會。這是《易經》外卦為兌的特色。當外卦為兌，剩下的七種關係，就是兌以外的天地雷風水火山；其中「九五」跟「上六」之間陰乘陽、柔乘剛的關係，必定有某種共通性，這就可以幫助我們瞭解，人到「九五」這個地位時，他的感情是怎麼表現、隱藏、依托的？如果這種感情不是很平衡，就有可能禍國殃民，造成很多問題。像兌卦君位的感情空虛，導致「上六」「引兌」趁虛而入。這也是研究兌卦的一個要點。推而廣之，我們都知道上卦是巽為風的，「君子之德風，小人之德草」，風就是教化，有潛移默化的作用；但下卦不同，教化方式就不一樣。像風天小畜（䷈），密雲不雨，教化方式就不同；風澤中孚（䷼），代表誠信一代傳一代；風雷益（䷩）的下卦是震，就要建立眾生內在的主宰，使其遷善改過；再有風火家人（䷤），這是家庭教育，因為下卦是離，需要「言有物而行有恒」；風山漸（䷴），就得循序漸進，十年樹木，百年樹人，所以要「居賢德善俗」。

這就是把基本八卦當作一個切面，根據上卦、下卦的對待關係，去瞭解卦與卦之間的異同，這就可以幫助我們貫通很多東西。兌卦最重要的是上卦，兌卦談感情的抒發和表達，上卦代表大人物的私情。像兌卦「九五」或所有上卦是兌的「九五」，在公開場合就要謹言慎行，要喜怒不形於色。但是做為一個自然人，他也有感情的需求，只是他不能有自然人的感情流通，總要保持距離感；雖說距離有時也是必要的，但時間久了，他就很難有真正的朋友。這就會出現「上六」這個非正常管道的情感交流。「上六」陰乘陽、柔乘剛，對他有致命的吸引力。在公共領域，他覺得活得不快樂，可是他對「上六」有很深的依賴。這些在君側的「上六」，有時是小人，有時是太監，還可能是某種藝術或某種嗜好。像明朝很多皇帝的私生活亂七八糟，明熹宗朱由校就是有名的木匠皇帝，他當朝的時候，覺得苦死了，下朝之後就脫下龍袍，一心一意去學魯班。木頭就是他的「引兌」，時日一久，致使朝政不理，宦官魏忠賢獨攬大權，禍國殃民。明朝的皇帝，除了剛開始幾個英明、兇狠、無情，其他都是昏庸的，再不然就是剛愎自用。愛新覺羅氏的清朝皇帝吸取前朝教訓，幾乎每一個都兢兢業業，可是搞到清朝中葉還是很慘，因為面對世界局勢的變化，挑戰越來越嚴酷，那是明朝所沒有的。大家覺得清朝搞到後來亂七八糟，其實每個皇帝都很有責任感，只是面對的處境太艱難。這種時代考驗是幾千年都沒遇見過的，堅甲利兵、船堅砲利，近代工業武裝起來的軍隊，確實很難應付，如果是明朝皇帝，那中國早就滅亡了。

從巽的天命再到兌，要特別注意兌卦的弱點，這也是上卦為兌的普遍常情。所以我們要從人生的現實去理解人情，不必苛責。高層人物的情感控制如果失去平衡，就有可能禍國殃民。從整體民眾的福利來講，這一點一定要有認識。

「九五」跟「上六」的關係，從兌卦就可以看到，絕對影響到「九五」的領導威信。像兌卦「九五」就是「孚于剝」，處在留校察看的邊緣。假如乾隆是「九五」，和珅就是「上六」，和珅利用乾隆的寵信貪污，乾隆難道不知道嗎？他心裡清楚得很，但乾隆晚年已經離不開和珅，他也需要和珅為自己攬錢揮霍。晚清的慈禧太后也是一樣，她晚年就離不開李蓮英。這就是高層人物的情感失衡，後果很嚴重。我們看大過卦（䷛）就知道，其上卦是兌，是典型的情色卦，第五爻跟第六爻是老妻少夫、枯楊開花，結果就會「過涉滅頂」。還有澤天夬（䷪），第五爻叫「莧陸夬夬，中行无咎」，但「中未光」，不能曝光，見光死。「九五」如果不能處理好跟「上六」的不正常關係，不管這個關係是男人、女人，還是某種私人癖好，或某種寄託感情的東西，「九五」一定會出問題。萃卦（䷬）是精英薈聚，但萃卦「九五」的孚就有問題，跟「孚于剝」一樣，稱為「匪孚」。為什麼「匪孚」？因為萃卦上爻一哭二鬧三上吊，「齎咨涕洟，无咎」。萃卦「九五」〈小象傳〉稱「志未光」。兌卦「九五」也是「未光」，很多隱情藏得很深，這種隱情會帶來很大的負面影響。即使是澤山咸（䷞）那種很正常的少男少女戀愛，「九五」跟「上六」還是有毀滅性的關係。所以「九五」就要小心，要「咸其脢」才能「无悔」，因為「志末也」。「末」是指咸卦的「上六」。「上六」「咸其輔頰舌」，就是在「九五」君側，會影響整個體制的安定，妲己、妹喜、褒姒皆是。

「九五」跟「上六」之間為什麼有這樣的關係存在呢？答案在兌卦。因為人皆有感情，「九五」也不例外。如果感情沒有正常抒發的管道，那麼他一定要找一個管道，那就會走到私密管道上來。如果無傷大雅，那還無所謂；如果過度或失衡，結果就很嚴重，甚至傾城傾國。像困卦「九五」就變成禍國殃民的罪人。當然，上卦為兌的卦裡，也有兩個卦沒有這個問題。那就是澤火革和澤雷隨。前面那些卦都會影響到「九五」的孚，再英明的「九五」都會受「上六」的牽扯。但是隨卦（䷐）第五爻不但不受衝擊，反而更強，「九五」「孚于嘉」；而「上六」也不是負面的糾纏，而是正面的生死相隨，「拘係之，乃從維之」。革卦（䷰）「九五」「大人虎變，未占有孚」。一個打天下的人往往不拘小節，也可能很浪漫，可他是「大人虎變，未占有孚」，連占卦都省了；而「上六」就「君子豹變」、「小人革面」。「九五」的影響力，就超越了上卦為兌的「九五」跟「上六」的負面關係。因為革卦跟隨卦一樣是「元亨利貞」的卦，而且革卦有一種驚天動地的創造力，這種有大創造力的人，他跟「上六」的關係也是瑕不掩瑜的。

兌卦的卦中卦

我們看卦中卦。第一個是二、三、四、五爻構成的家人卦（䷤）。按照自然情感來說，兌卦是相親相愛、兄友弟恭，根本就像一家人。那麼，兌卦從一開始就有家人的感覺嗎？也不是，它也是從陌生到熟悉，因為兌卦的初、二、三、四爻構成的是睽卦（䷥），所以兌卦是由「睽」往「家人」走，先慢慢熟悉了，然後才自然而然產生兌。就像「學而時習之，不亦悅乎」，剛開始很生澀，就像睽卦一樣；如果忍耐、堅持下去，日後就如數家珍，越來越熟悉。從睽卦的陌生感進入家人的氛圍，這就是兌卦的境界。

但兌卦「九五」跟「上六」的關係很容易扭曲，即使由「睽」變「家人」，還是有可能走到大過卦，因為三爻到上爻就是澤風大過（䷛），「大過」就會把人壓垮。人情喜不可極、情不可極、樂不可極，樂極就會生悲。但高層人物的情有時會變成不可承受之重，甚至演變成亡國的重壓，然後因為身心超負荷，感情也會扭曲。《孟子》齊宣王說「寡人有疾」，這「疾」不是第四爻就是第五爻，都是上卦領導階層的毛病。換句話說，負責管理眾人的管理階層通常瘋子居多，好權、好色、好利，但樣樣都會要你的命。所以高層不是那麼好混，也不見得像你想的那麼快樂，其實超痛苦，而最痛苦的深淵就是「九五」。所以我一直強調，兌卦的情緒要發而皆中節，一旦到「大過」時，就是毀人滅己、毀天滅地。

此外，還有五個爻的卦中卦。初、二、三、四、五爻構成的是風澤中孚（䷼），孚是母鳥跟小鳥那種最自然的親子之情，兌卦中絕對有中孚的感覺。但兌卦也提醒我們，二、三、四、五、上爻構成的是澤火革（䷰），要懂得革故鼎新，發揮自己的創造力。

初爻：和為第一

初九。和兌，吉。

〈小象〉曰：和兌之吉，行未疑也。

兌卦也包含講話的技術——亦即所謂的「話術」。這是非常實際的技術，但需要循序漸進，首先就要打動基層。「初九」就是基層，是現代選舉的選票基地。兌卦「說以先民，民忘其勞」，「順乎天應乎人」，「初九」的作用最大。

告別了巽卦的沉潛、不溝通，進入兌卦的一開始，就面對怎麼跟第一爻基層群眾溝通交流的問題：要怎麼取悅他們、爭取他們的認同來幫我賣命呢？答案就兩個字——「和兌」，講話心平氣和。「和兌」也可作「和悅」，來這裡是進行溝通交流的，不是來跟人家對罵；是帶著象徵和平的橄欖枝，希望大家和平共存。

「和兌」，說話表達的關鍵，就在一個「和」字。「發而皆中節，謂之和」，這是「天下之達道」，也是人之常情。如果老是擺著一副撲克牌臉或一副要教訓人的樣子，誰理你啊？門都沒有。所以，想要入門，希望達到溝通的效果，講話先要心平氣和，還要儘量裝出和顏悅色的樣子。業務員為什麼笑嘻嘻？櫃檯小姐為什麼笑臉迎人？目的都是為了創造「和」的感覺，他才會敞開心扉接受你，達到初步的績效；否則怎麼往下談到產品內容，更不要說宣揚什麼理念了。

既然創造「和兌」的印象，下面不管你要做什麼，都不會引起人家的猜忌，這就是〈小象傳〉說的：「和兌之吉，行未疑也。」這樣才能展開第二步的行動。這個爻就是所有話術或感情流露的第一步；先創造出「和」，才能「行未疑」。一旦有猜疑就很麻煩，因為兌卦一開始進入的卦中卦就是睽卦，睽就是疑神疑鬼，所以兌卦一開始就要想辦法消除猜疑。如果消不掉，爻變為困卦（䷮），那就麻煩了。別人看不到你的和，覺得你是來挑釁或是討債的。從卦象上看，下卦兌為澤，本來有一水庫的水，想要跟大家分享，可是「初九」做不到和，爻一變成陰爻，下卦變坎（☵），水庫洩底，水就流出來了。本來是安靜的澤水，變成流動的坎水，就會衍生無限的風險。那麼，上卦兌再怎麼笑都沒用，因為已陷入困卦的局面。所以第一爻如果做到「和兌」就吉，如果未能掌握分寸，一旦行動啟人疑竇，自己也沒信心，兌卦就會變成困卦。孟子見梁惠王為什麼第一次就撞牆？因為他沒有創造「和」的感覺，一心只想自己要兜售給梁惠王什麼東西，根本沒考慮他能不能接受。而且戰國時代的君王都是爭著要富國強兵，魏國雖是戰國時代三家分晉之後的中原強國，但梁惠王剛剛吃了大敗仗，被迫遷都到大梁（梁就是魏，梁惠王就是魏惠王），他一心想要強國復仇，結果孟老夫子卻向他兜售仁義之道，當然是不歡而散。《孟子》一書的開頭就是這個場面，可見他的弟子都是飯桶，他們希望弘揚老師的偉大，竟然把孟子遊說失敗的場景擺在最前面。像孔老夫子的弟子就比較在行，一開始就是「學而時習之，不亦說乎」，對後世很有影響。商鞅為什麼見到秦孝公而可以談三天三夜、廢寢忘食？就是因為乾柴遇上烈火，一碰上就激情四射。孟子一開口，梁惠王就沒有「和」的感覺，話不投機半句多；商鞅跟秦孝公一談，酒逢知己千杯少。所以第一關過不了，下面有再好的想法都沒得談。在大爭之世，要談仁義不能直接硬碰硬，需要委曲婉轉、循序漸進，如果直接說「王何必曰利」，不管是誰都會受不了。我們教《易經》也是如此，一定要先教占卦，《易經》當然絕對不止占卦，可是不講占卦，無法引起學生的興趣。《維摩詰經》裡面有句名言：

「先以欲鉤牽，後令入佛道。」「鉤」就是看透人的自私自利，先吸引他進入，然後慢慢教導。這就是藉占學易。

二爻：循循善誘

九二。孚兌，吉。悔亡。

〈小象〉曰：孚兌之吉，信志也。

第一爻創造了「和」的感覺，雙方融入情境之中，就可以往下談一點實際的內容，建立互信，這就是「孚兌」。「和」是第一印象，「孚」是實際的產品內容；要說服別人，就要拿出真本事。就像賣這個藥絕對可以治病，提出這個思維絕對能夠安心。「孚兌」就是在「和兌」之後可以進一步往下談的內容。所以「孚兌」不可能在第一爻談。孟子就犯了「孚兌」的毛病，還沒取信於人，沒有先創造「和」的感覺，直接就談「孚」，當然不會被採信。所以，兌卦需要循循善誘、一步步來。

「九二」剛而能柔，陽而能陰，又居下卦的中道，用孚的熱力讓人感覺溫暖、產生信賴感。這是從初爻的「和」開始，慢慢由淺入深，由「和兌」到「孚兌」；如果這個層次沒有錯，「孚兌」的結果就是吉，而且「悔亡」，你就不會犯錯。「悔亡」其實是針對「九二」的剛而來。「九二」屬陽爻，但是它剛而能柔，不會硬碰硬、直來直往，不像有些人一開始傳道，就弄得人家退避三舍。「九二」因為「孚兌」，一開始就處理得非常好，悔就沒有了，不會犯錯。

那麼，「孚兌」有什麼好處呢？〈小象傳〉說：「孚兌之吉，信志也。」孚是誠信，有自信，人家也相信你，你的志向、你心中真正的主張，通過這樣的溝通、說服，就可以讓你的想法、作法實現。「信」在這裡有兩層意思，一是遊說讓人接受、信服，二則「信」也是「伸」的意思。人想伸展，必先要屈身，不要針鋒相對，要慢慢鋪陳，能屈然後能伸。〈繫辭傳〉說到：「尺蠖之屈，以求信也。龍蛇之蟄，以存身也。」「信」就是伸，蛇吐信，火藥的引信，都是如此。第二爻看著字很少，其實意義很深，也是重要的方法論，絕對不能錯。一個人如果有志難伸，恐怕方法有問題。必須等到大家互相熟悉、互相信賴，不必再做虛偽的應酬，那就什麼都可以談了，這時才可以「伸（信）志也」。如此，就進入二、三、四、五爻構成的卦中卦家人卦第一爻。初爻的「和兌」還是卦中卦睽卦的第一爻。可見，先要撤除心防才是一家人，一家人才可以「信志也」。

人都想「信志」，那就要注意怎麼表達，什麼時間、什麼對手講什麼話，如此才可以現身說法。《論語》中，衛國人公明賈評價孔子「時然後言，人不厭其言」，就是在適當時機暢談理想，這才可以讓人信服。革卦第四爻也是如此，要想改變大局，必須到「九四」的時候，才能「改命，吉」。〈小象傳〉就叫「信志也」，完全一樣。人與人之間撤除心防，方可無話不談、抵足而眠。這也間接說明，人志隨命轉，人志跟天命的關係，要看周遭形勢，千萬不要在不合時機、或沒有察言觀色的情況下講出尷尬的話。講出來的話也不見得不對，只是時機、場所不對，或者是交淺言深，讓人不知何言以對。當然，有些人也很可愛，愛講就講，什麼時候都可以講，自己爽死了，別人就很尷尬。兌卦代表少女，也可以說是大嘴巴女人，心直口快，這樣的人難免令人討厭。其實兌卦並非如此，它教我們怎麼做事、怎麼說服人；言語表達、文字表達都在其中，就像寫論文一樣，層次非常嚴謹。只有這樣，才可做到兌卦第二爻所說的「孚兌，吉。悔亡」，然後「信志」，能夠行志，扭轉周遭形勢。

「九二」下了這樣的工夫，產生的效果是什麼？爻變是充滿彈性、隨時隨地制宜的隨卦（䷐）；就像佛祖一樣，見人說人話，見鬼說鬼話，到了妓女戶就講妓女話，都可以讓人信服。絕對不是硬梆梆，到哪裡都用同一套。隨卦外卦是兌，滿面堆歡；內卦是震，心中自有主張。外卦一定要兌，這樣才能隨，才能縮短跟對方的距離，爭取共鳴，甚至爭取到他忘勞忘死的追隨。「九二」的「孚」同時也影響到跟它相應的「九五」。「九五」「孚于剝」，就是「孚」有問題；如果「孚」不夠，就要借助「九二」的「孚」來補足。

三爻：操之過急

六三。來兌，凶。

〈小象〉曰：來兌之凶，位不當也。

下面看「六三」。「六三」陰居陽位，不中不正，也是兌卦的開口，絕對是憋不住的，一開口就是大嘴巴，肯定得罪人。爻辭說「來兌，凶」，往內、往下叫「來」。「來兌」講的就是「六三」跟「九二」之間的關係不協調，「上六」跟「九五」的關係不協調；陰乘陽，柔乘剛。「九二」是充滿了「孚」，「六三」想要取媚、討好「九二」，這種作法是錯的，因為它想藉著跟「九二」之間不正常的互動，達到溝通的效果，結果是凶。〈小象傳〉說：「來兌之凶，位不當也。」這個爻就是不懂得隱藏、含蓄，急功近利，自以為一表態就可以達到目的。爻變是澤天夬（䷪），很快就攤牌，這是辦不到的。因為兌卦要鋪陳，得先營造氣氛，一步步往上談，「六三」太急了，立馬就要剛決柔，一定達不到目的。

「來兌，凶」，就是操之過急，缺乏文火細燉的工夫，還沒水乳交融，就想逼著客戶、選民、對手攤牌。外交談判、商業談判，溝通最重要，希望雙方都能高興地簽約。前面已經下了那樣的工夫，尤其是「和兌」已經創造好的氣氛，然後「孚兌，吉」，言之有物，談到實質性的內容；但這時候卻犯了「來兌，凶」的毛病，急著把訂單敲定，逼客戶簽約，一定會引起客戶的警覺。因為夬卦就是要逼著人家立刻做決定，而且是把人家逼到牆角，這種心不甘、情不願的作法，不會有好結果。雖然在「和兌」、「孚兌」的時候，人家好像有點接受你了，就像戀愛談三天，第一天、第二天表現絕大的耐心，第三天就想登記結婚。這種攤牌式的作法，難免引起反感和警覺，想再深入就很難了。第三爻心浮氣躁，更高層次的四爻、五爻、上爻還沒來到，就想逼人做重大決定。這不是開玩笑嗎？這種作法，就會讓人覺得你是故意安排陷阱，前面的「和」跟「孚」有問題，這一逼他就開始迴避，結果就是凶。這就是「位不當也」。「六三」位不當，太急切、太露骨，強人所難。這是人常犯的毛病。商業談判也是，要知道，真人不露相，如果不懂得含蓄、放慢節奏，想法就無法實現。

「來兌」這種急切的毛病，不懂得兌卦前面巽卦水滴石穿的工夫，就和歸妹卦、履卦一樣。歸妹卦（䷵）的「六三」，「歸妹以須，未當也」，不懂得等待；履卦（䷉）「六三」也是「位不當也」，踩到老虎尾巴，險被老虎咬死；還有君臨天下的臨卦（䷒）「六三」也犯這個毛病，「甘臨，无攸利」，「位不當也」，先是甜言蜜語，然後急切的感情就宣洩出來，希望馬上得到結果。從這裡就可以發現一個共通性，這些「六三」，口惠而實不至，講得再美，人家都有戒心。將來還會學到的中孚卦「六三」也是這樣，濫情、憋不住，像火山口一樣。節卦（䷻）「六三」也不行。我們看，通例就出來了，下卦、內卦是「六三」的，幾乎沒一個是好的。

兌卦下卦全部講完了。我們看一個兌卦下卦三爻全變的卦例。兌卦下卦全變，就變成了澤山咸（䷞），本來只有少女的一廂情願，變成了少男少女的兩相情願。咸卦「亨，利貞，取女吉」；兌卦卦辭是「亨，利貞」。「遇兌之咸」「亨、利、貞」統統都有。而且它們都是談感情的卦。咸卦是「觀其所感，而天地萬物之情可見矣」，兌卦更是純情的卦。下卦三爻全變，初爻、二爻、三爻，兩吉一凶，意思是說，占到這個卦，應該是很正面的。本來是少女單戀，結果變成少女、少男的結合，「君子以虛受人」，「君子以朋友講習」，不論從哪一個角度來講，兌、咸二卦都大有可為。只是要注意，不要犯「來兌」的毛病，這就是在兩吉一凶的大環境中，這個卦象的大局是有可為的。藉著兌卦說服對方，使人家完全接納你，變成咸卦的互相感動，然後虛心接納。在檢討到爻的時候，要注意趨吉避凶，不要急著做決定，不要犯「來兌凶」的毛病就好了。可見，《易經》有很多東西是有但書的，關鍵在後天的修行，從細節修到大節。如果占到歸妹卦，不懂《易經》的人一看「征凶，无攸利」，完蛋了，但是，仔細想想看，如果不征，怎麼會凶呢？改成「貞」的方式，歸妹卦的凶從何來？這就是趨吉避凶，占到一個卦，如果爻動得多，就讓比較正面的儘量發揚光大，比較負面的爻就千萬要避免，免得功虧一簣。就像兌卦，假如不操之過急，保持和諧的交流溝通，展現自己的滿腔歡喜、赤誠，何愁事不成呢？這個卦象的上卦沒有動，重點在內卦、下卦，就要完全看下卦的表現；下卦希望從兌卦變成兩情相悅的咸卦情侶，就要儘量採取「和兌」、「孚兌」的方式，避免「來兌」。就像占到不變的臨卦時，其卦辭是「元亨利貞，至于八月有凶」，那就儘量運用臨卦的「元亨利貞」，避免變成「八月有凶」，就這麼簡單。我們占出來的卦爻有吉有凶，吉中帶凶，凶中帶吉，就要遇難呈祥、逢凶化吉，這就是人要修的地方。那麼，上面講的卦象是什麼問題呢？講的是兩岸的文化交流。亦即臺灣要更積極、主動，不要有防範心理，要創造和平的環境，加強兩岸文化交流。

四爻：有效說服

九四。商兌未寧，介疾有喜。

〈小象〉曰：九四之喜，有慶也。

我們看上卦。「九四」「商兌未寧，介疾有喜」，爻辭八個字，有「疾」有「喜」。「疾」是「寡人有疾」，可能是心病，也可能是身病，甚至是情病或政治病。我在講无妄卦（䷘）和豫卦（䷏）時都提過，有病的都是執政、管理階層，不是第五爻就是第四爻。高處不勝寒，壓力大，所以通常都不健康。一天到晚操勞辦公，還要鬥爭奪權，有的還要貪污腐化，這些「疾」真的是他們的專利。六十四卦中，「疾」不在高層的只有一個，就是天山遯（䷠）的第三爻，「係遯，有疾厲」，人情包袱太重，沒法擺脫，想走也走不了。

兌卦「九四」的疾可以是「九四」本身，也可能是老闆「九五」帶給他的壓力。因為老闆「寡人有疾」，跟「上六」有體制外的不正常關係。對「九四」來說，很多政策根本是「上六」影響「九五」，而不是「九四」的辦公衙門可以決定的。老闆只聽「上六」的——太監、宮女、寵妃都在內，那是老闆的個人世界。「九四」要如何對症下藥，治好老闆的這些「疾」？要知道，老闆得病，「九四」也會跟著病，所以要用「介」的方式把「疾」治好，治好了就叫「有喜」。損卦第四爻「損其疾，使遄有喜，无咎」，也是如此。

病治好了，藥方是「介」。這一點待會再解釋。先看〈小象傳〉：「九四之喜，有慶也。」喜是個人的喜，影響小，慶是皆大歡喜，「一人有慶，兆民賴之」。為什麼「九四」的「喜」會變成「有慶」？個人的喜怎麼會造成皆大歡喜呢？因為「九四」是執政高層，「九四」如果能克服「九五」執政團隊的疾，所有施政才能為民謀福。可見，「九四」這個點很重要。兌卦「九四」有自己的感情，「九五」也有自己的感情，甚至他跟「上六」之間的私情，「九四」是不能介入的。這樣一來，屬於「九四」的正常行政部門，就沒辦法按照既定政策運轉，只能走後門，通過君側的「上六」影響「九五」，去買通、賄賂「九五」的近臣，而不是直接呈遞公文給「九五」。以前王朝中的大臣見不到皇帝時，就要百般討好那些總管太監，那些總管太監就可以大謀其利，有很多發財的機會。這樣一來，整個國家的政治管理運作就會出問題。但是。幾乎每個朝代都是如此，如果禁止宦官干政，沒有宦官的問題，就有女禍（寵妃）的問題，再不然就有外戚。在人性的干擾下，歷史就這樣不斷輪迴。所以「九四」這一票朝中大臣就傷透腦筋，君王好久不上朝，於是大家商量討論，研究該怎麼辦，可是沒有達成共識。這種「未寧」的膠著狀態，對國家相當不利。

按照乾卦的天道理想，我們希望「首出庶物，萬國咸寧」；但一到坤卦的現實環境，這個理想就到處碰壁了。「萬國咸寧」本來是和平的象，大家不必擔心，可是坤卦馬上告訴你，發展到最後是「龍戰于野，其血玄黃」；然後到了屯卦（䷂）則是「宜建侯而不寧」。所以乾卦希望和平，希望「寧」；可是坤卦的現實是從沒有安寧日子，從「履霜」到「堅冰」，到「龍戰」；然後到了屯卦的「動乎險中大亨貞」；然後再到比卦（䷇）的「不寧方來，後夫凶」。在快要結束的兌卦，做高官的還是「商兌未寧」，精神上還是不安的狀態。這樣看來，我們就得好好研究是怎麼回事了。

換句話說，從《易經》推衍開來，乾卦講了「寧」的理想，坤卦就辦不到，屯卦一生下來就永無寧日，然後到了兌卦還是「商兌未寧」，這是因為寡人有疾。解決辦法就是「介」。「介」就是有效隔離，隔離「九五」跟「上六」。「介」也是豫卦的概念，豫卦第二爻「介于石」。「介」就是提供一個介面，把兩者分開，就像隔離傳染病一樣，不跟病菌直接接觸，以防感染。如果「上六」跟「九五」就是兩個人的世界，由他們來決定一切大事，「九四」要改變這個畸形結構，就一定要建立這麼一個介面，不然沒有辦法運轉。那麼，這就需要大智慧了。因為要說服的對象，一個是很難對付、不可測的「上六」，因為他是隱形的，躲在君王後面；一個就是不能冒犯虎威的「九五」。「介疾」，就是建立隔離機制，防止「疾」的擴散。豫卦第五爻已經得病，「貞疾，恒不死」；第二爻還沒有生病，就要建立有效的隔離，這叫「介于石」。所以，「介」是對付「疾」的。這是大原則，但絕對不容易，因為要客觀中立，兩邊都不靠，一切按照道理來。可見，在一個感情用事的兌卦中，第四爻是最講究客觀公正的。如果說服成功，恢復正常體制，下情能上達，不會讓君王身邊的人壟斷、控制一切，整個兌卦的氛圍就通暢了。

「九四」爻變為節卦（䷻），情欲要有所節制，尤其是公眾領域的領導人，更不能放縱情欲，一切都得按制度來。這就是「九四」，想從「兌」走到「節」，他的努力就在這裡，靠著客觀理性的「介」來解決「九五」的麻煩問題。

「介疾」也是預防，不只是治療。能不能一開始就不要讓「上六」和「九五」這樣的問題發生？這對「九四」恐怕更為艱難。說服老闆很難，取悅於人也很難，在《論語》稱為「色難」。連子女對父母親都沒有好臉色，可見，要和顏悅色很難。因為關係越近，越要體諒對方的粗魯、傲慢；可是很多老年父母的態度往往讓人受不了，子女要和顏悅色、承歡膝下就很難。此外，要跟親密的人講親密的話，自己都覺得肉麻，那也很難。韓非子有一篇〈說難〉，那是千古名篇。司馬遷覺得是傑作，就幾乎以全文摘錄收在〈老子韓非列傳〉中，變成韓非子傳的一部分，對於韓非子本人反而著墨甚少。這篇文章講到千古共通的難處，就是怎麼說服最高領導人。領導人大權在握，他可以置你於死地，他又自命不凡，為什麼要聽你的呢？所以忠言直諫很危險，比干諫紂王，反被剖心。這樣的例子太多了。秦始皇看到韓非子這篇文章，就讚賞他是天下第一人。對韓非子的評價這麼高，但韓非子最後沒有施展抱負就被毒死。所以人的思想理論可以談到超高境界，但實際的行為表現卻差得好遠，剛好成了〈說難〉的祭品。他什麼都懂，但還是失敗了，這又是一個人性問題。大歷史學家司馬遷也是什麼都懂，最後卻被處以宮刑。所以，從知到行，中間不知有多難，尤其以前的社會，成敗關鍵都在「九五」，所以才要花這麼多心思去說服。蘇秦、張儀為什麼怎麼說怎麼通？因為他們把帝王心術都研究透徹了，甚至可以在現場隨機應變。這些智慧都藏在兌卦中，要順天應人，才可得心應手。

五爻：枕邊風勁

䷹

九五。孚于剝，有厲。

〈小象〉曰：孚于剝，位正當也。

第五爻「孚于剝，有厲」，沒有兌。也就是說，天威不可測，看不到老闆的笑容，也摸不清楚他的喜怒哀懼愛惡欲。所以做「九四」的就苦得不得了，不知道老闆到底在想什麼？有時候要揣摩上意，有時候要走後門，有時候還要討好第一夫人。古今以來，這一點其實並無差別。

「孚于剝」，在正常體制中，「九五」對很多人都不滿意，因為他只聽一個人、或少數幾個人的，所以他的「孚」就到了「剝」的階段。「有厲」，危險動盪就是這麼來的，很不容易擺平。這個爻爻變為歸妹卦（䷵），歸妹卦「征凶，无攸利」。如果處於「孚于剝，有厲」的境地，可能就會有「歸妹」的衝動。那時，「九五」只想跟「上六」長期相處。「上六」爻變為履卦（䷉）。兌卦只有「引兌」這個角色可以落實施政。履卦講實際怎麼做，但誰能決定實際要怎麼做呢？是「上六」的「引兌」決定的，不是「九四」，也不是「九五」；是「上六」一說，「九五」就同意。兌是說，因為「上六」能取悅「九五」；「上六」在枕頭邊說的話，能影響「九五」形成決策。所以「上六」這個角色不得了，他的影響力就是「履」——變成政策。

「九五」跟「上六」這種體制外的關係，會是永久的關係嗎？也很難。「九五」跟「上六」你歡我愛的親密二人組，兩爻爻變是睽卦（䷥），總有一天要分開，因為體制不容。「九五」雖然「孚于剝，有厲」，但他的權力來源也是正正當當的。所以〈小象傳〉說「位正當也」，履卦第五爻〈小象傳〉也是「位正當也」。所以「九四」還是不能輕易把「九五」拿下來，因為他的權力有合法性，只是有人情上的弱點，在「引兌」面前沒法抗拒這種致命的吸引力。雖然「孚于剝，有厲」，但是「位正當」。

上爻：致命的吸引力

上六。引兌。
〈小象〉曰：上六引兌，未光也。

上爻僅僅說了「引兌」二字，沒有講吉凶。爻辭沒有明言吉凶的，我們都知道，這是一種不言之象，需要用豐富的心靈彈性去面對，不要隨便加上價值判斷。從人情去理解，「引兌」本身不一定有罪，他只是對「孚于剝」的領導人有不可抗拒的吸引力。「引」字非常含蓄，引而不發。「引」字的原本意思是，弓拉開而箭不射出去。但是，弓拉開就很有力量，看著很含蓄，實際充滿力量，因為我們不知道箭要射向哪裡，以及它的力量究竟有多大。如果箭射出去，力量反而就沒了。如果一個人老是對下屬訓話，到最後聽的人都當耳邊風。要是擺副鐵面，不太講話，效果就完全不一樣。引就是這種含蓄內斂的力量。可是「上六」這個「引」絕對可以吸引「孚于剝」的「九五」，兩者要是對上了眼，就會形成不可抗拒的吸引力。「引」的目的可以直接達到「兌」，這就是「上六」。這個角色可能是大老，可能是後宮，也可能是太監，反正如〈小象傳〉所說的，是「未光也」，是絕對不能曝光的角色。

關於「上六」，《易經》經文並沒有任何價值判斷，不講吉，也不講凶。這種文辭，就是告訴我們要重視這種客觀存在的現象。「上六」與「六三」相應，「引兌」跟「來兌」是相應的，但結果剛好相反。「來兌」太露骨了，會把人嚇跑；可是「引兌」是騷媚入骨，完全可以控制「九五」。可見，「來兌」的工夫很粗糙；「引兌」就很含蓄，會被它深深吸引。從正面的角度來說，「引兌」就像繪畫、音樂、《易經》、修佛、打坐、打拳，這些不見得說得清楚，但是你會被吸引，會樂此不疲、忘勞忘死，從而影響很多重大決定。「來兌」則如妓女拚命招徠客人，結果人家望風而逃；「引兌」就是不主動邀請，可別人還非來不可，這就叫「不著一字，盡得風流」，這才是高手。

法喜之象

「引兌」如同法喜，沉浸其中，完全被吸引。兌卦有法相莊嚴的法喜之象，這種引兌的感覺，我在一九九八年就有親身體會。

一九九八年，我帶著二十幾個學生到大陸做《易經》溯源之旅，從曲阜走到甘肅天水，走了半個月，遊遍幾個《易經》古蹟。最後一站是甘肅天水，那裡有一個很出名的佛教文物古蹟景點，即麥積山石窟。整個石窟就像一個麥垛，有壁畫、有泥塑木雕。是一千七百多年前北魏留下來的佛教藝術寶庫，跟敦煌莫高窟不一樣，大部分是泥塑木雕，創作者一樣都是無名氏。當時有一個專門研究麥積山佛教藝術的專家為我們導覽，他帶我們爬上去看幾個一般不開放的洞窟。那人受到佛教藝術的吸引，可說是到了「引兌」的地步了，因為他遞給我們的名片，上面的名字就是「麥積山民」。他把原來的名字都改了，餘生盡在麥積山。

上去之後，他打開了一個最寶貴的洞窟讓我們進去，大家都是先看大佛，但「麥積山民」說，最值得觀賞的是大佛旁的小沙彌。他打開打火機，放在小沙彌旁，讓我們見識那尊雕塑的輪廓之美。小沙彌似乎在聽大佛講經，聽得入神，心裡產生法喜。他的笑容就是「引兌」。這座雕像非常有名，還專門做成郵票，名之曰《東方的微笑》（下圖）。這尊少年佛家弟子側立像，面露憨厚而又略帶稚氣的神情。俯首側耳，似乎在專心致志地聆聽佛的教誨；細瞇著雙眼，又好像在琢磨佛剛才的說教；那深深刻印在嘴角的微笑，似乎已經領悟佛法的奧妙。我們都知道西方的微笑是《蒙娜麗莎》的微笑，但是，看過這尊雕像的人，大部分都覺得他比達文西的《蒙娜麗莎》的微笑，不論工藝技術或神韻，都表現得更好。只是《蒙娜麗莎》的作者是世界知名的藝術家，而這尊雕像的作者是無名氏。在一千五百年前，雕塑技巧竟能達到如此的境界，確實令人讚歎不已。回來之後，那樣的微笑一直印在我心底，只要想起它，內心就充滿法喜。

133號窟中俯首微笑的小沙彌。

二〇〇六年和二〇一五年，我又去了兩次天水，才發現小沙彌所在的第一百三十三窟也會在特定時候開放參觀，但收費不菲，門票約四百元人民幣，能看到「東方微笑」真身的人不多。那就是一個「引兌」的法喜之象。

這是一個例子。此外，「引兌」還可以怎麼理解呢？學禪宗的都知道，禪宗是從一朵花開始的，拈花微笑的故事大家應該都知道。《五燈會元》記載：「世尊於靈山會上，拈花示眾。是時眾皆默然，唯迦葉尊者破顏微笑。世尊曰：『吾有正法眼藏，涅槃妙心，實相無相，微妙法門，不立文字，教外別傳，付囑摩訶迦葉。』」佛祖在靈山會上講法，開講前拈起一朵金婆羅花，意態安詳，卻一句話也不說。大家都不明白他的意思，面面相覷，唯有摩訶迦葉破顏輕輕一笑。佛祖當即宣佈：「我有普照宇宙、包含萬有的精深佛法，可以熄滅生死、超脫輪迴，擺脫一切虛假表相，修成正果，其中妙處難以言說，我以觀察智，以心傳心，於教外別傳一宗，現在傳給摩訶迦葉。」然後把平素所用的金縷袈裟和鉢盂授與迦葉。這就是禪宗「拈花一笑」和「衣鉢真傳」的典故。中國禪宗把摩訶迦葉列為「西天第一代祖師」。佛祖所傳的其實是一種至為詳和、寧靜、安閒、美妙的心境，這種心境純淨無染、淡然豁達、無欲無貪、無拘無束、坦然自得、超脫一切，是一種傳法、涅槃過程的境界，只能感悟和領會，無法用言語表達。而迦葉的微微一笑，正因為他顯現出悟道的法喜。禪宗的教外別傳，不立文字，兌卦所要求的也是如此。這個典故很迷人，張愛玲的「負心漢」胡蘭成，從前寫過一本談禪宗的書——《禪是一枝花》，就跟拈花微笑的典故有淵源。當然他是從文學的角度詮釋禪宗語錄。有個和尚說過：「時人見此一枝花，如夢相似。」其書名大概是來自這句話。

上述的小沙彌沒講什麼，只淺淺一笑就迷死人。從這個角度講，我們發現中國藝術跟西方藝術真的很不一樣。西方的專業藝術家都是鼎鼎大名，而中國古代的雕刻工匠都是無名氏，社會地位也不高，但他們卻創作出許多舉世聞名的藝術品，最明顯的就是殷商青銅器，現代的藝術大師很難望其項背。一千多年前的泥塑木雕就有那麼高的藝術成就，沒有作者，可是它傳達的是「引兌」的感覺。

從大過卦深入對每個爻的認識

兌卦六個爻講完了，下面我們從卦中卦來引證這六個爻。

三、四、五、上爻是兌卦中的大過卦，「引兌」是大過卦上爻，「過涉滅頂，凶」，但「无咎」，是不是忘勞忘死？有些人對某些東西的愛好是可以不要命的，這就是「引兌」的致命吸引力。「引兌」，可以無懼於死亡，可以「獨立不懼，遯世无悶」。那麼，「來兌，凶」就是大過初爻。在荒郊野地野合，「藉用白茅，无咎」，是不是比較粗糙、急切？再看「孚于剝，有厲」，它是澤風大過的三爻跟五爻，三與五同功而異位，所以「孚于剝，有厲」真的很危險。大過卦第三爻「棟橈凶，不可以有輔也」，沒辦法救；第五爻「枯楊生華」，表面上創造了燦爛的東西，但實質上救不到根本，沒有生機，非常危險。

那麼，「商兌未寧」在做什麼事呢？「介疾有喜」，想要把它扶正、救起來，它是大過卦的第二爻跟第四爻，一個是「棟隆吉」，針對第五爻的「棟橈」；還有一個是有機會救起來，「枯楊生稊，老夫得其女妻，无不利」，移花接木，重新恢復生機。從這個角度切入，利用大過卦來看兌卦的本卦、本爻，就有立體式的理解，言有盡，而意無窮。

占卦實例1：此時無聲勝有聲

一九九三年三月初，我當時在一家大出版公司任總經理兼總編輯，各方面經營得頗為出色，就是市場直銷部門始終不穩，令人憂煩。二月底結算出來的直銷業績低落得可怕，嚴重影響財務調度。我要去參加月初檢討會議前，占問如何重整旗鼓，駕馭這幫業務人員？得出兌卦六爻全變，成艮卦。兌卦是拚命說教，艮卦則沉默不言，由兌變艮，此時無聲勝有聲，多言無益，不囉嗦，可能更有震懾之效。果然他們都感受到極大壓力，次月的業績就有大幅改善。

占卦實例2：兩岸文化交流展望

二〇〇八年六月中，馬英九勝選，國民黨重掌政權，兩岸關係解凍。我問往後三到十年兩岸文化交流的前景，為兌卦下三爻全動，齊變成咸卦。兌卦卦辭：「亨利貞。」〈大象傳〉稱：「君子以朋友講習。」咸卦卦辭：「亨利貞，取女吉。」〈大象傳〉稱：「君子以虛受人。」交流順暢歡愉，互得其益。

王化遠播——渙卦第五十九（䷺）

大乘佛學與渙卦的境界相應

第五十九卦渙卦是很難的一個卦，過去很多易學家對這個卦的解釋，總讓人覺得不究竟、不到位，有點捉襟見肘，不得其門而入。這是六十四卦中很特殊的一個例子。其實它的文字也不難，但過去對渙卦卦爻結構的理解，卻沒有搔到癢處。渙卦的卦辭還好理解，而爻辭，如果未能掌握關鍵，怎麼講都覺得怪。

其實，有個東西可以幫助我們掌握渙卦所要表達的終極概念，那就是大乘佛學。修佛的朋友從大乘佛學的角度理解一些比較超越的境界之後，再回過頭看渙卦，就會覺得很有共鳴。

此外，從中國其他的重要經典，包括儒道兩家所追求的人生究竟，例如齊家、治國、平天下等內聖外王的境界，以及《春秋》所談到的一些主張、理想，都可以從渙卦得到印證。只是能夠理解《春秋》的人，比起參證大乘佛學的就更少了。如果少了這些背景觀念，直接讀渙卦，就很難入門。

渙、節二卦之運用

跟渙卦關係密切的是跟它相綜一體的節卦。這兩個卦一體相綜，又是三陰三陽，六個爻陰陽總量相等的卦，只是陽爻、陰爻的資源分佈不一樣。在六十四卦中，三陰三陽的卦有十組二十個單卦。按照卦序來講，三陰三陽的卦從泰（䷊）、否（䷋）掀開序幕。對初學《易經》的人來講，泰、否兩卦的卦際關係是相當複雜的；但泰、否二卦的陰陽爻分佈一目了然，上下均等。既濟（䷾）、未濟（䷿）二卦這一組卦與卦的關係則是最複雜的。相對於渙卦來講，其綜卦節卦好像簡單多了，爻辭只有三十四個字，卦辭六個字，比兌卦總共多了十一個字，說明節卦也很節制，話不多。看著每個字都認識，並不難，但要是把節卦、渙卦一體兩面合在一起思考、理解，意義就無窮無盡。

渙卦（䷺）、節卦（䷻）分別位居第五十九、六十。節卦居卦序第六十，這個數字在華文世界有很特殊的意義。中國人以天干地支計時，六十年為一甲子，是一個週期性的輪迴，所以它是天干地支計時的最小公倍數。每隔六十年的輪迴，就有某種程度的相似，但又不完全一樣。這種以六十年為一甲子的計時系統，其實也參考了日月星辰的運轉規律。而復卦（䷗）的「七日來復」，講的就是週而復始的自然規律；包括大宇宙、小宇宙的運行規律，背後都有一個無可置疑的自然規律在控制、主導。人生百年能有幾個六十？可見六十是很不容易的。所以節卦看似簡單，但要把爻際之間的關係，以及它跟渙卦的關係想透徹，就沒那麼簡單了。

節卦雖然不是本章主題，但我們都知道它和人身小宇宙的結構是有關的，我在前面的卦也已多次提到。人身六大關節——踝、膝、胯、腰、椎、頸，剛好是節卦六個爻。人的下半身出問題就是蹇卦（䷦），上半身出問題就是睽卦（䷥），全身都出問題就是旅卦（䷷）。節卦代表一個健康的人，即中醫講的「平人」。「節」字上面是竹字頭，就像竹子一樣，生長一段時間就要整理、停頓一下，於是就形成了竹節；然後在節的上面再繼續往上長一節，如此一節一節依序往上拔高。這就像人生的奮鬥，必須一個階段、一個階段循序漸進；到一個階段就得停下來回顧檢討一下，然後做一個總結。在這個基礎上消化吸收之後，再以此為新的出發點，繼續往前，依次節節高升。由此引伸，人的行為也需要「節」，需要社會制度規範，如此才能恰到好處；不然稍過一點就是「小過」，再過一點就是「大過」。所以《易經》追求「發而皆中節」的中道，《易經》的修行觀就是要節制嗜欲，不能過分壓抑、甚至徹底斬斷，該發的還是要發出來；也不能過度，以免造成傷害。這樣的社會，才是和平中道的社會。

那麼，渙卦就是「發」，取象於風吹水面的自然現象。因為渙卦上卦為風，下卦為水。在風力的主要切入點造成一個同心圓的圓心；同心圓往外擴散，小則有漣漪，大則有波瀾。這種風吹水面往外擴散的現象，還會依風力的強度、切入的角度與方向，加上水的各種條件，進而影響到同心圓擴散的速度與距離，甚至一波與一波的間距大小。這種風吹水面四處擴散的象，不管從物理的流體力學去瞭解，還是從《易經》去瞭解，都有規律可循；有規律，就可以延伸到人、事、物上。

人體小宇宙裡面也有渙卦、節卦的現象，氣血流行就是「渙」。血為坎水，氣推血而行；在人體為氣，在大自然就是風。氣血周流全身，心臟得以正常泵血，營養才能輸送。這就是「渙」的現象。小宇宙的氣血流行需中節，所以血壓有節奏，低血壓或高血壓都有危險。可見，人體的「渙」亦有節奏、有週期，也可以量化。飲食男女也是如此。頤卦說「慎言語，節飲食」，這都是

「節」。

「渙」、「節」二卦的關係，由各方面的運用來看，都離不開這個範疇。《易經》六十四卦講的就是天則，因為掌握自然規律，運用在天地萬物都沒有問題。所以自然的運行一樣有「渙」、「節」的現象；四季的變化是如此，恒星、行星的運轉也是如此；像彗星每隔幾十年就會出現一次。根據科學研究，宇宙形成於一百三十七億年前的一場大爆炸，而當時爆發點的能量就造成現在還在繼續擴張的宇宙現象，這就是「渙」的現象。而在「渙」的擴張之中，它仍然是有「節」的。

天則是自然規律，以人間組織來講，節卦就是典章制度、規範管理；大家都要守規矩、守禮節，不然就會社會大亂。「渙」就有亂的象，一開始還好控制，如果「渙」太過就會失控，這時候就需要「節」，免得「渙」的局面繼續擴大。

渙卦的擴散效應與節卦的有效控制

由渙卦的卦象可知，其擴散效應不容忽視，像疫情的擴散也是「渙」，所以一定要有方法節制管理，不然失控的後果相當可怕。俗話說「謠言止於智者」，這也是「渙」、「節」二卦的絕佳運用。謠言傳播之快，正因為人們無法知道真相，也沒辦法驗證；一旦它開始擴散膨脹，就得用「節」的手段，把謠言控制在有限範圍內，並且澄清之。

所以，只要掌握渙卦風吹水面四處傳播的抽象規律，然後進行制度化的管理，那麼人生幾乎所有事情，都可以用「渙」、「節」的智慧去判斷、控管。從另一個角度來說，這兩個卦的運用對人類社會的發展也很有意義。像文化傳播就是「渙」，傳播是以心傳心，甚至口耳相傳，但時間久了可能就離真相越來越遠；所以就要有「節」，時時檢點、設法還原真相。就像我們現在讀孔子的思想言論，真的是當年的意思嗎？佛教從印度傳到中國，因為語言和時空的隔閡，在唐代以前，就發現有很多對佛法理解的偏差，甚至經典本身就有紕漏。所以玄奘要歷盡千辛萬苦、親自到佛教的發源點取經，好還原真相。我們現在讀經典也要追源頭，怎麼追？「節」就很重要了。不管隔多遠，通過「節」所象徵的制度、規範、方法，就可以瞭解年代久遠的東西，就像考古學一樣。我們現在利用卦爻的規律、爻際的承乘應與、卦與卦錯綜複雜的關係，其實就是一種「節」、一種辦法。通過這些方法，我們就可以瞭解幾千年前《易經》大概的意思。這就是「渙」、「節」的綜合運用。如果「渙」而沒有「節」，就會失控，誰都可以講一套，那怎麼行呢？

宗教傳播也是一樣。例如梵蒂岡算是天主教的弘法中心，有嚴密的管理辦法，有教皇，有紅衣主教負責解釋教義。他們要掌握耶穌基督的精神，一定有一套「節」的制度。所以，不一定每個人都要回到源頭，如果只是距離很遠，還可以去朝聖；若源頭在幾千年前，那就回不去了。要跟上帝「連上線」，就需要有「節」——代代相傳的宗教制度、規範、儀式、戒律等，就是掌握原始核心教義的線索。換句話說，遠離原始發軔點的後人或偏遠地區，想要掌握中心教義，只要透過「節」的規範，就等於回到原點一樣。

商業也是如此。「渙」有國際化的象，現在的跨國企業，都是從一個點擴散到全球。遍佈全球的跨國餐飲業或超市，你不需要到他的總部就可以瞭解這個企業的管理精神，因為全世界每個地方的分部都是同一套管理辦法。這也是「渙」、「節」的運用。新聞傳播也是「渙」。「渙」就有「散」的意思，而且通常會慢慢滲透人心，因為渙卦的上卦、外卦就是巽，巽為風，深入低調，然後潛移默化、影響無窮。這就是新聞需要管理的原因。不然負面新聞，或誇大、造假的新聞就會引發不可收拾的傷害。所以「渙」一定要有「節」。臺灣有些電視台為了收視率競爭，就有所謂的名嘴，極盡煽動之能事，尤其每逢政治選舉更是不堪，這就需要主管部門的「節」，也需要他們自己有「節」的自覺。當然，他們之所以那樣做，是因為收視率的競爭非常激烈。收視率高的就有大量的廣告商出錢，廣告商就可以左右電視台的作法。這就是「渙」而沒有「節」。所以，「渙」與「節」是一體的兩面，要有規範，才能發而皆中節。那麼，渙卦發的到底是什麼東西？就是前面的兌卦，兌卦前面則是巽卦，是深藏人心的喜怒哀懼愛惡欲這些七情六欲，最後一定要從火山口冒出來。由「兌」而「渙」發出來的東西，可能造成不小的風波，所以當然要「節」。這就是「喜怒哀樂之未發（巽、兌），發而皆中節（渙、節）」。《中庸》這句話，就把《易經》連續幾個重要的卦的基本道理說出來了。

宗教傳播

宗教傳播的道理，也都在卦序之中。先是「火山旅」。人生如過客，所有的財富、名望地位，生不帶來、死不帶去，所以就逼著一些上智者做巽卦的深入思考；思考天命、思考人生的究竟價值。等到有一天想通了，就著書立說、立教傳道，這就是兌卦。然後影響力從一個點擴散到全世界，那就是渙卦。基督教、猶太教、印度教、佛教、伊斯蘭教都是這樣。先有人生之旅的困惑，然後深入思考、然後建立學說、朋友講習；之後影響更多人，再慢慢衍生很多儀式制度、宗教規範，這就是節卦。接下來就一代傳一代，建立一個基本的信仰系統，這就是中孚卦（䷼）。傳給下一代就是小過卦（䷽），像小鳥練飛一樣，逐步掌握所學，最後就是人生的究竟，終極解脫。而其成敗，就是既濟、未濟二卦。從旅卦開始到既濟、未濟，世界各大宗教的傳播過程，完全按照卦序發展。《易經》的自然卦序確實無比重要，把前因後果觀察得太透徹了。

渙卦、節卦的錯卦分析

渙卦（䷺）、節卦（䷻）一體相綜，它們的錯卦分別是豐卦（䷶）、旅卦（䷷）。我在講豐、旅二卦的時候也講過，這裡再強調一下。先看旅卦跟節卦。我們知道旅卦很糟糕，失時、失勢、失位，飄飄蕩蕩，無所依也，很難有所成就。節卦是制度規範的意思。節卦如果是人體關節，六爻全變的話，身體六大關節全部錯位，身體狀況就是糟糕至極的「旅」。換句話說，「節」是恰到好處，身體正常運轉；「旅」就是非常，身體狀況很糟，像遊魂一樣。那麼，旅卦也可以解釋為「失節」，不在制度規範內，也不能享受制度規範的保障。

那麼，豐卦跟渙卦的相錯意義就更深了。豐卦是如日中天，擁有豐厚的資源，堪稱豐功偉業；如大公司、大國，如中央集權般，是資源高度集中的管理體制。渙卦正好相反，是地方分權，因為整個散佈出去，尤其是疆域遼闊的國家，不可能由中央統一管理，必須「利建侯」，設立郡縣或行省，就像企業的分公司或分店。這些分部就要有一定程度的自主管理權，不可能事事請教中央總部，要因時因地制宜。所以「渙」就像以前的諸侯，分區管轄，中央把權力散佈出去。中央集權的管理模式往往會產生很大的問題。

像ＩＢＭ是豐卦的管理模式，它過去富可敵國，可是在上世紀末、本世紀初差一點倒閉，因為它沒有追上電腦個人化的腳步，越大越難管理，所以步履蹣跚。最後有所謂的企業英雄反敗為勝，把ＩＢＭ又救活了，《重新讓大象跳舞》這本書，就是寫這件事情。其實大象就是「豐」，要跳舞是很不容易的。因為它包袱太重，管理成本疊床架屋，非常昂貴。這是豐卦中央集權體制的弊端。在ＩＢＭ生死存亡之際，很多人建議採取渙卦的方式進行分割，那就可以靈活應對時代劇變，這就是由中央集權變成地方分權的模式。美國的沃爾瑪超市就是渙卦的典型，藉著大量的採購管道壓低成本，把利潤拿出來在全世界建立分部。很少有人知道它的總部在哪裡，或者總部一點也不重要，重要的是散佈全世界的每一個沃爾瑪超市都是同一套。用「節」的方式處理，就不需要一個「豐其屋」的中央管理總部，同樣可以高效率地運作。這才是「渙」的方式。放在歷史上來說，中國從秦漢之後較明顯是中央集權，中央派官想控制一切，但到最後為什麼會改朝換代呢？因為控制不了了。在夏、商、周三代，某種程度上也曾考慮「渙」的模式，但中央共主和地方諸侯的關係還算好，治理國家大致不成問題。但是到了秦漢之後，這一套封建體制行不通了，必須採取中央集權跟地方分權。如何拿捏？這就要掌握豐卦、渙卦兩種不同管理模式的平衡點。

中國風水養生學的代表

頤卦（䷚）是中國養生學的大全，雖然卦爻高度抽象，可是原則適用於一切養生。渙卦則主導中國風水學的思想核心。

「風水渙」這個卦象就是講風水。風吹水流的格局配置，就是風水的總括。其爻辭雖然講的是治國平天下，但卦爻結構圈起的空間配置，跟風水的基本原則完全相合。這就是中國風水學的源頭。渙卦中間四個爻圈起的生態結構是很好的風水，而它正是卦中卦的頤卦，這裡面氣流通暢，可以頤養生命，是一個自給自足的封閉空間。

風水講究靠山，後面一定要有得靠，空就危險，不論帝王宮殿或民居都一樣。渙卦三、四、五爻就是艮卦（☶），第五爻正是山頂，那是任何一個生態的支撐。下卦坎為流水，後面有山，前面有河。故宮就是這樣，前有金水河；很多民居也一定有山有水。第二爻的位置就是小墩，就像宮殿、寺廟的拜墩一樣，風水學稱為案山，小墩如同在拜後面的大山。

人體也有風水，氣血流行的風水不調就會生病，必須調一調，使之均衡。這是「渙」中有「頤」的象。只要做到「渙」的最佳配置，一定活得很舒服，可以頤養天地、頤養萬物，供養眾生，自養而養人。不但渙卦如此，節卦中間四個爻也是頤卦，所以「渙」、「節」都做到了，就可以恰到好處地養生。當然，養生不單指養肉身，還包括治國、平天下的供養一切眾生。「渙」、「節」二卦中，都有助於建立一個「頤」的生態，產生頤養的效果。這跟前面學的巽、兌、豐、旅裡面都有大過卦的象正好相反。大過卦不堪負荷，非常危險，像豐、旅二卦都不堪負荷。可是

「渙」、「節」二卦卻提醒我們建立平衡的生態關係。

「渙」、「節」二卦也可以從自然現象看得到。「渙」就是汪洋大海，廣闊無邊；但這些海量的資源有時會出現意想不到的狀況，所以需要「節」。「節」也是自然現象，像澤中蓄水可防旱澇，這樣的「節」就是針對「渙」而來，不讓資源散掉，而是把它組織起來，再配合時間，做有效的運用。

渙卦的卦中卦

上文說到，渙卦中有頤卦，那麼另外四個卦中卦是什麼呢？首先是初、二、三、四爻構成的解卦（䷧），可以解脫，輕鬆自在，甚至可以消災解厄、赦過宥罪，把業障洗得乾乾淨淨。「渙」中有「解」，就是渙卦中的解脫法門。如果把渙卦當成是宗教教義或文化傳播，這種傳播都是希望無遠弗屆，剛開始的發源地可能只有一個點，但「渙」散開來可以影響全球，不分種族、地區，幾千年來傳遞不絕。所以在渙卦的春風化雨、潛移默化中，許多人得到解脫，求得上帝的寬恕。解卦的「赦過宥罪」就是如此，「天地解而雷雨作，雷雨作而百果草木皆甲坼。」得到解脫，業障消除。一個「渙」的教化環境、文化之邦或文化圈，就有「解」的效果，又有「頤」的效果。

其次是三、四、五、上爻構成的漸卦（䷴）。漸卦是雁行團隊，講究循序漸進，所以「十年樹木，百年樹人」的象也在渙卦之中。渙卦進入一個文化圈的氛圍，加入偉大的宗教、奉行偉大的學說，按照卦中卦來說，首先就是所有的罪孽、包袱、痛苦得以解脫，然後就是頤卦的好環境，再就是漸卦因「朋友講習」而建立團隊的關係，循序漸進，發揮組織戰力。

上述是四個爻的卦中卦，那麼還有五個爻的。先看初、二、三、四、五爻組成的蒙卦（䷃），有啟蒙的效果，蒙卦外阻內險，瞎摸索是行不通的，如果有人指引，就能包蒙或擊蒙。有蒙，就充滿了教育性。在渙卦的時候，接受王道教化或宗教感召，人生的蒙昧得以開釋，不再因情欲蒙蔽理智。還有，渙卦的二、三、四、五、上爻構成的是益卦（䷩），益卦是利益眾生，利有攸往、利涉大川，身心各方面都大大獲益；而且不只是心靈修養的層面，治國平天下也蒙受其益。

從上述五個卦中卦不難看出，渙卦的卦中卦幾乎都有非常正面的教化功能，這是渙卦很特殊的一點。其他卦的卦中卦一般是好壞並存，但渙卦是全面的好，十分難得。

〈序卦傳〉說渙卦

兌者，說也。說而後散之，故受之以渙。渙者，離也。物不可以終離，故受之以節。節而信之，故受之以中孚。

——〈序卦傳〉

「渙」可以用「化散」兩個字取代，這樣比較容易理解。「渙」有「散」的意思。學佛的都知道，人生常被貪嗔癡慢疑五毒所苦，所以佛祖一開始就告訴我們「苦集滅道」，要接受教化，把「集」的原因散掉，才能離苦得樂。化散的「化」是一種軟工夫，在不知不覺中把堵塞化掉。一個人智慧修養到一定境界，就是具備化散的工夫，煩惱來了，一轉身就化掉了。修為不夠的人，一天到晚被煩惱糾結，躲也躲不開。化散的工夫，就可以疏通心中的障礙，放下執著。所以渙卦的道法就在於「化散」二字，沒有那種嚴格切除的痛苦，但有相同的效果，讓塞住的地方自然消散。身體也一樣，關節最容易藏汙納垢，如果能通過「渙」的氣血流行、氣運通暢，就可以化散濁氣。血管栓塞，醫生一般會建議做支架或繞道手術，目的就是希望血液的鬱積能散掉、化掉。化散之後，威脅也消散了。

「兌者，說也，說而後散之。」是指建立一套學說，希望影響更多人；就像廣播電臺一樣，散佈天下四方，希望效果更為宏大；「故受之以渙」。「渙者，離也」，離就是指力量離開同心圓中心點而往外擴散。

「節」在古代是一種信物，蘇武牧羊故事裡的蘇武，就是手執使節而度過數十年的艱難困苦。唐代的藩鎮長官就叫節度使，因為他就像諸侯一樣管理一方，是名副其實的土皇帝；但他還是中央派任的，要遵守既定的規範，「故受之以節，節而信之」。我們現在定合約要蓋騎縫章也是一樣，如果對不上，不能若合符節，就有偽造的嫌疑。

〈雜卦傳〉說渙離、節止

「渙，離也。」〈雜卦傳〉用「離」來解釋渙卦。對於「離」字也不要太著相，不要認為一定是離開此處到彼處，真正的解脫境界是沒有執著，在哪一個地方都能活得很好。「節，止也。」「止」又來了。〈雜卦傳〉有三個卦是「止」，「大壯則止」、「艮，止也」、「節，止也」，全部在下經，都是人世修行的卦。「止」就說明要適可而止、恰到好處。要修止觀法門，不能愛怎樣就怎樣，否則就如汪洋大海沒有任何節制。沒有節制的「渙」是很可怕的。沒有「節」，人欲會氾濫；有了「節」，就可以恰到好處。

〈雜卦傳〉中三個「止」的卦其實脈絡很不相同。節卦的「止」是專門針對渙卦。艮卦（䷳）的「止」是比較極端的，是「時止則止，時行則行，其道光明」。這種止欲修行近乎絕欲，不承認兌卦的存在。節卦承認兌卦的存在，只要發而中節就可以，這和艮卦是不同的。大壯卦（䷡）則是因為血氣方剛，最容易失控，這時越要修「止」的工夫，要做到這一點就很不容易。大壯卦如同發情的公羊，正急躁地往前衝，要能控制得住，不然就會闖禍，所以必須要「止」。

這三個卦的不同之處各有特色。大壯卦不直接講「止」，是「則止」，有假設的前提，是說如果犯大壯的毛病，就要停止。而且「大壯」的時候最需要止，也最不容易止，不止就會闖禍。艮卦則是選了一個一般人很難做到的孤獨修行的止。節卦是很合人情味的，是合乎中道、大多數人可以做得到的「止」；「渙」散出來恰到好處，然後有制度、有規範，有禮、有法的管理節制，自然而然達到「止」，然後下面就可以建立誠信溝通往來的「中孚」社會。

〈雜卦傳〉這三個「止」，一般講《易經》的很少會重點提及。其實〈雜卦傳〉跟《春秋》有很大的關聯，它使用的判斷語都是《春秋》上的關鍵詞。為什麼六十四卦在〈雜卦傳〉中會重新安排？作者的目的就是要改造社會，不能完全接受自然發展的形勢。〈雜卦傳〉有三個「止」，也有三個「親」——「訟不親」、「同人親」、「旅親寡」，這是三親三止。還有三「故」——「隨无故」、「革去故」、「豐多故」。用三個字來串通九個卦。

「渙，離也」，跟離卦其實也有關，而且跟離卦的這層關係，意義就更豐富了。渙卦的弘揚文化、弘揚教法，跟離卦的「大人以繼明照于四方」是相關的。渙卦有普渡慈航的意思，有利涉大川、從此岸渡彼岸的意思；也是水運的卦，有風帆渡海、渡江的象。上卦巽是風、也是軟木頭，所以上面是風吹著木船，木船上張著帆，風帆渡海，下卦就是坎卦的海。整體來說就是普渡慈航，大慈大悲解災脫難。渙卦在〈繫辭下傳〉第二章十三個文明的卦裡是代表水運的卦：「刳木為舟，剡木為楫，舟楫之利，以濟不通，致遠以利天下，蓋取諸渙。」利用帆船，周濟交通，飄洋過海，促進本地與世界貿易，帶動天下繁榮。「風水渙」本身就有這樣的象。不辭勞苦、遠涉重洋去弘揚教化，把一個中心理念傳播到世界上每個角落。但這都是要冒險的，因為渙卦的下卦、內卦就是坎險，上面是巽的君子之德，乘風四散傳播。

八卦男女的特色

《易經》八卦裡的男女老少，各有不同的特色。像兌卦是少女，既漂亮又有光澤；離卦是中女，只有漂亮而沒有光澤；到巽卦的長女，美麗與光澤皆已隨風而逝，只能低調做人。而坤卦老母只能做牛做馬，「利牝馬之貞」，既沒有光澤，也沒有美麗，連隨風而逝都談不上，那就做盡心盡力照顧下一代的母親。每個年齡階段，各有不同的聖潔，這是專從女性的角度出發，如果從男性出發，又是另一套。艮卦代表年少時期，明明止不住卻想要止、坎卦是闖蕩江湖的中年，震卦挑大樑，乾卦則代表一個家族的主事者。

八卦的擬人化，對男性的標準跟對女性的標準不同。對女人就要求如少女般光彩亮麗；到了離卦，不能強求光澤，至少還要美麗；到了巽卦和坤卦則需要穩重、柔軟。對男性來說，「老要張狂少要穩」，這是中國的教化體制，對少男要求有節制、有教養，希望少年老成，因為在年輕的時候最容易因無知闖禍；可是一般都是年少輕狂。對少女要求越漂亮越好，少女闖禍沒關係，可以原諒，老爸也不忍心打，對兒子則非揍不可。

渙卦卦辭

☴
☵

渙。亨。王假有廟。利涉大川，利貞。

渙卦卦辭首先是「亨」。「亨者，嘉之會也。」渙卦是亨通的，不管是身體的氣血流行亨通，還是弘揚教化的亨通，都是亨。「亨」也是犧牲享受的「享」，有祭祀的意思；所以它就有一個廟，宗教、宗廟，能通天地人鬼神。這就是「王假有廟」。我在講萃卦的時候講過「王假有廟」。「萃」是聚集，「渙」是散播，但有一點是共通的，都有核心理念。「萃」是說大家有共識，所以會聚在一起；「渙」也有共同理念，但要發揮作用，就需要每一個人去行腳天下，把理念傳播到天下四方。一是聚、一是散，都要有共同信仰，那就是廟，用廟來凝聚人心。不管它是宗教的廟——清真寺、教堂、佛堂，還是中國傳統的祖先牌位，都代表凝聚人心的宗廟，是我們的精神依靠，有了它，人生才有目標。然後帶頭的領袖——「王」，更要積極投入大家共同的理念。我們在萃卦就講過，「假」即「格」，也就是《大學》裡面講的「格物」的「格」。「假」既有乾卦理念的領導感召，又有坤卦「至」的強大實踐力，「渙」代表一個教主要弘揚教化，就得透過「假」，有乾卦的崇高理念，又有坤卦的執行力，理念與實踐知行合一。這樣才可以「利涉大川」，自救救人，幫助大家歷險難、渡彼岸。

「利貞」，這是重點。要「貞」才能「利」，信心堅定的人才會產生真正的正面效益。也就是說，固守正道很重要。因為「渙」本身是中性的，它可以傳播好的，也可以傳播壞的；但卦辭要求傳播對世道人心有幫助的正確信仰，才會產生正面的效益；尤其在人心迷惑的末法時期，邪教大興。人因為生命中有破洞，才會病急亂投醫，但很多道場是有問題的，連佛經也再三提醒有許多扮成佛的魔到處禍害人間。所以要確定是「貞」才能產生利，因為病菌和思想毒素的傳播一樣是「渙」；流言、謠言、金融風暴都是「渙」；這些當然沒有利，甚至是毀滅性的。所以正信很重要，這就是「利貞」。渙卦有亨、利、貞，沒有「元」，因為只是傳播者，不是創始者，而且都跟情有關。所以整個渙卦也像啟蒙一樣要幫助大家復「元」，但情之所發最容易出事，所以在爻的實際操作層面就會出問題。

渙卦〈大象傳〉

〈大象〉曰：風行水上，渙。先王以享于帝，立廟。

「風行水上，渙。」這是渙卦的象。上卦巽為風，也代表木，故風行水上，也可稱為帆船行於水上、木行於水上，所以有「利涉大川」、普渡慈航的象。上卦是風，代表教化，君子之德風，小人之德草，風行草偃，所以有王道、教化傳播的象。「風水渙」跟宗教性濃厚的「風地觀」有什麼異同呢？

首先，兩者都有「先王」，「先王」代表至尊的地位，屬於創業垂統、創教教主或天下共主的地位。觀卦「先王以省方觀民設教」，到處訪查，先觀民、再設教；先瞭解要渡化的眾生素質如何？諸如「童觀」、「闚觀」，再決定怎麼教化。這是最典型的觀音法門。而且觀卦的下卦是坤卦，廣土眾民，面對一切眾生，男女老少鰥寡孤獨都有；所以要順勢用柔，用深入淺出的方法進行教化。渙卦面對的是地獄坎險，是已經陷在生死恐怖深淵的一切眾生，習氣頑強、業障深重，要是不予救助，就很難從深淵出脫。可見，觀卦若是宣教傳法的法門，那就要看對象慢慢來；渙卦則要急救，因為人已經掉進水裡，動作太慢就會來不及。很多災難，譬如金融風暴也是「渙」，一吹全倒，那時的國際合作就是要設法急救。救難有所謂的黃金時間，錯過了就難救。所以渙卦很像地藏王菩薩，地藏王菩薩誓言「地獄不空，誓不成佛」，專門跑到地獄救眾生；有時候怕來不及，乾脆就住在地獄裡。坎卦有無間地獄的象，需要救苦救難，而且要當機立斷，採最有效的方法施予急救，再徐圖整治。觀卦代表大慈大悲觀音菩薩，風行地上、救苦救難，比較平穩平順。

那麼，渙卦的急救要怎麼救呢？「先王以享于帝，立廟」，卦辭曰「王假有廟」，〈大象傳〉云「先王以享」。享就是亨，「享于帝」的「帝」即宇宙主宰，《易經》中也稱「上帝」；當然這個「上帝」不同於基督教的「上帝」。渙卦就告訴我們，人間種種的「廟」，包括各種宗教和思想體系，都是根據宇宙的主宰而建立，所以人間的王者、教主，都要藉著宗廟的形式，祭拜宇宙主宰，進行天人的溝通。這個「廟」，就代表一種精神信仰。渙卦的王可以是任何一個時代的王，可以是後王或當代的王。這個「廟」是從哪裡來的呢？是先王創的。就如同耶穌、釋迦牟尼、穆罕默德，都是創教的「先王」。先王建立了「廟」，一代一代的後王就「王假有廟」，藉著宗廟與信仰，幫助人冒險犯難渡彼岸，獲得成功。所以立廟就有強心針的作用。武則天曾為《華嚴經》寫了四句開經偈：「無上甚深微妙法，百千萬劫難遭遇。我今見聞得受持，願解如來真實義。」這就是「王假有廟」。

渙卦〈彖傳〉

〈彖〉曰：渙，亨。剛來而不窮，柔得位乎外而上同。王假有廟，王乃在中也。利涉大川，乘木有功也。

我們回到〈彖傳〉。〈彖傳〉主要是分析卦爻的結構，裡面講了三個爻。「渙，亨。剛來而不窮」，這是講一個爻；「柔得位乎外而上同」，這也是講一個爻；「王假有廟，王乃在中也」，這又是講一個爻。渙卦的修行必須三合一，少一個都修不成，沒法救人。渙卦為什麼能亨通呢？「剛來而不窮」是第一步，「柔得位乎外而上同」是第二步，「王假有廟，王乃在中」是第三步；三者具備，就可以「利涉大川，乘木有功」。乘木就是乘船，以前的船都是木頭做的，坐在木船上靠著風帆渡海，就可以渡彼岸，做事業成功，修行也成功。「乘木有功」就是風行水上，上卦巽為風、也為木，船也是風，也是思想教義。我們乘著教義，受到感化，就能渡過人生一切險難，也幫助人家渡過險難。

「王假有廟，王乃在中」是「九五」這一爻，也是「先王以享于帝，立廟」所建立的中心理念、基本教義。不管是哪個教派或思想，都有基本的核心理念一代傳一代，然後弘法的人是信念落實的實踐者，如此才能鞏固領導中心，變成大家信心投射的象徵。這就是「王假有廟」。「王乃在中」的「乃」就告訴你絕對不容易，必須歷盡艱難轉折才能修到這一步。「中」即「九五」，居上卦之中，也是理念的中心，渙卦的修行就是要修成大法，但前面要一關一關的過。第一關就是「剛來而不窮」，這是指「九二」，先解決實際問題、救苦救難，否則只有空談，一點用都沒有。「九二」「渙奔其机，悔亡」就是救民於水火，先解決實際問題，再講道理；不然再好的理念都是空談。「剛」是指「九二」，這不用多說，「來」就是爻往下、往內發展。「九二」因為有實力，所以要回歸下卦基層，深入坎險之中，與老百姓、與眾生同甘苦、共患難，而且要毫不猶豫，立即採取救援。「剛」來了就「不窮」，「不窮」則是因為與民同甘共苦，沒有錯過任何時間。這時，渙卦快要散掉的信心就有可能統合起來，重新恢復亨通。如果「九二」不來，基層一定「窮」，「窮」就會產生變故。「剛來而不窮」就是講「九二」具備實際解決民生疾苦的功能。但光這一點還不夠，接下來還要提升老百姓的素質，希望他們不要自私自利，開始學習關懷眾生，由自己的痛苦，可以想到其他受苦的人，如此就可以提升到第三爻；先「渙其躬」，從個人做起，化掉私心，追求「无悔」的境界。儘管如此，仍要「志在外」，「六三」還得繼續精進。

「柔得位乎外而上同」是「六四」。要救苦救難，要修行，就要超越小我、提升到大我。第一個解決實際問題的是第二爻；第二個「柔得位」的就是「六四」。「六四」陰居陰位，又是上卦巽的風根，而且它跟「九五」又是陰承陽、柔承剛、信受奉行的關係；第五爻是中心理念，第四爻就負責執行，這就是「柔得位乎外」。「而上同」是指「六四」要上同於「九五」。

要化解人生種種苦難，首先要拿得出實際辦法，建立緊急救難機制。最好的政府或宗教團體，會在第一時間把精神力量、物質力量及時送達。大家痛癢相關，「剛來而不窮」的社會就有運轉的生機。然後就要開始教化民眾。「柔得位乎外而上同」就是宣揚教化，讓「六四」往上提升，上同於「九五」代表的究竟大道。「六四」一定要以「九二」的實際工作成績做為基礎，才可跟人家講道理，通過「九四」的引介，進入「九五」的大道，此即「柔得位乎外而上同」。從這一點來看，二與四同功而異位，彼此分工合作，但一定要先完成「九二」的使命，然後才講道理，那就是第四爻。第四爻為了宣揚教化、引起人們學習的好奇心，就會展示匪夷所思的神通，但修道的目的不是炫耀神通，而是引領眾生從神通之中去除自以為是的執著，進入大道核心——「九五」。所以神通是為了宣教用的，它只是一個方便法門，像耶穌為了傳教也會展現神通，風行水上，從水上走過去。達摩一葦渡江也是如此。

「九五」、「六四」，還有「九二」，這三個爻就是渙卦最後能夠「利涉大川」的關鍵，缺一不可。缺一個就不圓滿，而且有嚴重的後遺症。

渙卦、益卦「三合一」的比較分析

渙卦〈彖傳〉點名三個爻，這三個爻的力量都得發動，才能真正「利涉大川」。而且在一個人心渙散的情況下，能夠重新鞏固領導中心，確定核心信仰，從而共渡險難，這是很不容易的；因為不靠任何物力資源，主要就靠禮樂、教化。六個爻裡面環環相扣的關鍵就是二爻、四爻、五爻，三合一缺一不可。

這種三合一的情形和益卦有點相似。益卦也要三合一才能利益眾生，才能「利有攸往，利涉大川」，進而遷善改過；少一個就有缺憾。渙卦也是如此，要追求究竟圓滿的大道，三個爻就必須分工合作。益卦的三個爻和渙卦一樣，都不能少掉高層的「九五」跟「六四」；也就是說，利益眾生和王道教化，五爻、四爻不可缺席。但益卦的另一個重點在初爻，不像渙卦重點在「九二」。渙卦三合一成就大事，需要二、四、五爻的分工合作；益卦就要初、四、五爻三合一。

益卦（䷩）的下卦為震，「初九」為內心的主宰；上卦為巽，四爻、五爻緊密配合。這三個爻都須配合得恰到好處，益卦才有最好的結果。三爻齊變是晉卦（䷢）。晉卦「自昭明德」，這說明益卦的利益眾生必須靠自己去「明明德」，自性才能生萬法。益卦如果缺了初爻的內在主宰，或者四爻推行教化的執行者，以及五爻利益眾生的「有孚惠心」，都不可能形成晉卦的大好局面。如果只有高層動，初爻這個內在主宰、民間的基本生產力沒有起來，政府有再好的政策都沒用，因為益卦如果只有「九五」、「六四」動，而「初九」不動的話，就是噬嗑卦（䷔）；如果是「九五」跟「初九」動，而忽略了中間承上啟下的「六四」，結果是剝卦（䷖）；如果「六四」跟「初九」越看越對眼，一個「利用為依遷國」，一個「利用為大作」，互相利用，但卻沒有取得「有孚惠心」的「九五」背書，自己勾串一氣，想做遷國的大事，結果是否卦（䷋），既不合法，也根本行不通。所以，益卦要促進經濟發展、利益眾生，這三個爻缺一不可。渙卦的「九二」、「六四」、「九五」這三個爻也是缺一不可。妙的是，三個爻都動也是晉卦，跟益卦一樣，最後都得「自昭明德」，誰都不能永遠幫你一輩子，要靠自己生生不息。渙卦如果代表教化，教化的結果就是要讓一個人「自昭明德」；「在明明德，在親民，在止於至善」，自己完美無瑕疵了，就要自覺覺人。

所以，渙卦的教化要達到晉卦的目的，一定得三個爻都動，缺一個都有遺憾。渙卦如果只有二爻與四爻做到，五爻根本就沒動，結果會變成否卦；如果忽略四爻承上啟下的轉接，二爻、五爻一起幹，結果也是剝卦，「不利有攸往」；如果四爻跟五爻兩個高層直接決斷，而且口惠實不至，少了「渙奔其机，悔亡」的高效率救災行動，結果是未濟卦（䷿）。渙卦是要利涉大川的，結果搞了半天還是未濟，根本沒成，這是因為少了第二爻的及時救難行動，少了中央跟地方的配合。可見，渙卦要達到教化的目的，一定要三個爻都動，而且要按照程序由內而外、由下而上，才能呈現終極圓滿的晉卦。

渙卦六爻詳述

初爻：信仰危機

䷺

初六。用拯馬壯，吉。

〈小象〉曰：初六之吉，順也。

渙卦中的不言之象在初爻。初爻沒有渙卦卦名，還談不上「渙」。渙卦如果是佛菩薩拯救地獄眾生，「初六」就是在地獄底層等待救援的眾生。地獄眾生沒有能力「渙」，只能等待救援。初爻爻辭講的就是這個，做為下卦坎的底層，需要上卦來救。「用拯馬壯，吉。」初爻爻辭似曾相識。

在像地獄一樣痛苦的明夷卦（䷣）中，第二爻是下卦離文明光輝的中心，可是光輝沒有用，被壓在地底下，只得受苦受難。爻辭云「夷于左股，用拯馬壯，吉。」左大腿受傷，走不動了，需要找一匹強壯的馬來拯救出險。

「用拯」的「用」說明虛弱無力的陰爻要用柔，而不是用剛，這時只能被動地等待救援，希望呼救的聲音能被人聽到。用什麼來拯救呢？壯馬。如果壯馬能在千鈞一髮之際及時趕到，把你救出來，結果當然是吉。〈小象傳〉說：「初六之吉，順也。」「初六」之所以吉，就是因為「順」，也就是陰爻的陰柔工夫。從爻際關係上看，來救「初六」的，正是「九二」那匹壯馬。因為「初六」跟「九二」陰承陽、柔承剛，關係正是「順」。在明夷卦中，解救「六二」的壯馬是明夷卦「九三」；「六二」跟「九三」也是陰承陽、柔承剛；〈小象傳〉也講「順」——「順以則也」。明夷卦「六二」跟渙卦「初六」都面臨極大的危險，得靠著順勢用柔的功夫向陽爻求救。明夷卦在不能行動時，要懂得順服自然法則，靠壯馬拯救；渙卦則是在面臨信心危機、意志渙散時，懂得順勢用柔、及時獲救。兩者都是爻際關係的運用。一旦「順以則」、「用拯馬壯」之後，局面立刻改觀。明夷第二爻本來是虛的，一旦得到「九三」那匹壯馬援救，陰爻變成陽爻，痛苦的明夷馬上變成泰卦（䷊）的太平世界。可見，及時的救助非常重要。渙卦「初六」懂得順，在六神無主時，就可以呼喚壯馬馳援。

在明夷卦的苦難關頭突然跑來一匹壯馬，這匹壯馬是怎麼來的呢？原來是前一個卦晉卦（䷢）的「康侯用錫馬蕃庶」，母馬、公馬繁殖的小馬。晉卦培養小馬，到黑暗的明夷卦就變成救人的壯馬。如果平常沒有養小馬，到危難時刻，壯馬從哪兒來？另外，馬也是心。在《西遊記》中，白馬馱著唐僧去西天取經，乾為馬，也為心。換句話說，渙卦純粹是精神性的，心力不可思議，精神力量匪夷所思。靠著強大的心智力量就可以涉大川。馬所象徵的心必須要堅定，心臟夠強，才可以渡過險難；心臟不強一嚇就死。「用拯馬壯，吉」，就是用強壯的心克服恐懼、克服顛倒夢想。而壯馬不是一朝一夕可造就，平常就得好好修，平時要燒香，從小馬孕育長成壯馬，到時不僅可以自救，還可以救人；如果平時不燒香，臨時抱佛腳，不可能有壯馬來救。

這就是渙卦的「初六」，它本身沒有「渙」的能力，就要找到一個有效的方法化掉痛苦，使之不構成障礙、執著。就如〈雜卦傳〉所說的「渙，離也」，擺脫執著、業障。要做到這一點，想要風行水上救人，就要有強大的信念。「初六」的不言之象，本身沒有「渙」，但上面五個爻統統有「渙」。「九五」跟「六四」還有兩個「渙」，隨著修養功深，就可以脫胎換骨、九轉丹成。初爻只有等待救助的份。若把「九二」跟「九五」當成一個頤卦，那是渙卦裡面比較穩定的生態，可以自養養人。而「初六」是在頤卦之外，根本不夠格自養，必須靠人救助，如果我們把初、二、三、四、五爻看成是蒙卦（䷃），渙卦的「初六」就是蒙卦「初六」；滿身桎梏，要「利用刑人」，有一個可以做典範的人來幫助擺脫桎梏，在蒙卦就是「九二」的「包蒙」這個典範。

渙卦「初六」如果沒有滅頂之災，加上平常就很虔誠，壯馬就會及時伸出援手，那麼原先虛弱的爻轉成堅實的爻，爻一變就成為中孚卦（䷼）；有了純正的信仰，有母鳥的卵翼，小鳥安全了，靠著中孚，也可以涉大川、渡彼岸。「初六」在沒有獲救之前，信心渙散，沒有領導中心，沒有王、沒有廟，大家不知道該相信什麼。這種狀況，對基層的穩定十分不利。所以，第二爻就要趕快穩定基層人心，打強心針，給予信念的支持，然後，「渙」才會變成穩定的中孚。

如果占卦占到渙卦「初六」動，宜變之爻就是初六，爻變中孚卦，在信仰中得救，那就沒問題了。如果「初六」不變，那就還是「渙」的狀況。從卦象上看，渙卦跟中孚卦有什麼不同呢？渙卦下卦是坎水，氾濫成災，動盪不安；中孚下卦為澤，流動的水被約束、集中在一起，就是一個安靜道場的象。「渙」必須傳播，所以水是流動的；「中孚」是安靜、穩定的，由坎變澤，就由習坎的驚險動盪，變成兌卦的法喜充滿。

信心危機、認同危機，就是渙卦初爻；要讓信心堅定，可以推心置腹，有溫暖的感覺，那才會圓滿。但渙卦是純精神性的，所以渙卦從頭到尾都沒有提到經濟援助，不講錢也不講權，只講「廟」，要靠著精神信念涉大川。這跟噬嗑卦（䷔）、萃卦（䷬）不同。萃卦是靈肉合一的，除了要燒錢、用大牲，還要有「廟」才能「萃」。渙卦不需要大牲，完全是文化精神的概念，靠武力、靠錢都沒用，要靠感化讓人心悅誠服，這就更難了。而且，渙卦的所有宗教教化都要普及到最基層，讓愚夫愚婦也能心甘情願、信受奉行。要做到這一點就更難，需要很大的耐心與智慧，若能做到，眾生將大受福報。

二爻：聞聲救苦

九二。渙奔其机，悔亡。

〈小象〉曰：渙奔其机，得願也。

「九二」「渙奔其机」，「机」是一個救難平台。發生「渙」的信心危機時，下卦的坎險在渙散，「九二」扮演的救難者，不管是實際的解救災難或是救贖人心，都用匪夷所思的速度趕赴現場，幫忙建構一個平台。這種在災難現場安定人心的平台就是「机」。而這個「机」的象就是從「九二」跟「初六」的結構來的。「九二」就是桌面，「初六」就是那兩隻腳。如果從渙卦風水的象來講，這就是南朱雀，即在所有莊嚴廟宇中的拜墊或案山，讓人一拜下去就有安定的感覺，彷彿有所依托。「九二」跟「初六」結合就構成「机」，「九二」在人心渙散的時候，快如奔馬建立一個安定民心、穩住基層的救難平台。「九二」跟「初六」打成一片，「初六」可以從「九二」取得脫離苦海的資源，這就叫「渙奔其机」。平台一旦建立起來，「悔亡」，就可以把遺憾降到最低。

〈小象傳〉說：「渙奔其机，得願也。」學佛的一般都懂得這個道理，佛經所云「四弘誓願」：「眾生無邊誓願度，煩惱無盡誓願斷，法門無量誓願學，佛道無上誓願成。」「九二」就是扮演這麼一個角色，它是陽爻，有實力、有智慧，在下界坎險時，很快跑到坎險深淵，大發弘願：「我不入地獄，誰入地獄？」去拯救「初六」基層眾生的痛苦。就像觀世音菩薩的聞聲救苦一般。「九二」如願以償，因為他的願就是要救人。爻變就是觀卦（䷓），正是救苦救難、大慈大悲觀世音菩薩聞聲救苦的舉動。

「九二」要求速度快，怎樣才能快呢？心最快，好比持觀音法門，如果真有感應，觀音馬上就到，心就安定了。如果大家都希望觀音同時現身，觀音豈不是分身乏術？其實只要人人心中有觀音——那就是觀自在；觀音常駐心底，在急難時，信心立刻啟動，觀音化身千萬，無定在、無所不在。所以，渙卦是純精神的，不需要任何物質載具就可以辦到；但心念一定要有感應，也就是眾生皆有的自性、佛性，眾生都有的良知良能，可以在不可思議的時間內立即啟動，馬上得救。在宗教裡，這就是所謂的化身。化身千萬億，可以在同一個時間點出現在不同的地方。「九二」就是渙卦中的觀音法門。最高的存在沒有固定方所，這就是〈繫辭傳〉所說的「陰陽不測之謂神」、「神无方而易无體」，隨時都可以現身說法。沒有限制，無遠弗屆；無定在，無所不在。

「九二」面對的就是「初六」，如果兩個爻都發揮作用，「初六」持佛號救援，「九二」立刻就到，兩爻齊動就變成利益眾生、「利有攸往，利涉大川」的益卦（䷩）。

三爻：反躬自省

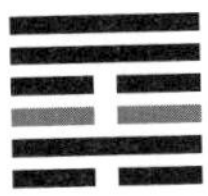

六三。渙其躬，无悔。

〈小象〉曰：渙其躬，志在外也。

渙卦再一步一步往上修，緊迫的危機解除了，下面就要提高修為、長期培養自救能力，不能再期待每次意外都有救世主在第一時間趕來幫你。想想看，每次心臟病發，救護車都可以及時趕到嗎？不一定。那麼，是不是要學一點自救法門？所以要從三爻開始自己修，不能永遠依靠外援。

「渙其躬，无悔」，這是爻辭。從爻辭看，「六三」的境界就比「九二」高多了。「九二」「悔亡」，說明很容易發生「悔」，只要處置得當，本來會發生的「悔」就不會發生。而「六三」如果能做到「渙其躬」，就根本不會有「悔」。

一般來說，比較低層次的爻先要做到「悔亡」，高層次的爻才能做到「无悔」。像咸卦（䷞）第四爻「貞吉悔亡，憧憧往來，朋從爾思」，第五爻就是「咸其脢，无悔」；大壯卦（䷡）第四爻

「貞吉悔亡，藩決不羸，壯于大輿之輹」，第五爻「喪羊于易，无悔」。這就是先「悔亡」再「无悔」。「悔亡」是隨時都可能有「悔」，因為處置得當，本來會發生的「悔」就沒有了。「无悔」則根本就沒有「悔」發生的可能，境界更高，也更純粹。人生很多事情都會有「悔」，像晉卦（䷢）第四爻「晉如鼫鼠，貞厲」，大老鼠一堆，貪嗔癡等欲望遮蔽人心，非常危險。如果懂得克制，「悔」就不會發生。第五爻就是「悔亡」。如果怕老鼠為患，就必須養貓；有貓在，老鼠不敢動，只能藏在洞裡面，這就叫「悔亡」。如果老鼠絕跡，不用養貓了，那才叫「无悔」。「悔亡」動輒得咎，要天天救火，才能讓「悔」不發生；「无悔」則根本無事。

渙卦也是如此，它是從低層次往高層次的修行，「渙奔其机」是救苦救難，有很多實際貢獻，可是「渙其躬」是更徹底的治本方案，這樣才能達到「无悔」的境界；把「悔」撲滅，即使將來再有「悔」發生，萬一沒有辦法分身救助，對方還是能自救。所以一定要練成不讓「悔」發生的功力。這就是從「悔亡」到「无悔」。要「渙其躬」，「躬」即自身，把私心化掉，化掉自私自利的我執。人都有私心，一切執著、痛苦就從這個「躬」開始。若能去私為公，心中有眾生，就是要把「躬」「渙」掉。「渙其躬」跟艮卦（䷳）的「艮其背，不獲其身」一樣，下面才能「行其庭，不見其人」。「不獲其身」就是超越自我、小我的執著。老子說「吾之所以有大患者，為吾有身」，人生有大患，就因為有肉身的執著。《金剛經》說「無我相」，「我」當然是小我的拘執。「渙其躬」的「躬」就是我相，天天在想我能不能升官發財、能不能娶到漂亮老婆？在渙卦的時候，要提升自己，就要把這些自私自利的想法化散為「無我相」；「無我相」再推出去，就是「無人相，無眾生相，無壽者相」；最後發展到超越時空，沒有時間久暫的「無壽者相」，到達永恒。

「渙其躬」，就是用風把自私自利的念頭化散，然後才能無悔。這也是佛教修羅漢果的第一步。一旦把自私自利的「躬」統統化散掉，由「悔亡」變成「无悔」，這樣一來，「六三」爻變就是巽卦（䷸），「君子以申命行事」，「重巽以申命」，是深入、再深入的境界。當然，「渙其躬」並不是到此就修完了，還早呢！〈小象傳〉說：「渙其躬，志在外也。」還要繼續往「六四」、「九五」修到更高一層樓。「九五」就是登峰造極的山頂，因為三、四、五爻互卦為艮（☶），「九五」就是登峰造極；三爻還在山腳下，四爻在半山腰。「渙其躬」之後還要「渙其群」、「渙有丘」，「渙汗，其大號」，最後還要「渙其血」。

四爻：超越本位

六四。渙其群，元吉。渙有丘，匪夷所思。

〈小象〉曰：渙其群，元吉，光大也。

我們接著看渙卦上面三個爻。第三爻的「渙其躬」是要我們把自己身上一堆的貪嗔癡慢疑修掉，才能到無悔的境界，然後再繼續往上修。只有反躬自省，讓自身趨於完美，才能幫助別人。可是在「渙其躬」之前，先要解決生活中實際的問題，即「渙奔其机，悔亡」。等到下卦修完了，要開始服務人群，就是第四爻的「渙其群」，這樣才能「元吉」，獲得核心創造力的吉。爻辭講「元吉」是很不容易的；渙卦第四爻如果做到了「渙其群」，才能得到「元吉」的結果，擁有生生不息的核心創造力。

那麼，何謂「渙其群」？〈小象傳〉解釋說：「渙其群，元吉，光大也。」「光大」是坤卦「含弘光大，品物咸亨」的概念。「群」就是廣土眾民、一切眾生。人要厚德載物，要「利牝馬之貞」，道理就在這裡；要渡眾生，「含弘光大」，讓萬物眾生都能咸亨，像母親一樣照顧他們，幫他們排除障礙。「渙其群，元吉」，就可以到光大的境界。「渙其群」是在第三爻「渙其躬」的基礎上，從「小我」慢慢往「大我」走。如果做到了「渙其躬」，一個不自私的人在人群中，就像漸卦（䷴）的雁行團隊一樣，才有可能發揮團隊精神的效力。《大學》所說的「修身」就是「渙其躬」；「齊家」就是一個比個人大一點的「群」；「治國，平天下」則是更大的「群」。都是由小而大，先把核心做好了，再擴散開來照顧更多人。但是每一個圈子同時也是一種限制，還得再突破。例如「齊家」的「家」是一個限制，如果只照顧到「家」，「家」以外可能就倒楣了；所以還得把「家」的圈子打開，那就叫「渙其群」。「群」是比「躬」大的社會群體。群體的發展必須沒有私心，如果要犧牲「群」以外的其他團體，為自己的「群」謀福利，那還是不行。群跟群之間還會有爭鬥，所以還得把「群」的小圈圈打散，天下為公。因為「群」之外還有別的「群」，除了基督教的社群，還有伊斯蘭教的社群；如果你要為基督教獻身，就可能去打擊伊斯蘭教，那麼這個「群」其實也是一個更大的自私團體，所以還是得把它化散掉。這也是「渙其群」的另外一個涵義；亦即不要搞小圈圈，不要搞派系、山頭。從個人的「躬」到「群」之後，先把「群」弄好，再把「群」的藩籬拆開；從齊家、治國、平天下一路而上，從「老吾老以及人之老，幼吾幼以及人之幼」一步步推擴。先從中心的「躬」開始，再推廣到人群，就會出現很多創造性的東西——「元吉」。而且，往前還有更大的目標，那就是「渙有丘」。「丘」就是山丘，這是取象於三、四、五爻的互卦為艮，「九五」就是山頂，「六四」還是半山腰。「六四」所要做的都是「上同」於巔峰的「九五」。「丘」是比「群」更大的團體。孟子講「得乎丘民而為天子」，想要做天下共主，成為王道的代表，一定要得到最大多數群眾的支持。

「渙有丘」是不斷超越小圈圈，然後擴散愛心，擴散教化圈，影響更大的人群。然後每一個大的「群」之外還有更大的「群」；因此要不斷往外推擴，由「躬」到「群」到「丘」；並且不斷超越，把「丘」和「群」的本位都化掉。團體的利益，甚至國族的利益都沒有人類的利益大。如果局限於一個國家、一個地區或族群，就還是霸權的思維。所以「渙有丘」之後，還要超越「丘」的本位意識，把它化散掉。但是要做到這一點很難，人可能可以為他的團體犧牲奮鬥，甚至再為更大的團體、國家、民族，為他的信仰奮鬥；可是每個人為他的群體、國家奮鬥時，國與國之間的紛爭若未解決，他就可能為了成就我類而對抗那些非我族類。這種狹隘的心態，還是得超越。但我們目前很難做到，只能以此為標竿，希望燈塔效應能化除族群之間、國家之間的矛盾，甚至是將來地球與外星人之間的矛盾。這種「渙」的教化不是靠武力可以辦到，只有不斷擴充善的影響力，打破藩籬。

要做到「渙有丘」，確實是高難度，故爻辭說「匪夷所思」。面對三千大千世界的宇宙眾生，一個人的表現總有局限，一旦存在本位主義、山頭主義，對另外的人和事就照顧不及。尤其在面對兩個山頭、群體之間的矛盾，要對哪一個忠誠，常常很難選擇。如果這個矛盾不斷擴大，就更是高難度的選擇了。所以那是匪夷所思的境界。《易經》中所有的「匪」都是「非」的意思，「夷」就是平常，也就是文化未開化的人。這完全跟《春秋》的觀念有關，文化程度低的叫「夷」。「匪夷所思」是指根器不高的人做夢也想不到的境界。我們看到歷史上確實有人願意犧牲小我，成全大我，如文天祥、譚嗣同、林覺民等，我們能做到嗎？起碼無法像譚嗣同那樣視死如歸。這就是「匪夷所思」的境界，不是一般人想得到、做得到的。坦白講，就是再修六十年我也做不到，我就是凡夫俗子、一般人，很難做出超乎常情、匪夷所思的事。

很多宗教為了傳播佈道，會展現種種想像不到的神通，但這不是最終的修行目的，只是為了顯示能夠產生神通的終極大道，那就是第五爻。如果不顯現常人不可思議的事情，就不會勾起人們探討核心真理的興趣。這就是「匪夷所思」的效應。所以，耶穌除了從水面走過，也會把癌症病人治好。當人們湧過來向他學習時，才發現最後要學的不是如何治癌症，而是信奉上帝。星雲大師說，要引人進入佛道，就要先提供一些誘因。此即《維摩詰經》所云「先以欲鉤牽，後令入佛道」。道理都是一樣的。就像為了讓大家對《易經》的大道產生興趣，就要先要教他占卦，先解決「渙奔其机」的問題，這就是藉占學易；但是學《易經》是為了提高個人的修為，擺脫人情糾葛，所以是藉易修行。占卦只是方便引領的法門。

渙卦就是告訴我們，傳播教化需要循序漸進，一步一步來，剛開始要把自己弄好，其後就要服務群眾；之後再推而擴之，為更廣大的群眾服務，亦即「渙有丘」；最後還探討第五爻不可思議、完全無私的境界。渙卦前四個爻的每一個階段都有限制，必須一一超越才能成就大愛，徹底解決問題。《金剛經》所說的「無我相，無人相，無眾生相，無壽者相」，跟渙卦諸爻十分契合。「渙其躬」是「無我相」，「渙其群」是「無人相」，「渙有丘」是「無眾生相」。第五爻所講的境界就是「無壽者相」，沒有時空差別，是永恆的、無定在、無所不在。儒、釋、道經典最後追求的就是這個境界，需要不斷超越，推擴到最後是沒有界限、沒有分別的。〈繫辭傳〉說「神无方而易无體」，隨時感應隨時到，這種影響力才大，因為它散播在整個宇宙之間，沒有時空限制，影響力無所不在。這就說明，真正的廟一定要建立在人心裡，再大的廟只是豐卦（䷶）上爻的「豐其屋」，最後就變成旅卦（䷷）的飄蕩無依，所以，廟建得再大也沒有用。無形的廟在人心裡，那樣的境界就叫匪夷所思，不是一般人能想像的境界，更不是一般人做得到的境界。如果不能超越，一旦碰到關鍵時刻，就會陷入天人交戰的兩難。這個爻的爻變就是訟卦（䷅），正是天人交戰的象。觀卦第三爻的「觀我生」是觀小我，第五爻的「觀我生」是觀大我；由小我到大我是觀卦的「六三」到「九五」，中間得經過「觀國之光」。離卦（䷝）第三爻是小悲，經過「突如其來如」的災難洗禮，才能進入離卦第五爻的大悲——「出涕沱若」。同樣都是歎氣，離卦第三爻是為自己嘆氣；離卦第五爻是為眾生嘆氣，那是截然不同的境界，中間得經過浩劫的洗禮，才能由小悲轉為大悲；超越小我，往大我挺進。這就是離卦三、四、五爻和觀卦三、四、五爻的境界。一般來說，第四爻是一道關卡；「匪夷所思」的境界，凡夫俗子做不到，不要說做不到，有些人連想都想不到有這種境界。

五爻：處處皆淨土

䷺

九五。渙汗，其大號；渙王居，无咎。

〈小象〉曰：王居无咎，正位也。

從現實的物理世界來說，我們根本無法理解第五爻這種已經超越時空，無定在、無所不在的象。益卦〈彖傳〉說「其益無方」，渙卦也是這樣。渙卦如同國家分裂，本是同文同種，風一吹就造成渙散分裂；有的要求獨立，有的要求回歸與認同。這就是向心力與離心力的拉鋸戰。但是渙的最後有可能變成全國一盤棋的乾卦。因為渙卦三陰三陽，如果最後變成全部都是陽，那就是乾卦。換句話說，有統一的可能。其實說「統一」是有語病的，從中國傳統觀點來說，應該是「一統」。在「王假有廟」的情況下，變化為沒有陽陰對峙的局面。但三個陰爻的變化需要循序漸進，首先是初爻的基層老百姓要有意願；第二是下卦第三爻不要把本位立場看得那麼重，要「渙其躬」；最難的就是第四爻的「渙其群」，不能有派系各擁山頭的想法。就像兩個公司合併，一定有存續的公司和被消滅的公司，公司併購就有混血的問題。總而言之，要建立一個新的架構，就得談判；要解散一個群之前，要保障這個群的利益，合併之後才能創造一個更大的群。但是，從初爻到三爻，一個問題一個問題解決，再到第四爻的談判層次，化解群與群之間的矛盾，重組到「渙有丘」，這樣的境界是「匪夷所思」的，需要大智慧方能解決。經過這些歷練，最後才能進入第五爻，大家有共同的核心理念，人們才願意放棄小團體，重組大團體。

以政治來講，第五爻的「渙汗，其大號」就是一個偉大的政治號召，吸引最大多數人的嚮往、追求，願意為之放棄一切。「大號」即發號施令，這種政治號召，就像深及內臟的劇烈運動，會導致汗流浹背。從身體來講，汗流出來，原本阻塞不通的雜質同時也化掉了。社會整合也是如此，一定要整合到很深層，才能像運動到流汗的地步，透過汗水排掉廢物，讓身體煥然一新。這就是「渙汗」。另外，汗流出去就不可能回頭，所以渙卦君位發出這個遠程的號召時，一定要審慎；君子一言，駟馬難追，渙卦領導人一旦發出這個號召，就要用這個理念、口號打動人心，讓很多不同的團體願意集中在一起，產生非凡的影響力。

那麼，要提什麼樣的口號才能整合那麼多不同的意見、不同的派系呢？「渙王居」。王居就是神廟、神壇，也代表新的公司總部。但是要注意，「王居」是散在天下四方，而不是在某個特定地方。透過「豐其屋」跟「渙王居」的比較就會明白，豐卦建再大的屋、再大的企業、再大的廟，也沒辦法真正號召人心，反而會遭到天地人鬼神的懲罰，最後依然會垮台。王居就是神廟，就是領導總部；既然是王道而不是霸道，王住的地方就沒有必要富麗堂皇，因為王是住在每個人心裡頭的，是平等的。從「豐其屋」到「渙王居」的概念，不論在政治、商業、宗教領域，都是一種超越性的思想。無定在，無所不在，大家原先為了爭哪裡是總部、哪裡是核心，搞到勢不兩立；現在完全不爭了，「王居」就建在每個人心裡頭。這樣一來，「渙王居」將霸道思維徹底化散。「昔日王謝堂前燕」是「豐其屋」；「飛入尋常百姓家」就叫「渙王居」，沒有高低上下的不同。每個人心中都有佛，那才是真正的廟；如果建一間大廟，大家都得到那裡去，裡面照樣可能出現管理階層收香火錢的事。假如美國是「豐其屋」；那絕對不是人類文明最後的出路；只有「渙王居」，眾生平等，人人心中都有廟，這個廟就是看不見、也不能摧毀的思想理念。所有看得見的廟，總有一天會毀壞，無法長遠保留；只有匪夷所思的精神可以永恆。《維摩詰經》說「心淨國土淨」，換句話說，不是你換了什麼地方，而是你的心換了。王居處處都有，每個地方都有佛，這叫無定在，無所不在，這就是「渙」散的概念。「渙王居」是每個地方都是王道樂土，當然无咎。

〈小象傳〉說：「王居无咎，正位也。」這是說「九五」既中且正，才能造就王居的事業。這個爻的爻變為蒙卦（䷃）。大家可能會問，這麼偉大的境界怎麼還會「蒙」？其實不然，「九五」處於卦中卦蒙卦的上爻，「擊蒙，不利為寇，利禦寇」，那是當頭棒喝，把眾生的執迷敲醒，如同獅子吼般振聾發聵，把所有霸業宏圖、所有「豐其屋」的想法徹底打掉。只有「擊蒙」，人們才會徹底醒悟。

上爻：遠離禍害

䷺

上九。渙其血，去逖出，无咎。

〈小象〉曰：渙其血，遠害也。

「上九」在教化圈以外，渙卦「九二」到「九五」構成的是頤卦（䷚），是王道樂土、西方極樂世界。「初六」還沒入門，需要人家的援助、救贖。「上九」則被排除在頤卦的教化圈以外，成了害群之馬。故爻辭說「渙其血，去逖出，无咎。」「逖」就是遠，「渙其血」就是將禍害排除。這和中醫的放血療法頗為類似，好讓身體組織恢復疏通、徹底根治。針刺放血在中醫是一種急救法，而且是最快的。放血當然痛，也有風險，因為爻變為坎卦（䷜）。「渙其血」就是讓髒血排出。那些不可救藥、僵化過氣的，留在組織裡就是個禍害，還不如放出去，即使要承受短期的陣痛也無妨。因為身體、組織健全，就可以再造新血。

〈小象傳〉說：「渙其血，遠害也。」若按常規處理，髒血很難排乾淨，所以要通過針刺把毒血排除。先經過一段時間的坎險之後，人體會再造新血，恢復正常。這就是「遠害」的概念，也是損卦「損以遠害」的意思。損卦要懲忿窒欲，就要把禍害排除。渙卦排除髒血，也是遠離禍害。可見，上爻的作法是急救，同第二爻一樣，只是這兩個爻是屬於不同方式、不同時位的急救手段。以最快的方式把有害的部分排除，這時候難免傷感情，但為了整體的健康，也不得不如此了。

占卦實例1：耶穌有子嗣否

二〇一〇年八月中，有學生問耶穌有子嗣否？占得渙卦「九二」爻動，有觀卦之象。渙卦初至五爻，互成蒙卦，渙卦「九二」相當於卦中蒙卦的「九二」，其爻辭稱：「包蒙吉，納婦吉，子克家。」〈小象傳〉稱：「剛柔接也。」顯然確有子嗣。如此，渙卦「九二」爻辭所稱：「渙奔其机。」〈小象傳〉：「得願也。」就有開枝散葉、繁衍不息之意。兩千多年下來，應該後嗣相當可觀，暢銷小說還拍成電影的《達文西密碼》所言並非虛構。

占卦實例2：大陸對臺灣的戰略意圖

二〇〇四年五月，其時臺灣大選三一九槍擊案的動盪未消，各方情勢相當敏感。我問大陸對臺的戰略意圖為何？為渙卦「九五」爻變，成蒙卦，其爻辭稱：「渙汗其大號，渙王居，无咎。」看來大陸永遠把臺灣視為疆域的一部分，離再久也要收回，我們以卦中卦的理論來分析更清楚。渙「九五」相當於二至五爻所成頤卦的「上九」、二至上爻所成益卦的「九五」、初至五爻所成蒙卦的「上九」，以及三至上爻所成漸卦的「九三」及「九五」。頤卦「上九」爻辭：「由頤，厲吉，利涉大川。」大陸控制台海生態的制高點。益卦「九五」爻辭：「有孚惠心…有孚惠我德。」希望卵翼臺灣，建立互信。蒙卦「上九」爻辭：「擊蒙，不利為寇，利禦寇。」必要時不排除動武解決問題。漸卦為雁行團隊的戰略佈局，「九三」爻辭：「利用禦寇。」「九五」爻辭：「終莫之勝。」決不允許臺灣變成離群的孤雁，脫離祖國懷抱。至於渙卦初至四爻所成解卦，「九五」不涉其內，換言之，不一定要和平解決。

發而中節——節卦第六十（䷻）

言辭力透紙背

節卦的卦爻辭共有四十個字，其中爻辭三十四個字，比最精簡的兌卦爻辭總數只多了八個字，是《易經》六十四卦爻辭字數的倒數第二名。看來節卦用字精簡，意在言外的特別多。這也是《易經》的本事。寫書法要力透紙背，要理解這些卦爻辭，就要透到言辭背後，根據對卦爻關係的理解，還有人生體驗、歷史知識、經典素養，才能打通脈絡。因為言辭其實是最外層的。王弼《周易略例》說「得意忘象，得象忘言」，爻辭、卦辭是語言文字的境界，後人讀經，就要通過這些文字——即夬卦所說的書契之象，捕捉《易經》創作者的聖人之意。但因為「意」是看不見、摸不著的，所以《易經》創作者又「立象盡意」，通過立象，把那些飄忽不定、但很有智慧的意念傳達給我們。

在伏羲畫卦的時候，中國文字還未成型，但意象早就存在，等到五千年前中國文字成型，才又轉化成「言」。老子開篇就說，「道，可道，非常道；名，可名，非常名。」也就是說，不管

「道」是不是「可道」，還是要說說看；「名」是不是「可名」，還是要用名稱來指代，不然就沒有辦法界定世間事物。就像是佛教，尤其是禪宗，它有很多深刻的道理、不可思議的境界，但傳法的時候常常不講話，佛陀拈花微笑的故事就是一例。可是佛經有多少文字？所以到最後還是得借助「言」；而難以言傳、意在言外的，又比語言文字更為豐富。

儒、釋、道都強調語言文字無法完整描述生命的體驗，所以要用境界無窮的意象來啟發人。不過，光憑意象還是有局限，不得已還是要建立文字，通過言辭來談。人們問老子，他可能一句話也不想講，但是他還是留下五千字。五千字就能看透老子的思想嗎？不然，還有很多難以言傳的，就得靠各人慧悟，超越言辭，靈活掌握言辭背後的「象」。

〈繫辭傳〉云：「聖人立象以盡意，設卦以盡情偽，繫辭焉以盡其言。變而通之以盡利，鼓之舞之以盡神。」這裡就有象、意、言三個層次。「聖人立象以盡意」，這是說從伏羲以降作《易》者了不起的地方；在還沒有文字時，這些人通過靈活、微妙的象，表達那難以描述的「意」。「設卦以盡情偽」，語言比文字更早，當時沒有文字這樣一個約定俗成的架構，怕講話講不清楚，而且日常語言跟形而上的傳道語言不會完全一樣，所以就「立象以盡意」，然後又發明了一個結構——「設卦以盡情偽」。卦是人發明的，不是自然就有的。人的發明卻能完全吻合自然法則，所以了不起。而且它能詳盡表達人生社會的情偽——亦即真假、虛實；像升卦的「升虛邑」、歸妹卦的「承虛筐」，那就是「偽」；還有賁卦裡面的重重假象，假象上面又還有假象，你能不能看透？這就需要「卦」這個照妖鏡，把所有人事物的實情假象統統顯現出來。

「繫辭焉以盡其言」，最後，文字出來了。先立象，然後設卦，最後繫辭。「繫辭」就是卦辭、爻辭，而不是〈繫辭傳〉。〈繫辭傳〉是解釋卦辭、爻辭的。意思是說，先有符號，然後有了文字；先試著寫寫看，然後繫上去，如果寫得好，就一直掛在那裡，讓大家都可以讀到它。這跟〈彖傳〉是一樣的。學過〈繫辭傳〉的都知道，「彖」就是「卦」，專門講卦的結構；沒有文字以前就叫「彖」或「卦」，所以「彖」跟「爻」是並稱的。〈繫辭傳〉云：「是故《易》者，象也。象也者，像也。彖者，材也。爻也者，效天下之動者也。是故吉凶生而悔吝著也。」「爻」是「效天下之動者也」，「彖」是材料的「材」。而〈彖傳〉之「彖」跟「爻」不能並稱。因為〈彖傳〉是解釋彖辭——亦即「卦」的傳。「知者觀其彖辭，則思過半矣。」這裡的彖辭就是指卦辭，而不是講〈彖傳〉。就像「繫辭」是指寫上去的卦辭、爻辭；〈繫辭傳〉則是解釋繫上去的卦辭、爻辭；〈彖傳〉就是解釋「彖」的傳，彖辭就是卦辭。因為很容易搞混，以前很多學者搞錯。在〈繫辭傳〉中「彖」跟「爻」是並稱的，沒有文字之前，其他的文字都是繫上去的。「繫辭焉以盡其言」，所以我們就有了卦辭、爻辭，盡可能把它說清楚。

從意、象、言一層一層過來，這就是創作的過程。我們讀書讀的是「言」，也就是卦辭、爻辭；從「言」去追溯「象」，再從「象」掌握「意」。王弼提醒我們得「意」就要忘「象」，或者得「象」就要忘「言」。很多人讀《易經》讀不透，或者注解不通，甚至胡說八道，就是無法忘「言」，被卦辭、爻辭綁死。卦辭、爻辭傳至今天，也沒有人能超越它，但我們一定要明白，這還不是最後的東西，還有些藏得更深的東西，所以不能忘「言」，就不能完全掌握它的「意」和「象」。「象」還是中間的檔次，得「象」還要忘「象」，才能得「意」。像二十六個字的兌卦、三十四個字的節卦，爻辭那麼短、那麼少，那是「言」，首先把「言」的工夫做足了，然後要忘

「言」才能得「象」；超越文字層次，才能掌握「言」外之「象」。這就是《易經》的特殊之處。然後還要得「象」忘「象」，才能得「意」。最後是「盡其言」，要懂得運用、有實際行動。學了之後不能拿出來用，那有什麼意思呢？「變而通之以盡利」，就是那個境界。要通，要變，要盡利，要產生實用的效益。然後，一個人單打獨鬥總是有限，必須團隊合作，組織群眾，「鼓之舞之以盡神」，那樣才能達到最高境界。「陰陽不測之謂神」，孔子的話精粹到極點，他確實已經讀透了。

斷卦之難就難在很多人膠著在爻辭、卦辭，甚至包括協助斷卦的〈大象傳〉、〈小象傳〉、〈彖傳〉。如果膠著在文字上，怎麼斷也斷不靈活，甚至會搞錯，這時就要超越文辭的境界，從後面的「象」去找線索，然後就可以直接從「象」談到「意」，這樣才能靈活斷卦，而且掌握核心。《易經》的言才四千多字，可是「象」所傳的「意」卻無窮無盡。這也是《易經》的奧秘，中國很多經典都是如此。但《易經》是極致，真的難，如果基本功不夠，又不運用《易經》理氣象數的結構，只能拘泥、死板地判斷吉凶，結果自然天差地遠。當然，也不是說完全沒有修習的方法，需要按部就班，不能剛下田就希望有收穫，也不能說下了一年工夫就希望有三年的收入。莊子也說過：「筌者所以在魚，得魚而忘筌；蹄者所以在兔，得兔而忘蹄；言者所以在意，得意而忘言。」用什麼東西捕魚，重點在魚，不在筌；得魚要忘筌，魚簍子是沒用的。

節如發機，發而中節

節卦是第六十卦，在卦序中，其序數可說是最後一次的提醒。以天干地支的配合來說，六十是結束、也是開始，到此氣數已經圓滿了。中國自古以干支紀日，從甲子開始，六十剛好繞一圈。節卦剛好排在第六十卦，這絕非偶然。《易經》的理氣象數之妙就在這裡，天衣無縫。如果第六十卦是任何其他的卦，都是有違自然規律的，第六十就必須是滿氣數的，下面可能是一個新的週期開始。就像人過六十歲之後，六十一歲就是重生；亦即在某種程度上，六十一歲跟一歲的生命節奏是呼應的。當然一般是螺旋向上提升。這種週期性的規律，天地人鬼神都在其內。上一章所講的渙卦，說人死了軀體渙散，但仍不能擺脫如來佛的手掌心，還在宇宙控管之內，即使散了也得遵守規律，那就是節卦。節卦不只是管人，還管著一切，諸如天氣、國家、公司等，都在其規範之內，因為那是自然規律的節奏，沒有任何人能夠超越、突破；就是軀體渙散了，也仍在宇宙中，「精氣為物，遊魂為變」。就像「七日來復」一樣，人出生要經過二十八週的胎育，這跟七有關；死後有所謂的「七七」，也跟七有關，這種規律就稱之為「節」。這是自然律，誰都不能違反，天地人鬼神皆在其中。孫猴子沒辦法蹦過如來佛的手掌心，他的本事再大，都還有「節」。

在中國文化中，節字有無窮的意韻。我們只能通過大家比較熟悉的日常事物大致分析。中國文化裡面很多重要的觀念都跟「節」有關，例如節氣。節氣是一年四季氣候更替的規律，有些節氣就是重要的提醒。生老病死、榮枯盛衰，成功失敗，統統在節的範圍內。就個人養生來講，《黃帝內經》鋪陳得很詳細，大宇宙、小宇宙之間的節奏常是共鳴的，如果共鳴和諧，養生方式和順，言行中節，就會過得從容自在。如果失節，不光是身心健康會出問題，其他不管什麼事，諸如公司組織管理、人際關係等等都會出問題。這些統統跟「節」有關。還有人世間的制度、規範，目的就是為了節制群體中的個人言行。

要了解「節」，除了十二消息卦、二十四節氣，還有中秋節、元宵節、端午節、春節等，天地人的各種力量都在「節」的地方周旋，以求取平衡。就像竹子長得再高，也沒法一柱衝天，絕對得靠竹節來生長。「節」就是一個生長點，長到一個階段之後，就有一段時間的整理、停頓，去消化這一節的所有經驗；等到徹底消化吸收了，生命核心的能量增強了，再以這個節做為一個生長點繼續往上生長，如此節節高升。六十一甲子週期的意義也是如此，在前面的循環累積了一些經驗，下面要開展第二個階段，前面的階段就是參考。春夏秋冬、元亨利貞，貞下起元、冬盡春來，人生也一樣有週期性，但就像復卦（䷗）一樣是螺旋往上，層次不斷提升；不可能完全一樣，但絕對有參考價值。

在「節」的時間點，人一般都會有感應，如長期工作一段時間就想休息，甚至想換工作；週末就是一種調節。天氣也有這種轉換，四時都有重要的節氣，「節」的時候就要做跟「節」相應的事。換句話說，到「節」的時候可能要休養生息，該調節就要調節；包括人生飲食男女的欲望也要調節。讀完幼稚園，要讀小學；讀完小學，要讀中學、大學，人生也有節奏。人要活得有氣節，怎樣做才恰到好處？《中庸》說「喜怒哀樂之未發謂之中；發而皆中節，謂之和」，每個人都想心平氣和、和諧處事，為什麼那麼難？因為發而不中節。「發而中節」需要深刻的生命智慧去掌握；掌握得恰到好處，才不會有「過」跟「不及」。而且不是不發，不發也許就不會犯錯了，但肯定會生病。只要發了能中節就「和」，「和」就達到了效果。但這一點好難好難。

植物的生長、天氣的變化，乃至人的自然生命與後天學習，都有「節」；就像射箭時把弓拉開，一開弓就沒有回頭箭，那麼一定要恰到好處，差一點都不行，否則效果大打折扣。這些全部屬於「節」，也叫「機」。《孫子兵法》云「節如發機」，就是恰到好處，早了不行，晚了也不行，時機的掌握太重要了，稍縱即逝。

光看節卦的卦辭、爻辭，比起損、益卦二卦似乎容易多了。可是真要掌握節卦的內涵還真難，學一輩子也不見得能完全中節。從思想、言行、對大自然的感應，包括人世的鋪排，都要能中節。譬如使節，蘇武牧羊持節，是國家、民族氣節的象徵，成語「若合符節」的「節」就是信物；節卦下一卦是中孚卦（䷼），中孚就是這麼來的。中孚的「中」當然是時中之道，「喜怒哀樂之未發謂之中；發而皆中節謂之和」。「節」就是剛好契合。唐朝的藩鎮長官叫節度使，可以獨霸一方，有相當的代表性。

國家派出去的全權代表，譬如大使館，一定是派到很遠的地方，代表中央執行任務。派出的動作就叫「渙」，從一個同心圓的圓心往外擴散，擴大影響力，宣揚國威或傳道。而外交官是國家的全權代表，不管離多遠，都得接受中央節制，這就叫「節」。這就是渙、節二卦一體兩面。

澤上有水

節卦的卦象結構就是一個完美的「節」，陰陽分佈均衡、結構穩定。「一陰一陽之謂道」，「陰陽不測之謂神」。節卦的結構很和諧，不像大過卦（䷛）活像兩塊薄薄的燒餅，夾上四根粗粗的油條那樣不均衡。節卦一看就有美感，先來兩個陽，再來兩個陰，免得有「鰥寡孤獨」，然後再來一個陽、一個陰，三陰三陽的爻發而中節，這樣才能陰陽互補、相得益彰，不然怎麼合法呢？像

「剩男」「剩女」就不合了。三陰三陽的分佈，如行雲流水般節奏和暢。

節卦〈大象傳〉說「澤上有水」，是水庫畜水的象，不管是人修的水庫或是自然形成的湖泊，都是澤中有水。下卦兌為澤，上卦坎為水。澤中蓄水，跟澤水乾涸的困卦（䷮）顯然不一樣。有水就等於有庫藏，如同累積的知識、經驗、智慧，可是它不是無限的。再大的澤能容納的水量都有限，所以要節約使用，甚至要定出一套量入為出的制度。如此一來，節卦就有量化的問題，需要數字的管理。此即「慎言語、節飲食」，節省開銷、精簡人事。就像寫文章、講話要講重點，不要講廢話，更不要莫名其妙指桑罵槐。「節」就必須用最低的成本、最精簡的言語行動，產生最大的效益。

由此看來，《易經》的「數」也都有「節」的道理。例如節卦第六十，是週期性的概念；豐卦（䷶）第五十五，是天地之數；革卦（䷰）第四十九，鼎卦（䷱）第五十。「大衍之數五十，其用四十有九」，而且其具體操作，也是按節氣來的；所以第十八卦是蠱卦（䷑），占卦時，經十八變而產生卦。臨卦（䷒）是第十九，人的生日在十九的倍數時，陰、陽曆同一天。還有洛書九宮數，橫豎都是均衡的十五，謙卦（䷎）就是第十五卦。所以卦序的數字安排天衣無縫，冥冥中自有定數。瞭解這些之後，心中有數，人事作為就得順著自然規律來，什麼時候該做什麼事，都有節律。數可以演算，占卦就是這個道理，所以「節」又涉及制度，制度不能完全是主觀想法，必須有客觀的規範；客觀規範又離不開「數」與「象」，「理」和「氣」也都在這些「數」之中。

節卦包含大自然的生態，也包含我們的生活。渙卦、節卦中間四個爻就是頤卦（䷚），裡面就有統管天地人鬼神的自然基本規律，而且這樣的生態是穩定的。節卦中有頤的象，《易經》修行的結論也在這裡，就是承認內卦、下卦的兌是與生俱來的情欲，喜怒哀懼愛惡欲絕對是存在的，不能假裝不存在，不要妄想藉著後天的修行遏制、或根本斷絕。艮卦的時候嘗試止欲修行，把兌卦的象壓到完全無影無蹤，但只有極少數人辦得到。損卦（䷨）需要懲忿窒欲，還用一座大山去壓制內心的兌，可是節卦不是，它是流動的，不能用山去壓，而要節約使用；節制嗜欲，並沒有叫你斬斷嗜欲。這是適合大多數人的方式，雖然很難做到完全精準，但只要節制就好了；要是不承認欲望的存在，壓制反而有副作用，而且壓得越深，反彈得越厲害。

自咸卦（䷞）產生自然的情感，至損卦的懲忿窒欲、艮卦（䷳）的止欲修行，最後才發現人生真正要修的就是節卦。這是《易經》修行的結論，也是最為中正、可行的方式。「節」的修行就是中孚卦（䷼），要建立道場，如母鳥孵小鳥一樣把「節」的結論傳下去。「中孚」是道場，可能是教堂，可能是佛堂，是上一輩把人生經驗教給下一輩。聽的人還年輕，難免在實踐過程中有小過，這就要讓他自己去歷練，看看這個「節」有沒有道理，讓他從嘗試錯誤中成長。這樣都做到了，才決定最後的終極成敗——「既濟」或「未濟」。以修行來講，就是有沒有得到終極解脫。

節卦的「身體易」

從「身體易」的角度來講，節卦就是人體六大關節的具體部位，彷彿把踝、膝、胯、腰、椎、頸六大關節照一張相。如果這些部位都是正常的，這就是一個「平人」——身體健康的人。代表飲食沒有失節，身心健康，所以有一個節卦的象。如果哪個部位出現問題，也就是一個爻違反節卦的原則，那個爻就是病變的部位。如果很多爻出現病變，那麼一定會產生失節的狀態，這時就要趕快調整。

人體六大關節跟節卦六個爻的對應，「初九」陽居陽位，是足踝，是立足之地；立足一定要穩，腳下不能虛。也就是說，踝關節必須是陽居陽位，剛實有力，立足穩，腳底的湧泉才能吸地氣。「九二」就是膝關節，陽居陰位，剛而能柔。膝關節要能夠屈伸，但膝關節一定也要堅實，所以是陽爻；但是剛而能柔，柔才能屈伸。如果膝關節是剛的，又居剛位，那就完蛋了。如果這個爻是陰爻「六二」，這個卦就是屯卦（䷂），小孩子因為膝關節還不夠堅實，所以他雖然柔軟，也只能在地上爬。很多老人家走不動，要拄拐杖、坐輪椅，也是因為這個爻有問題，不是骨質疏鬆，就是轉動不靈活。

「六三」和「六四」是腰胯的部位，鬆腰柔胯，這是大家都明白的道理，如果腰胯都是陽爻，這是剛硬的大過卦（䷛），初爻是虛的，腳站不住，三爻、四爻的腰胯不柔，整個身心狀況接近死亡。一個正常的胯關節是「六三」，「六四」是陰居陰位的腰關節。更重要的部分就是節卦的君位——脊柱。脊柱必須中正，「九五」中正，而且陽居陽位。脊椎是人體中樞部位，一有問題，身體健康堪慮。脊柱一旦偏離椎體中心位置，其他部位再正也沒用，因為都掛在不正的棟樑上。所以「九五」必須中正，況且它又是在坎水之中，不能出現險情，是人體中樞、主心骨的位置。如果脊柱中正，不管年齡多大，都會身心康泰，正如爻辭所說的「甘節」。「上六」是頸關節部位，陰居陰位，前瞻後顧很靈活。如果頸關節僵直，就會產生很多毛病，如腦萎縮、頸椎病等。

可見，正常人六大關節的身體結構，要完全合乎節卦六爻的鋪排。但六十四卦中只有一個卦是這樣，可見我們大部分時候都是不健康的。學過太極拳的人就知道自己的體能狀況了。假定節卦是正常的健康狀況，如果下卦全變，即踝、膝、胯的關節統統出問題，那就是寸步難行的水山蹇（䷦）；如果下面都正常，可是上卦腰、椎、頸關節都變形、錯位，就變成火澤睽（䷥）。睽卦是各行其是，「二女同居，其志不同行」。睽卦跟蹇卦是相錯的卦，身體當然非常糟糕，因為上下不調、內外不調。如果節卦六爻全變，亦即身體每個關節都錯位，那就是火山旅（䷷），失時失位失勢，飄飄蕩蕩，這時就不知道是活還是死了。

與人體關節的分佈對照，可知節卦是標準的健康狀態。因為關節最容易藏汙納垢，很容易出問題。任何「節」的地方，用久了難免鬆套、易位；人的骨頭、甚至一棟建築物也是如此。因為它不是一體成型的，剛開始可能很穩，用久了就會有點兒鬆，然後這裡就可能形成一個破裂點；原先是生長點，但年久失修、調養不當，開始藏汙納垢，反而成了毀滅點。

節卦的卦中卦

節卦（䷻）中最重要的是由二、三、四、五爻構成的頤卦（䷚）。在養生的頤卦中也有「節」的觀念，即「慎言語，節飲食」。節卦中蘊含著非常豐富的養生思想，而「節」所代表的所有事物中，也有穩定的生態結構。因此我們對於從這個生態衍生出來規矩、儀節、制度都要有深入的瞭解，才能行事中節。這些規範經一代一代流傳下來，就成為日常生活的禮儀。中國有一部經典《禮記》說的就是為人處世的禮。禮節很重要，任何一個地方都是如此，所以佛教有其特定的「節」，各民族亦有其特定的「節」。

節卦第二爻爻變為屯卦（䷂），膝蓋柔軟，只能在地上爬。那麼，節卦中有沒有屯卦的象呢？二、三、四、五、上爻構成的就是水雷屯。注意，「九二」爻變是屯卦，「九二」剛好又是節卦中的屯卦初爻：「磐桓，利居貞，利建侯。」換句話說，我們要理解節卦的「九二」，可以參考爻變為屯，以及「節」中「屯」象的初爻那一生命內在主體，這就多了一條參悟的進路。

還有初、二、三、四、五爻構成的損卦（䷨）。修行過程中，咸卦的純情受傷，就要用理性來平衡，這就是損卦的懲忿窒欲；要夠冷靜，還要承認人類心中的「兌」確實存在，經常會像活火山一樣冒出來，所以上卦要用艮山去壓制。但損卦不是《易經》修行的結論，一直要嘗過艮卦的極端手段，再到純情的兌卦出現，最後覺得還是節卦這一套比較合乎情理。從《易經》修行思想的演化來看，節卦是在損卦繞了一大段路之後才得到的結論。可是，節卦中照樣有損。也就是說，要想中節的狀態，損的工夫仍然不可或缺。要知道人生要完全做到中節，恐怕沒有人做得到，連「中庸」也不可能。所以，要達到「節」的理想狀態，中間還是免不了需要損卦懲忿窒欲的工夫，要克制情欲，就得咬牙切齒。再講實際一點，假如你待業在家，錢不夠，那一定要節省開銷。先得降低欲望，欲望冒出來的時候就得壓一壓，這樣才省得下錢來。為什麼會有人奢侈浪費？就是因為欲望沒辦法損，以致經常失控。

此外，四個爻的卦中卦還有兩個。先是初、二、三、四爻構成的歸妹卦（䷵），由這個卦我們就應該知道為什麼要「節」了，因為歸妹卦是「征凶，无攸利」，一喜歡就衝動，所以節中又充滿這種歸妹式的衝突，那就很可能埋葬眾生。歸妹卦藏在節卦中，要是沒處理好就會出事，而且是在修煉節卦的基本功時，讓「歸妹」的原始衝動跑出來，這就非控管不可了。

再看，三、四、五、上爻構成的蹇卦（䷦）。節卦跟蹇卦的關係除了卦中卦以外，還有就是下卦三爻全變。人體正常狀態下的六大關節是節卦；如果下半身統統有問題，那就是蹇卦。節中有蹇，節中有損，節中有歸妹，節中有頤，節中有屯，這就是節卦的五個卦中卦，我們要多想一想，才能全方位掌握節卦。

另外，我們在理解節卦的時候，永遠不要忘了它跟渙卦是有關的。渙卦從正面看，是思想、理念的傳播。這些傳播都要經過時空的推磨，如果最後還能存其核心，影響不同時空的人，就一定要建立客觀的制度規範。宗教為什麼要持戒？因為光靠「渙」的傳播無法約束，聰明人學習「渙」的東西很快上手；但是笨的人就要有一套循序漸進的方法。那就是「節」。所以渙卦的傳播到最後一定要落實為制度，如政治、經濟等社會制度，還有宗教的戒律修行等。大多數人很難直接理解「渙」的理念，但可以通過「節」的制度，循序漸進地學習。可見，制度的設計何等重要！不能只講理念、主義、精神，一定要落實到制度。而且制度要隨時改變，到一段時間，原來的制度規範已不符時代所需，就會扼殺人的創造力，這時就得改制。所以「節」是活的，不是死的。如果「節」已變成死節，就會扼殺人的創造力和人類發展，這時就不能守舊，祖宗的法可以改，而且一定要改；歷史上的變法、革命就是這樣來的。二十四節氣的每個節氣該做什麼、不該做什麼，都是如此。「節」是隨時而變的，每一個時中要找到一個最恰當的「節」，有常有變，不是死節，而是活節、時節。正因為這樣，所以要做到「節」就很難，任何一個時間點、任何一個地方，任何一套制度辦法，要找到恰到好處的關鍵點，才有最好的結果。

節卦卦辭

䷻

節。亨。苦節不可貞。

節卦的卦辭很有意思，好像頭輕腳重。前面是「亨」，可是後面又有一個頗為沉重的但書——「苦節不可貞」。「苦節」當然就是指節卦的節制太過度了，咬牙切齒的苦行，有一點艮卦的味道。「節」本來就不能「過」或「不及」，但節卦「上六」爻卻走到「苦節」的死胡同。卦辭落實到爻，我們才發現原來是「上六」。因為爻涉及操作條件，所以會具體談到在某個時位該怎麼做；如果「節」過了頭，就違反「節」的精神。卦辭鄭重提出，苦節是不對的，這是最重要的提醒。如果做到了「節」，身體狀況、制度規範，一切井井有條，一定是亨通的。

節卦是《易經》無數古聖先賢經歷幾世幾劫的修行才得到的結論，也是人生處世的結論。它的目的就是為了「亨」——「亨者，嘉之會也」，可是後面的提醒卻是「苦節不可貞」。所以，一定要高度重視這一點，但上爻的節制卻過頭了。歷來有很多人選擇禁欲、苦行，最後還是無法證道。釋迦牟尼根據自己的切身體會，提出中道修行法；因為走極端的「苦節」是行不通的，所以說「不可貞」，不可以終生信受奉行。很多人緊抱著自以為是天經地義、金科玉律的法則，還自認為是固守正道，完全不懂得隨時權變。《易經》就告訴我們，絕對不可以。「節」是為了帶給大多數人最大的幸福、快樂，如果「節」下面的制度、規範、主義、理念，會使得大家苦不堪言，就一定要改制，絕對不能遷就那個好像神聖不可侵犯的制度。這就是「不可貞」，不可以固守教條。換句話說，任何制度都有一定的時效性，「不可為典要，唯變所適」。如果動都不能動、一個字都不能改，那就是「苦節」，將陷入更大的執著。如果自己勉強做到了，還要求大家一起做到，那就更不合情理了。

節卦卦辭總共才六個字，意義卻很深刻。節卦可以帶來亨通，但人最容易在「節」中走偏，走到「苦節」這一條岔路上。「苦節不可貞」，說明大多數人做不到，憑什麼要求大多數人向你看齊？節卦的固守有時會變成一種傲慢、甚至是暴力；以「節」自我標榜，甚至以此指責、處罰做不到的人。

要真正參透「不可貞」的內涵，不只是文辭翻譯，還可以結合其他的卦。「可貞」這兩個字在哪些卦的卦爻辭中出現過？首先是无妄卦（䷘），在第三爻發生无妄之災後，第四爻要加強內部控管，就得「可貞」，趕快調整，亡羊補牢，才可以得到无咎的結果。加強內部控管，就是節卦的觀念，爻一變就是益卦（䷩）。益卦是從損而來的。損卦講懲忿窒欲，其卦辭就有「可貞」：「有孚，元吉，无咎，可貞。」這樣才「利有攸往。曷之用？二簋可用享。」這是「可貞」。「不可貞」就好理解了，「可貞」跟「不可貞」當然是相反的，「苦節」是「不可貞」的，所有的制度是要帶給人家歡樂，要人心甘情願；如果他質疑你的「節」不合理，你還強迫人家接受，那一定會出問題。

中國先秦的墨家幾個核心人物，都有非常偉大的抱負，生活簡約，摩頂放踵，到處救助別人。而且它還有嚴密的幫派組織、有宗教情操，但墨家傳了多久？為什麼傳不下去？因為違反人性，怎麼可能有那麼多人會按他們說的去犧牲奮鬥。這也是「苦節不可貞」的再現。像有幾個人能辦到「兼愛」？你會把自己的子女跟別人的子女一樣看待嗎？所以儒家強調循序漸進，由內而外；墨家一開始就把別人的子女當自己的子女看待，這是不可能的！不可能的事就叫「苦節」，苦節就不能固守，即使能固守也傳不久。違反人性、人情的思想，調子唱得再高，永遠不能真正影響大多數人，不會成為社會的主要規範。

從卦象看，節卦上卦是坎水，下卦兌卦代表情欲的池塘，裡面的水必須是流動的，不能塞住，塞住就是損卦。如果連池塘的存在都不承認，那就是艮卦。「苦節」就說明在節卦中太執著，鑽牛角尖。所以《易經》用了這麼重的五個字，就是要我們「不可貞」。「可」就是適可而止、恰到好處，這樣大家才可以接受。「苦節」只有少數人可以做到，大多數人做不到，那就「不可貞」。「可欲之謂善」，這是孟子思想的重要命題。孟子說，欲望如果到了「可」的地步，適可而止，大家都可以接受，就是中節。欲望中節就是善，不是說欲望外面還有一個善。「可欲」就是「善」，「可」是動詞。欲望絕對是存在的，重要的是把欲望轉成大家可以接受的，就得下「可」的工夫；等到欲望被大家接受，欲望本身就昇華了，它本身就是善。

這是卦辭，也是很重的警鐘。這也是「渙汗，其大號」，是《易經》卦辭的作者留給後人省思人性、社會問題的重要警鐘；如暮鼓晨鐘，振聾發聵，聲音響遍億萬年，也響遍每一個地方。

節卦〈大象傳〉

〈大象〉曰：澤上有水，節。君子以制數度，議德行。

接下來，我們先看〈大象傳〉。「澤上有水」，這跟困卦的「澤無水」相反。澤中有水，並不代表可以濫用，有水還得節約使用，畢竟它不是無限量的。用水需要量入為出，像水庫的管理，通常都用標尺標誌水位，什麼時候是危險水位或枯水季節？都有客觀的量化指標，不能用肉眼估算。這就是制度規範的意思。「澤上有水」，怎麼管理有限的水資源呢？一定要有數量的管理，所以就立一個標尺，提醒我們要節約使用，什麼時候水不夠了，就要補足；什麼時候水太多了，就要放一點出來。困卦跟節卦是交卦的關係。資源需要有效管理，國家發展也要管理，為什麼會有那麼多數據呢？像GDP是一種管理模型，是評估國力的依據。根據一些客觀數據，就可以判斷你是發達國家還是發展中國家？或者根本是落後國家？數據就是「節」，有一個客觀指標，從個人到天地都是在「節」的範圍內，所以天文學也要建立數據，據以預測宇宙的秩序。這就是「君子以制數度」，「數」是比較客觀的，像「大衍之術」的占法，基本上就是「數」。

人生有定數，可是也不完全是定數，也有一些變數，怎麼操控？那就要制「數」，還要制「度」。像溫度、血壓、脈搏，根據資料確定正常的「度」，做為判斷健康的標準。從小宇宙到大宇宙，一定要「制數度」，因為「澤上有水」，資源有限，一定要有科學化管理，有客觀的標準。公司的營業額、損益表，學生的成績表，都是用數字來衡量。但是，光是「制數度」，有量化的標準依據，還沒有完全做到「節」。節卦也要因人、因時、因地、因民族文化、因血統基因而調整，這就是「議德行」。德行就很難量化了，在「制數度」的客觀基礎上，又有了需要「議」的彈性空間。但德行無法千人一面，更沒有辦法用一些冰冷的數字來表現，因為涉及修為；包括個人的德行修為，以及民族、宗教的道德標準，完全是活的。換句話說，有定量的，也有定性的，二者必須融洽結合，才是偉大、圓融的節卦思想。有些人迷信客觀資料，像唯ＧＤＰ主義，什麼都要用數據表達，其實這只做到了「制數度」的客觀一面，靈活變通的「議德行」那一面卻沒有掌握。同樣是人，東方人跟西方人在同一個時間點，就有很大的差距，不能援用同樣的辦法去規範。西方先進國家為了獨霸一面，他們就定下很多規矩、數度，目的就是限制那些發展中國家。像美國就有很多這種「節」。世界上已經成型的資料、制度，都是人定的，當時定的人是不是有私心，希望後來興起的國家永遠追不上他？很難說。所以不要死抱著「制數度」，一定要考慮「議德行」，不然，就會被所謂的高標準壓死。我們舉一個最實際的問題，像歐美這一套民主制度，真的可以直接搬到中國嗎？不可以。中國所代表的東方文化理念或德行完全不同，照搬只會讓中國被西方規矩束縛不前。唯有吸收其精華，靈活運用，這才是最好的「節」。可見，節卦需要「制數度」的客觀標準，又要有「議德行」的主觀靈活。

制數度，議德行

關於「制數度，議德行」，我覺得有必要再強調一下。「制數度」，是制度、量化有標準規範，而且要很細。像以前要制訂曆法，中國的曆法從堯的時候就開始了，曆法的制訂可不能閉門造車，不知要累積多少實際觀察經驗，才能制訂出來。「大衍之術」也是制數度，利用大衍之數，規定占卦法則，任何一個人不用十分鐘就可以學會這套方法，因為它是一套標準化程序，裡面就是數、度的控制。那套操作方法，也可以設計成電腦程序，因為它是有規範的，可以程序化。如果沒有這套占卦法則，就要靠天才、經驗，或者未卜先知了。所以數度的規範是有必要的。從大眾的角度來講，人們生活在哪一種制度下，就得受這種制度的約束。「制數度」不是為少數人而立的，而大家都得遵守的規範、法律、禮節、制度，必須要很精確，有固定的指標規範，不然就沒辦法管理。

但是「制數度」絕對不是一切，還要考慮特殊狀況，或是跟特定地方的風土民情不同的觀點，所以不能用一套規矩管所有的人和事，一定要考量各種特殊條件。那麼，就有「議」的空間，還得討論討論、加加減減。「議」是根據什麼呢？根據德行。德行無法量化，孔子的「德」是幾分？孟子的「德」、佛陀的「德」各幾分，怎麼量化？「議」需要「言」，「言」就要恰到好處，這就不是「數度」這般明確的了。孟子說：「徒善不足以為政，徒法不能以自行。」意思就是，光靠善心，不足以辦好政治；光有法度，也不會自動運作。也就是說，光有德行的善不能把政事管理好；光靠法度也不能讓政治自動運作下去。前者需要制度，後者需要德行，缺一不可。何況「人存政舉，人亡政息」的事時常發生，有一套客觀運作的制度規範，仲裁不會出大紕漏，法制可貴的地方就在這裡，但那不是一切，我們還是希望一個領導人有德行、有智慧，不希望是一個大貪污犯。

可見，「制數度」有客觀的一面，「議德行」有創造性的一面，不能完全客觀化。評估一個國家的綜合國力，絕不是唯GDP論，GDP可以參考，這是硬實力，但還有其他的軟實力，譬如文化。這就是「數」與「德」的關係。《易經》除了結與解、人與天、情與理之外，還有就是「數」與「德」的對照關係，亦即不能唯數量主義，也不能唯德主義。最好的「節」就是既要「制數度」又要「議德行」，在數度的基礎上，適用於這個國家的不見得適用於那個國家，但它一定有共通之處，可以因時因地制宜。為什麼衍卦容易斷卦難？因為衍卦只是「制數度」，教一下就會了；「大衍之數五十，其用四十有九……」有標準化模式可依循，不難掌握。可是為什麼斷卦難呢？這就涉及「議德行」，你的生命經驗、學習程度，就是沒辦法量化的德行。所以，每個人都會算卦，但不一定每個人都會斷卦，因為德行有深淺高低，那就得「議」了；隨著德行深淺，判斷的準確性也不一樣。像中醫的脈診。中醫說把脈有寸關尺，但每個人的寸關尺不一樣，無法用數據去規定，所以把脈只能靠經驗，也就是智慧。

「數」與「德」的關係，其實就是革卦第五爻「大人虎變，未占有孚」，革命領導人的智慧超過占卦，也就是「德」超過了。像姜太公焚龜殼、折蓍草，不信當時卜筮的結果，武王伐紂的革命還是得以成功，原因就是「未占有孚」。所以「數」不是一切，「數」可以控制很多事物，但是「德」就可以超越。像我們都在三界中輪迴，佛菩薩可以跳出三界外、不在五行中。大多數人在三界五行中，就是氣數輪迴，就得受制於「數」。沒有「數」，又沒有後天的超人修為，當然就受制於氣數。《易經》為什麼能預測吉凶呢？因為它是自然的智慧，是無私的，沒有個人的欲望私心在其中。所以一旦掌握到自然規律，當然就可以超越限制。二〇〇八年金融風暴發生後，英國女皇曾問英國那些諾貝爾經濟學獎得主，怎麼沒有人預測到金融風暴呢？每一個人都啞口無言。但《易經》早在前幾年就已預測將會爆發金融風暴。這就說明，「制數度」的空間是有限的；「議德行」的空間無限，德高鬼神驚，有超越的法門。像益卦君位，「有孚惠心，勿問元吉」，什麼也不用問，只要有利他心，「德」已經超越定數的層次，所以「有孚惠我德」。

這就是「數」與「德」的關係，很重要。數度可以制訂，德行要議，二者結合起來才是最好的「節」。很多的制度，民主也好，環保標準也好，都可以納到節卦中思考。去解決問題，面對問題，不要逃避，也不要遮蓋過去。

節卦〈彖傳〉

〈彖〉曰：節，亨，剛柔分而剛得中。苦節不可貞，其道窮也。說以行險，當位以節，中正以通。天地節而四時成。節以制度，不傷財，不害民。

我們看〈彖傳〉。「節，亨，剛柔分而剛得中。苦節不可貞，其道窮也。」節卦為什麼亨？因為「剛柔分」、「剛得中」。「分」是半的意思，「男有分，女有歸」，男人是一半，女人是必要的另一半，這一半加那一半就成為一個完整的圓。「剛柔分」指節卦六個爻三陰三陽的佈局是剛柔各半。這也就是節卦最美的地方，陰陽調和，充滿節奏感，就像男女都找到自己的另外一半，而不是所謂的剩男剩女。理論上來說，如果完全按照自然規律，男女數量大概就是一比一的，但如果突然發生戰爭，男人戰死的很多，那就會有問題。節卦除了三陰三陽，均衡分配外，還有「剛得中」，即「九二」、「九五」這些陽剛、有實力的爻，都佔據上卦下卦、內卦外卦居中的位置。節卦中間四個爻合起來的頤卦，就是靠「九二」、「九五」的支撐。所以節卦陰陽分配是一比一，關鍵位置上是「剛得中」，這樣才撐得起節卦亨通的骨架。以人的身體來說，「九五」代表脊柱中正，「九二」代表膝關節結實，而且剛還能柔，能夠屈伸自如。

「剛得中」，這是節卦的關鍵。那麼「苦節不可貞，其道窮也」，則說明「苦節」絕對行不通；少數可以做得到，但不可能行於多數人；從理論到實踐來說，大多數人是永遠不可能做到的，這就絕對不是大道。「大道之行，天下為公」，節卦的制度規範不是針對少數人，少數人是可以在「制數度」的大框架下「議德行」，作特殊處理，但不能沒有任何規範。「苦節」是只有少數人做得到，甚至人家看他苦，他卻不以為苦，即便如此也不行；不可為常，所以「苦節不可貞」。如果一定要這麼幹，甚至要求所有人都這麼幹，「其道窮也」，一定行不通。少數人在特殊時候，會有非常人的作為，我們覺得他真了不起，可是想想看，一般人都做不到。因為這些舉動是特殊狀況的舉動，像譚嗣同選擇等待被捕，林覺民訣別新婚妻子，都是毅然赴死。如果是一般人，會有這樣的選擇嗎？當下是不可能的。坦白說，如果我是周文王姬昌，看到大兒子的肉醬，我早就向紂王投降了，絕對不會吃下去再吐掉。因為我做不到，所以我就不是文王。那麼，我們就不能用文王的標準來要求大家。這就是普遍與特殊的區別。「苦節」是特殊的，「不可貞」是普遍的；如果堅持「苦節」，「其道窮也」。少數人的堅持往往也是一種傲慢，要求眾生都照他的路走，憑什麼呢？

「說以行險」，「節」是要尋求快樂的。節卦當然有風險，人生有種種風險，像上卦坎就是坎險當頭。但你要過河，就要掌握「節」，承認內心的兌有合法地位，設法快快樂樂地過河；要法喜充滿、心甘情願，或者忘勞忘死。可是不能亂來，亂來絕對有險。換句話說，所有的「節」都是要帶給絕大多數的人內心歡樂，為什麼苦節不可取？明明應該是很快樂的，為什麼在這種制度規範下，大家都愁眉苦臉、滿肚子心思？所以這個「節」一定有問題，制度一定要改。「說以行險」就是節卦的理想。

「當位以節，中正以通」，這是講「九五」。「當位以節」就是做一個模範典型。節卦只有「九五」中正，所以節卦的君位特別重要。「九五」當位，這是肯定的，「以節」是說領導人自己有規範，但他又過得很愉快，歡喜做、甘願受，故「九五」曰「甘節」，心甘情願。如果一個領導人「說以行險」，在坎險之中甘之如飴，「當位以節」，我們就要見賢思齊，注意他為什麼可以在坎險中這麼快樂。如果他苦不堪言，哪還有人願意跟他自找苦吃？「中正以通」，「通」就是「亨」，人生一定要通，不通的事做起來沒有任何意義。很多痛苦就是不通造成的。「九五」中正，可以靈活變通，一點都沒有問題。

「天地節而四時成」，「天地節」是指節氣，「四時」指春夏秋冬。節氣很重要，這不用強調。革卦〈彖傳〉也說「天地革而四時成」，和節卦如出一轍。關於「四時」，〈彖傳〉比較重視，觀卦（䷓）、豫卦（䷏），一個是觀察自然，一個是預測自然，都強調「四時不忒」，需要百分之百精確。「天地節」才能「四時成」，代表節也是隨著節氣的變化而變。一年二十四節氣，十五天就變一次「氣」；分得更細一點，五天就變一個「候」，想一成不變是不可能的。一年四季，每一個「節」都不一樣；到一個新的階段，衣食住行都得變化。「天地節而四時成」，可見人生也需要隨時變化，而且變得恰到好處，合乎「節」的時位需求，這樣就能成功。

「節以制度」，這是再一次強調，要根據節卦的原理來制定制度。自然界有很多「節」，我們的身體也有「節」，像心臟、血壓的節奏，都有一定的檢測標準。這就是「節以制度」。如果出現所謂的「三高」（高血壓、高血糖、高血脂），那就要小心了。一旦出現「三高」的任何一項，就會出現相應的疾病，這時難免要花錢看醫生。節卦的制度就是為了「不傷財不害民」，所有的制度規範，如養生是為了保養身體，法律法規是為了維持整個社會、國家，乃至世界的和平，這些都有基本原則，就是不要勞民傷財。《論語》講為政之道，就說「節用而愛人，使民以時」。這裡的人和民屬於不同的概念，人是當官的，民就是基層老百姓。所有的用度開銷要節省，每一個錢都要花在刀口上，這是愛護當官的人；使喚民眾服役，要根據時節的變化。總之，「不傷財、不害民」的根本目的就是不要造成傷害。節卦強調追求樂、追求甘，就要重視成本效益，不要造成傷害。「說以行險」，人生處處是險，但仍然可以在行險中充滿法喜。

節卦各爻之間的對照分析

要瞭解節卦六個爻，有一個對初學來講的方便法門，亦即標準組和對照組。節卦六個爻可以用對照組的形式分成三組，形成明顯的對照。

「初九」、「九二」是「地」位，從爻辭看就知道是剛好相反的對照組。這就是「節」之所以難的地方。差一個爻，作法完全不一樣。如果到了下一個爻還按照前一個爻的作法，那就完蛋了；如果時機未到，就預先採取那個時位的作法，也會完蛋。「初九」跟「九二」是一組吉凶迥異的爻，其實只差一個爻，但時、位完全變了。一個「不出戶庭，无咎」，一個「不出門庭，凶」。

「六三」、「六四」是「人」位，「六三」的「不節」和「六四」的「安節」，形成明顯的對比；一個不遵守規範，一個樂於接受規範，完全按照制度行事。

「九五」跟「上六」是「天」位，一個「甘節」，一個「苦節」，甘、苦是兩種截然不同的態度。面對「節」的態度不同，結果也不同。

這是對照的關係，另外，我們還要參考承乘應與的關係。值得重視的是「六四」跟「九五」的關係。「六四」陰居陰位，「九五」中正；「六四」跟「九五」是陰承陽、柔承剛的關係。「九五」

是領導人，「六四」是實際做事的高幹。但「六四」、「九五」統統陷在坎險中，所以「六四」要跟「九五」形成緊密的盟友關係。我在坎卦一章就說過，想要擺脫連環的坎險，最重要就是坎卦（䷜）「六四」跟「九五」之間患難同盟的合作關係。坎卦第四爻是關在死牢的政治犯，只靠一個狗洞跟外界聯絡；坎卦第五爻就要有大氣度，可以容忍內部有不一樣的聲音，維持動盪中的平衡。節卦上卦為坎，所以「六四」絕對不能跟「九五」唱反調，要合作、結盟。如果坎卦「六四」、「九五」充分合作，兩爻齊變就成為解卦（䷧），動而免乎險，坎中得解。不但節卦如此，其他上卦為坎的卦都是如此；「六四」跟「九五」的關係一定要處理好，如水天需（䷄）、水地比（䷇）、水風井（䷯）、水雷屯（䷂）、水火既濟（䷾）、水山蹇（䷦）。

再看節卦「上六」跟「九五」的關係。這是很負面的關係，陰乘陽、柔乘剛；「上六」是走極端的大老，對「九五」的「說以行險，當位以節，中正以通」造成負面干擾。如果是節卦的「九五」，要怎麼應付「上六」的糾纏？兩者一個甘、一個苦，但甘和苦也是有關係的。我們常常講要跟人同甘共苦，甘一定是由苦陪襯打底，才可以回甘；沒有苦，哪來的甘？所謂的苦盡甘來就是如此。換句話說，你沒有吃透苦，根本就不知道甘；苦盡了，甘才會來。中藥裡面有一味藥叫甘草，是五行中扮演中央土的角色，起著厚德載物的作用，負責維持各方面的平衡；在中藥配伍中，甘草可以調和諸藥，是不可或缺的角色。甘一定是帶著苦味的，沒有前面苦的歷練，深層醇厚的甘甜境界一定出不來。所以吃苦就如習坎，有其必要，只有超越苦境，才有無窮的甘甜回味。道理是如此，但是落實到爻的時候，苦和甘，你會選擇哪一個？一個是領導人，一個是過氣的大老。苦會干擾甘，陰乘陽、柔乘剛，大老會因為個人所求不得而苦，希望當權的人犧牲「甘節」，讓大家跟他一起受苦。那麼，「九五」面對「上六」這樣的要求，要如何應對？這都是「九五」要考慮的。

「六四」跟「九五」的關係是正面的，「上六」對「九五」的關係是很負面的。此外，還有一個不好的承乘關係，即「六三」跟「九二」。跟前面的兌卦一樣，內卦是兌的「六三」都會要老命。歸妹卦「六三」「歸妹以須，反歸以娣」，對「九二」的「幽人之貞」就造成干擾。「六三」不中不正，又處於人位，是典型的「三多凶」，對「九二」陰乘陽、柔乘剛，管不住內心的情欲，情欲蒙蔽理智，還會遵守那些基本規範嗎？所有內卦是兌的問題都出在這裡，所以「六三」跟「九二」的關係要好好調和。

那麼，應與關係呢？當然都有，最好的應與關係是陰陽配，但節卦只有一組，即「初九」跟「六四」，二者相應與。「六四」陰居陰位，「初九」陽居陽位，「初九」是節卦的民間基層，「六四」是中央的執政階層。「六四」在制定所有的管理制度時，都要為「初九」多方考慮，要好好服務基層群眾。

節卦六爻詳述

二爻：保守過度

九二。不出門庭，凶。

〈小象〉曰：不出門庭，凶，失時極也。

在講第二爻之前，我們先分析「初九」、「九二」的時位關係。「初九」是「不出戶庭，无咎」。〈繫辭傳〉中，孔子對這個爻頗為看重。「初九」想要无咎，最好是大門不出、二門不邁，做宅男、宅女比較好。也就是說，節卦初爻要內斂，潛龍勿用，不適合外出。可是「九二」說「不出門庭，凶」。「不出戶庭」就無咎，「不出門庭」就凶，差一個爻，結果截然不同。道理很簡單，因為「潛龍勿用」的時候，沉潛沒問題；到了「見龍在田」的時候，沉潛就是浪費機會。一爻之差，環境就產生巨變，作法當然得調整。在「初九」的時候龜縮，待在家裡靜修、靜養，絕對无咎；可是一旦環境發生變化，進入第二爻，就要進入社會了。如果在該現身的時候還不出門庭，當然凶。

「九二」「不出門庭」，結果凶，原因何在？〈小象傳〉說：「不出門庭，凶，失時極也。」這句話批判得很重。《易經》就是教我們要瞭解時，千萬不能錯失時機；此一時也，彼一時也，在該出門庭的時候，以為還是初爻，不知道環境已經變化，結果還是「不出門庭」，那對不起，立刻從「无咎」轉為「凶」。因為環境變了，你的對策沒有跟著變。所以〈小象傳〉的批評毫不客氣，說這是不識時到了極點，就差沒罵你太呆、太笨，這麼好的機會，該出手時不出手，機會稍縱即逝；而且這個機會可能一輩子就這一次。這樣看來，「失時極」的批評還算是客氣的了。

該動不動，該出手時不出手，「九二」過於審慎保守，「不出門庭」、錯失時機，爻變就是屯卦，回到資源匱乏的洪荒時代。另外，從身體來講，節卦第二爻就是成年人的膝關節出問題，又變成屯卦的嬰幼兒，要在地上爬了；再不然就是坐輪椅或拄拐杖。可見，「九二」該出門時不出門，結果喪失資源，永遠在野，回到嬰兒時代，膝關節不足以自立。

初爻：守時待變

初九。不出戶庭，无咎。

〈小象〉曰：不出戶庭，知通塞也。

初爻「不出戶庭」，九二「不出門庭」。門跟戶的差別，不是我們一般所說的門就是門、戶就是窗戶。而是說，單扇的門稱「戶」，雙扇的稱「門」，合起來就是門戶。與外界相對而言，門戶一定是封閉的。所謂清理門戶，就是要把門派裡品行不良、或者違規的人排除在這個圈子之外。舊時的大戶人家，一般大門都是雙扇的，平常出入都走單扇的戶，有重要人物到訪，一定是中門大開。「初九」是單扇門，因為從卦象上看，前面的「九二」是陽爻，一根線，代表一扇門。「初九」為什麼說「不出戶庭」？因為前面有一個陽爻「九二」擋道，出不去，所以不能動；這就是陽遇陽則窒、陽遇陰則通的道理。為什麼到「九二」就不稱「戶庭」而稱「門庭」呢？因為「九二」前面的「六三」是陰爻，是敞開的一片坦途，陽爻就可以挺進陰爻的地帶。陰爻是兩根線，就像雙扇的門。

對「初九」來講，他的障礙是擋在前面的戶庭，因為「九二」是一根陽爻，戶在內室，門在外室，中間的區域就叫「庭」。以前的房子，內室只有戶，通常都是單扇門，不會有雙扇大門，外面有個庭院，但還是家的範圍。對「初九」來講，要往前走是不可能的，因為「九二」卡在那邊。「九二」就是一扇門的戶庭，「初九」有「九二」擋在那邊，它就「不出戶庭」，出不去。「九二」前面的門則是敞開的，它的前面是「六三」、「六四」，推開大門，就是房子以外的地方，當然不受限制。

「初九」待在宅子最裡面，是內卦最深的地方，屬於內室，只能叫「戶」。老子說：「不出戶，知天下；不窺牖，見天道。」人待在房間裡，連門都不開，在裡面參禪就知道天下事；不窺探窗戶外的天空，一樣可以知道天體運行的規律。以前的房子，戶裡面是內室，推開戶就是庭院，庭外面是大門。成語「登堂入室」，就是進入最裡面的房間，也指學到最深的道理、進入最高的境界。

初爻「不出戶庭」，把自己關在臥房或書房，別想出去；因為出去沒用，也出不去。等到二爻，形勢已經開朗，就可以往前走了。「初九」走不了，因為前面有「九二」擋道；「九二」可以出去了，但判斷錯誤，以為還是「不出戶庭」的環境，不肯把大門打開，結果錯失時機。同人卦（䷌）第一爻稱「同人于門」，隨卦（䷐）第一爻稱「出門交有功」，都是說形勢不同、場域不同、時機也不同。

「初九」「不出戶庭」是正確的，所以无咎。〈小象傳〉說：「不出戶庭，知通塞也。」通、塞是兩種形勢的判斷。「通」是亨通無阻，絕對可以行動；「塞」就是形勢不可以有為，必須留在戶庭內學習，充實自己。「初九」看準形勢，採取「不出戶庭」的作法，所以无咎。如果硬要闖出去，下卦兌澤的底部洞開，陽爻變陰爻，由實轉虛，本來下卦是兌，要裝上面坎卦的水，現在莫名其妙把澤底打開，水就洩光了，這就是爻變為坎卦（䷜）。節卦是因為倉庫中有資源，水庫的目的就是調節資源，結果底門洞開，爻變為坎卦，就有無限的風險。初爻看似容易，一旦面臨人生大事，或是組織中的關鍵時刻，若無法判斷形勢是通是塞，就會如第二爻「失時極也」。

節卦「初九」要審慎，連家裡的院子都不敢去，內戶不開，就待在屋裡，除了爻辭所說的原因，還有一個原因。在什麼情況下要把自己鎖在小房子裡？道理很簡單，因為節卦初爻前面是渙卦，渙卦也代表傳染病流行，在病疫流行的時候，你敢出門嗎？在外面隨時都可能被傳染，像非典（SARS）那段時間，很多地方都是封城、封村，外面的人不准進來，裡面的人不准出去。臺北在最嚴重的時候，大家連密閉空間都不敢去，都得待在家裡當宅男宅女。所以渙到極點，社會上就會出現節卦初爻的象，大家都躲在家裡。渙是無所不在的，對傳染病來說，渙卦就是大道。這個大道可能是謠言，可能是病毒，也可能是金融風暴。所以外面不安全，那就只好待在家裡。

〈繫辭傳〉說節卦初爻

孔老夫子超重視節卦初爻，〈繫辭傳〉對節卦初爻也有重點分析：

「不出戶庭，无咎。」子曰：「亂之所生也，則言語以為階。君不密則失臣，臣不密則失身，幾事不密則害成。是以君子慎密而不出也。」

《中庸》說：「喜怒哀樂之未發，發而皆中節。」節卦第一爻就是如此，不能發的時候不發，不可以生氣的時候不要生氣，不該講的話就是話到唇邊也要留半句。不然話一出去，就要承擔洩底的後果。〈繫辭傳〉說，「不出戶庭」，就是節卦基層安定，社會就不會亂。如果基層民眾亂了，統統出戶庭，上街抗議，群眾運動一旦形成，就變成了無限風險的坎卦。這個爻的重要就像「潛龍勿用」和「履霜，堅冰至」一樣，一動不如一靜，對形勢要有精準的判斷，不能輕舉妄動。「亂之所生也，則言語以為階」。「言」是正式的言論，「語」是比較輕鬆的口頭語，不管是「言」，還是「語」，都不能亂講。社會是怎麼亂的？人際關係怎麼亂的？就是因為有些人言語不節，變成亂之階，讓一個安定的狀況往混亂的狀況發展。所以言語要謹慎，不確定的事不要亂講。

「君不密則失臣，臣不密則失身」，這是一句千古名言。在國家或組織中，領導人、老闆也要守密，要含章括囊，否則就可能導致整體陷入危機。「君不密」就是領導人、老闆沒有守住該守住的；「則失臣」，下面的人看了就寒心，想說幫上面的人做事太危險，搞不好自己會被出賣滅口。同理，「臣不密則失身」，如果部屬不守業務機密，就得掉腦袋。這樣看起來，老闆沒守密，只是失去下屬的忠心支持；如果下屬不守密，就有可能被幹掉。難怪大家都拚命想做老闆。

「機事不密則害成」，如果不懂得守密，人生就不會有成功的機會。「是以君子慎密而不出也」「不出」就是「不出戶庭」。「慎密而不出」，就是不會亂講話。有時話到唇邊還得忍耐一下，要是洩漏天機，將來會有大禍患。

三爻：自討苦吃

六三。不節若，則嗟若。无咎。

〈小象〉曰：不節之嗟，又誰咎也？

第三爻是最不守規矩的，「不節若」，「若」是語尾副詞，「不節」就是不願遵守規矩。大家都守規矩，就你不守，「則嗟若」，就得接受處罰，那你就只有歎氣的份，因為制度絕不會放過你。「節」是為大多數人設計的，若有人想要不節——不遵守規矩，一定會受到處罰，那他就只好歎氣了。「无咎」，那就要懂得補過。

〈小象傳〉說：「不節之嗟，又誰咎也？」自己不守法、不守規矩，結果招致懲罰或警誡，怪誰呢？誰也不能怪，不能怨天尤人；大家一視同仁，都得守節，即使貴為領導也不例外。那麼，就會有人說了，此一時、彼一時，該怎麼辦？還是一樣，因為不同的「時」、有不同的「節」，窮則變，變則通，不然永遠有特例。所以在一個法規、制度範圍內，在沒有新的規範出來之前，大家都得遵守，賞罰一視同仁。法貴明確，「六三」就是陰居陽位，感情用事，亂講話，不願規範自己的行為，所以一定要接受讓他歎氣的懲罰。這很合理，如果大家都不守規矩，那麼修法也沒有用。第三爻爻變為需卦（䷄），也就是說絕對有這個需求，任何法的存在，都是為了大多數人；想要維繫人心，就不能有特權。

四爻：遵紀守法

䷻

六四。安節，亨。

〈小象〉曰：安節之亨，承上道也。

第四爻就懂得遵守制度、禮法。人有守法的義務，這是最起碼的。人常常要求別人守法，自己卻不守法。「安節」，就是安於節制，對於「節」，他完全能夠在制度範圍內安心，是什麼就是什麼；修沙彌戒就修沙彌戒，修羅漢戒就修羅漢戒，修菩薩戒就修菩薩戒；不去挑戰權威，不膨脹個人欲望，完全安於節制。循規蹈矩的同時，也覺得很坦然，不會想違抗、推翻現有制度。這樣的結果就是「亨」。節卦卦辭第一個字就是「亨」，落實到實際操作的爻，要到中央執政高層「安節」才會「亨」，這是一定的。如果管理階層不守法，下面的人怎麼守法呢？

《易經》已經到了第六十卦，我們會發現，爻辭稱「亨」的很少，記憶中只有第十四卦大有卦（䷍）的第三爻稱「公用亨于天子」，「亨」有「通」的意思，也有「犧牲享受」的意思，也就是說，人通過祭祀可與天地鬼神溝通。還有升卦（䷭）的第四爻「王用亨于岐山」，周太王遷國於岐山，反而是亨通的。還有隨卦上爻稱「王用亨于西山」；益卦（䷩）第二爻稱「王用亨于帝」（亨也是亨）。爻是卦中的某一個點，在節卦中，「六四」是一個生長點、火車頭，這個點的發酵，會造成全局亨通，所以領導階層的守法會造整個節卦的「亨」。最大的亨通是天地通，其次是人與自然通、人與人通，這是「亨」的境界，也是節卦的特徵，絕對不要小看。個人沒有那麼特殊，再了不起的人，該守的還是要守。不守規範的人，一定會造成人心不平，遲早出事。

〈小象傳〉說：「安節之亨，承上道也。」上是誰？就是「九五」，「九五」就是〈彖傳〉中講的「當位以節，中正以通」。「六四」上承「九五」，下應「初九」，是不是要為民表率？如果當官的不能「安節」，就不會有「亨」。「初九」為什麼要「不出戶庭」？因為一出門就是上街抗議，導致社會混亂。「六四」爻變是兌卦（䷹），很高興、心甘情願，因為自己該遵守的都遵守了，沒有特權，願意用開放的心態與人溝通。尤其四爻的角色很重要，承上啟下，所以把節卦卦辭的「亨」擺在這個關鍵點上，如果這個點亨通，全局都會「亨」。

上爻：禁欲苦行

上六。苦節，貞凶。悔亡。

〈小象〉曰：苦節貞凶，其道窮也。

「九五」跟「上六」是一組對照的爻，先講「上六」。「苦節，貞凶，悔亡」。我們不是第一次碰到「貞凶」，像巽卦上爻的「巽在床下，喪其資斧」也叫「貞凶」。自己覺得正、覺得對的，認為那是正道，可是固守的結果是凶。想用「苦節」禁欲的人總認為自己是對的，自己是聖人，完全沒想到自己已經是亢龍，跟大部分的人合不到一起，光是樹立一個個人做得到、別人做不到的標準。下面〈小象傳〉就直接告訴你：「苦節貞凶，其道窮也。」〈彖傳〉也說「其道窮也」。〈彖傳〉可能是直接抄〈小象傳〉的，因為〈小象傳〉在先，〈彖傳〉在後。比較有意思的是，「苦節，貞凶」本來已經寫完了，為什麼還要來一個「悔亡」呢？我們強調過，渙卦第二爻「渙奔其機，悔亡」，第三爻在「悔亡」的基礎上，就可以「渙其躬，无悔」，很多卦是前面一個爻「悔亡」打下基礎，後面的爻才有「无悔」的可能。

對於少數派來說，他能夠行常人之所不能，願意犧牲一般的願望，去追求某一事物，「悔亡」。但是不要把這個框框加在大眾身上，那是另外一件事。人可以律己，但不能用相同的標準要求別人。還有一種就是「苦節，貞凶」，真的是鑽到牛角尖，行不通。這時就要想辦法調整，讓「悔」變成「悔亡」。如果走「苦節」的路子，很可能有「悔」，所以年輕的時候，要早做決斷，如神父趕快還俗，和尚趕快蓄髮娶妻。「悔亡」就是積極處理，因為「苦節」這一條路行不通。那就不要走到底，趕快回頭！爻變是中孚卦（䷼），芸芸眾生會有「苦節」出現，因為他有信仰，仁者見之謂之仁，智者見之謂之智。人有選擇的自由，但不要認為你信仰的就是無上真理，所有人都要向你看齊。人的思想產生信仰，信仰產生力量，不管是正是邪，影響力都很大。蘇武到北海牧羊那麼久，大漢到底值得不值得他守節？這一點我們不知道，但蘇武覺得心裡舒坦。舊社會有很早就守寡的小婦人，要經受難熬的青春和孤獨的年老歲月，可是她還是想爭一塊貞節牌坊——這跟節卦也有關係！在那個時代，如果真有那麼深的感情，守節自然有理；如果沒那種感情，為了一塊牌坊去守寡，我覺得大可不必。

五爻：苦盡甘來

九五。甘節，吉。往有尚。

〈小象〉曰：甘節之吉，居位中也。

「甘節，吉。往有尚。」「甘節」跟「甘臨」不同，「甘」是很深厚的人生境界，苦盡甘來；甘中一定有苦，甘、苦的味道是分不開的。臨卦（䷒）第三爻是下卦兌的開口，稱「甘臨，无攸利。既憂之，无咎。」三爻耍嘴皮，習氣壞，能稱「甘」嗎？根本不行。只有到節卦第五爻才有這種人生歷練，而且真是吃過苦的，吃苦當吃補，而且他在裡面真正覺得有創造性的快樂。這就是「甘節」。「九五」是君位，要「說以行險，當位以節，中正以通」，絕對不會強迫大家接受他的個人觀點，一定是在合情、合理、合法的情況下，讓大家都享受「甘」的滋味。可見，「節」不是要求苦，而是要求甘的。如果一些規範制度讓大家苦不堪言，為了維持「節」而不搞社會革命、不修法，那就一定會出問題。制度是人創造的，為什麼不能修改呢？「甘節，吉。」這是「節」的目標。

「往有尚」，心嚮往之曰「尚」。坎卦是「行有尚」，「行」跟「往」不同，「往」是「行」之有主。「九五」深陷坎險，但是身心愉快。不但他自己愉快，跟在他身邊的人也都嘗到甘的滋味。〈小象傳〉說：「甘節之吉，居位中也。」這不難解釋。「九五」本身就是當位的，既中且正。爻變是臨卦。我們說「甘節」跟「甘臨」有關，從爻變也可以看得出來。「節」是有很多規範要守，「臨」是開放自由、創意無窮。可見，紀律、創意可以並存，在甘節這個領導人物身上合二為一。臨卦「教思无窮，容保民无疆」，過分的開放自由也有可能出現八月之凶。但臨卦第五爻「知臨，大君之宜，吉。」爻變就是節卦。臨卦是創意自由開放的，節卦要守很多規範；功力不夠的人會覺得守規範就失去自由，要自由就不要守法，其實那是四爻以下的境界。臨卦第五爻和節卦第五爻爻變，臨變節，節變臨，自由、紀律並行不悖。誰說自由跟規範一定是牴觸的？只有修到臨卦第五爻跟節卦第五爻，自由和紀律才能融洽合一。

這個爻跟渙卦的「渙汗其大號，渙王居，无咎」，是一體相綜，是人生一輩子都未必修得到的境界。渙卦是一種整合，要讓氣血流通，一定要運動到大汗淋漓，裡面的氣就通順了。當運動一遍一遍出汗的時候，就會覺得「甘節」、好愉快。如果光運動沒有流汗，就沒有「甘」可言。所以運動要有實效，一定要「渙汗其大號」，然後享受苦盡甘來的無限暢通。這是從個人的身體來講，其實整個社會、宇宙也是一樣。

占卦實例1：歷史上的名占——關公斷頭

節卦「九五」這一爻，歷史上曾有一個著名的占例。此一名占和武聖關公有關。關羽敗走麥城，大意失荊州，那時東吳易學名家虞翻占問關羽未來命運，結果就是節卦第五爻：「甘節，吉，往有尚。」爻變是臨卦。他說，不出三日，關羽一定斷頭。結果說對了。那麼，他是根據什麼判斷關羽活不過三天？一般來說，「甘節，吉，往有尚」，不是很好嗎？結果關羽失敗被擒，然後被殺頭。他的頭被送到曹操面前，把曹操嚇出一身病。我們如果看到虞翻占到這個爻，一定以為關羽轉危為安，跑掉了。其實他死了。不過他的死也是好事，他一死，倒使他的忠義千秋永存，被封為「武聖」，後人為他立廟，享祀千古。如果當時關公逃掉了，沒有成仁，估計他一輩子也無法輔佐劉備做上皇帝，最後還是得失敗。所以，他賺大了，變成神。爻變為自由自在、無窮無疆的臨卦。人在有形的時候，要守很多規矩，伸手伸腳都會碰到很多障礙；等到變成無形的臨卦時，要去哪裡就去哪裡。現在到處都有關公廟，他已經完全擺脫人生的枷鎖。

如果只看關羽當時的表現，他其實沒那麼偉大，所以他死得其所，估計他自己也沒想到。那麼，我們回過頭來分析這個斷頭的第五爻。虞翻的斷占沒有從爻辭判斷，他是從象來判斷的。世俗人總是貪生怕死，占生死時，總想看爻辭有沒有好話，而不會看卦象、爻象。其實，占生死如果是占到渙卦或節卦，結果就是「不成功便成仁」。節卦是第六十卦，六十代表氣數已滿，而且第五爻是君位，爻變是臨卦的无窮无疆，死了更是自由自在，想去哪兒就去哪兒，等到成神之後什麼問題也沒有了。這是關羽的生死占。占卦如果占到這種結果，尤其問的是生死，一定要超脫世俗的眷戀，別以為爻辭很好，其實是氣數已滿，即將離世。這時就要練習想開點，用更廣闊的觀點來看問題。

占卦實例2：國際金融形勢

二〇一〇年國際金融形勢是不變的節卦。換句話說，要有一定程度的節控，不能像二〇〇八年一樣，一發不可收拾。二〇〇八年的國際金融形勢，我在前面相關的卦提到過，結果是「遇困之渙」；二〇〇九年的國際金融形勢則是「遇蒙之渙」。渙卦跟節卦相綜，二〇一〇年的對策是不是因為有渙散的危機，故必須「節」？照卦序來看，確實如此。有了「渙」，一定要想辦法「節」，不然就會無限擴散。

二〇一一年的國際金融形勢是「遇蒙之師」；蒙卦（䷃）第六爻動，爻變為師卦（䷆）。這是典型的貨幣戰爭，要用「擊蒙」的嚴厲手段；像歐盟那幾個國家，不「擊蒙」行嗎？蒙的第六爻在二〇一一年出現，跟二〇〇九年當然有關係。二〇〇九年國際金融形勢是蒙卦第五爻動，爻變為渙卦。也就是說，二〇〇九年到二〇一一年，從蒙卦第五爻走到了第六爻。

那麼，二〇一二年的國際金融形勢卻又回到二〇〇八年的卦象，困卦（䷮）的第四爻、第五爻動；這和國際金融管理的領導階層、執行階層的舉動有關，兩爻齊變為師卦。這和二〇一一年的「遇蒙之師」大有關係。時隔四年，困局又來了，一籌莫展，然後又得打一場金融管理戰。困卦五爻、四爻，光看爻辭就知道不好搞。

占卦實例3：究竟要不要出門

一九九七年間，臺灣空難頻傳，搭機成為畏途。一位學生占問他這輩子會不會遭遇空難？為節卦初、二爻動，齊變有比卦之象。問得貪心而籠統，答得簡潔又巧妙！節卦「初九」爻辭：「不出戶庭，无咎。」不該出戶時，若出則遇險。「九二」爻辭：「不出門庭，凶。」該出門時，龜縮不出則貽誤時機。比卦是與外界的聯絡互動，中節就好，這當然永遠不會錯！人在臺灣海島，不坐飛機如何與人接觸？人與《易經》鬥智，永遠也贏不了！

信受奉行——中孚卦第六十一（䷼）

豐、旅、巽、兌、渙、節的卦序分析

經過漫長的奮鬥，終於到了最後四個卦——中孚、小過（䷽）、既濟（䷾）、未濟（䷿）。我曾多次強調卦序上最後這幾個卦串連起來的意義。《易經》走到最後，就到了總結的時候，所以意義特別深刻。從旅卦（䷷）開始，漂泊不定的人生旅程，最後卻什麼都留不下來，人生的困惑於焉產生——為什麼要來世間走一趟？這就是巽卦（䷸）的深入思考了。巽卦是《易經》憂患九卦的最後一個卦，我們常視同為佛教的末法時期，一切變化都是稀奇古怪、千變萬化、高度動盪，人在這種時候，難免心浮氣躁、無所適從。為了安身立命，就要下最深入的巽卦工夫；選擇一個跟自己的才性、根器、興趣最適合的領域深入，解決人生旅程中的困惑。

這就是旅卦帶來的問題，也帶出後面一系列的反思；從第五十六卦的旅卦到第六十四卦的未濟卦，這九個卦值得一提再提、一想再想。巽卦有選擇和沉潛深入的意思，更重要的是要瞭解天命到底是什麼，每個人、每個時代有什麼天命？經過巽卦的沉潛深入，結果就是兌卦（䷹）的深造自得，對人生的體悟上升到真我的境界；挖到生命的源泉、探到真理的核心。如此就能左右逢源，取之不盡、用之不竭，產生兌卦的法喜、可以忘勞忘死地追求；並且把自己的體悟和喜悅跟少數人分享——「君子以朋友講習」。然後切磋琢磨，相互感染，最後再進一步擴大影響力，那就是由一個圓心往四處擴散的渙卦（䷺）。

渙卦具有多重象徵，除了有教化的象、還有渙散的象，是下經唯一在〈大象傳〉提到「先王以」的卦；意義特別深刻、也特別難以理解。在易學史上，能對這個卦解釋通透的十分罕見。我們若有機緣參透、理解渙卦，對於中國經典中最深奧的《易經》、《春秋》，還有從印度傳來的大乘佛法，就能理解得絲絲入扣。渙卦可以運用的範圍非常廣，小自體內風水營造的養生思想，大到宇宙、家國天下的教化廣被。另外，渙卦所傳播的種子也不能氾濫，要發而皆中節，要組織化、制度化，建立一套活潑的禮儀規範，那就是節卦（䷻）。而種種儀節又需恰到好處，既不壓抑人的創造力，也不過份膨脹個體自由；所以它一方面有「制數度」的客觀面，大家按規矩行事；一方面還有「議德行」的討論空間。它是一個活節，因為完全用客觀的制度規範無法淋漓盡致地表達生命的本體真相，所以還有「議」的可能。此外《易經》的學問中很重要的就是「數」。節卦是第六十卦，是滿氣數，是干支循環的大周天，也是《易經》修行的結論；超越了艮卦（䷳）和損卦（䷨），從下經人皆有情的咸卦（䷞）開始，既給我們帶來生命的愉悅，也帶來很多煩惱痛苦；從咸卦到節卦，經過整整三十個卦的各種嘗試，最後大家似乎都能接受節卦的建議，不壓抑、不逃避人性之本然，是人人都可以做到的；關鍵是如何恰到好處，也就是《中庸》所說的「喜怒哀樂之未發，謂之中；發而皆中節，謂之和」。

誠於中，形於外

「中」就是天下之大本，也是《中庸》的根本。由本就可以生生不息，創造無窮無盡的新事物。《易經》也是主張中道的，孤陰不生、獨陽不長，一定得陰陽配合得恰到好處。〈繫辭傳〉稱「一陰一陽之謂道，繼之者善也，成之者性也」，最後變化萬千，「陰陽不測之謂神」。造化很奇妙，任何事物之中皆有陰陽，如何達到陰陽和諧，就得靠後天修為。《中庸》稱「中也者，天下之大本也；和也者，天下之達道也。致中和，天地位焉，萬物育焉。」「中和」行遍天下，大家都歡迎；包括國際和平發展、人與人平和相處……。對天地萬物來說，「致中和」是最好的結果。這就是《中庸》參天化育的概念。

中孚卦也是化育的概念，跟《中庸》的關係密切到極點。上經的无妄卦（䷘）也談化育萬物，可以跟中孚卦互相印證。无妄卦是在上經接近天道演變的最後階段，中孚卦是下經人世演變的最後關頭，而兩個卦都與《中庸》的思想契合。那麼，就可以把《中庸》看成是這兩個卦的傳。无妄即沒有虛妄，就是誠，它前面頂著復卦（䷗）的天地之心，後面就是大畜卦（䷙）。无妄是內聖，大畜是外王；无妄是格物、致知、誠意、正心、修身；大畜就是齊家、治國、平天下。由內聖而外王，所以无妄卦有「元亨利貞」的象。

中孚的「孚」就是母鳥卵翼小鳥的象。從母鳥跟小鳥之間與生俱來的親子之情、上一代對下一代溫暖的照顧，引伸為誠信、愛心、盼望。換句話說，生命的本質是上一代對下一代的照顧。《易經》中沒有比「孚」字更重要的字，直到現在的話語世界，它還是很有生命力。卵生動物這種毋須質疑的親情，在胎生動物，就是教育的「育」字——嬰兒出生時頭下腳上的倒子之象。蒙卦一開始就講「育」的重要性——「果行育德」。蠱卦「振民育德」，无妄卦則推廣到全天下，不但「民胞」，而且「物與」——物與无妄，甚至「育萬物」。「孚」字跟「育」字就告訴我們卵生、胎生這兩大類生命形態與生俱來的親情，以及上一代對下一代的照顧，保障生命得以繁衍、永續。

年輕的生命需要上一代的呵護照顧，當然不是照顧一輩子，到了一段時間，就要練習自立，這就是中孚卦後面的小過卦。小過就是菜鳥練飛的象，在後天的學習過程中，要特別小心不要被習氣污染。「習」字就說明沒有任何人能照顧你，完全要靠自己。中孚是「學」，小過就是「習」。「學（𦥯）」字就是小孩雙手玩爻的象。爻象徵人生有層出不窮的問題，所以人生一輩子都要投入整個身心去學。中孚卦的卦形就是蛋殼的象，中間是空的，裡面有尚未具體形成的生命；等到生命化育出來，就會啄破蛋殼，然後就是小過卦的小鳥練飛，這就是「習」。

中孚卦的卦象也是妙到極點，上、下各有兩個陽爻，代表堅硬的保護層。中間兩個陰爻都是虛的，多凶多懼，代表正在孵化中的新生命；因為虛弱，需要上下都保護得非常周到，這就叫中孚，就是蛋殼裡的象。然後六爻全變就是小過卦。上一代的體熱傳導進去，溫暖融入蛋殼中的生命；到了一定的孵育期，小鳥破殼而出，這就叫小過。原來堅硬的初、二、五、上爻的保護層，統統解開，不再提供保護；原來蛋殼中流動的、還沒成形的「六三」、「六四」幼小的生命，變成了堅實的「九三」、「九四」，赤裸裸地面對沒有保護層的世界，必須自己練習飛翔。可見，從中孚到小過，從「學」到「習」，卦象就說明了一切。

大坎之象

小過卦是在不斷跌倒、不斷嘗試錯誤中成長。小鳥的本性就得練習飛翔，儘管會摔個半死，但它一定得靠自己學會飛翔。飛翔不是佛家所謂的醍醐灌頂，也不紙上談兵，必須一次又一次的練習，才能確實掌握飛翔的技能。也就是說，小過卦的實踐工夫，要去除一切依傍，它本身就是「習」，要不斷地習坎，所以有大坎之象。

從卦象上看，小過卦（䷽）天地人三才之位都是均衡的，可看作是一個放大的三畫卦坎卦（☵）。小過卦本身就是「習」，而且是後天的學習；坎代表坎險，需要不斷練習面對坎險。如何從菜鳥變成一飛沖天的無畏老鳥，而且能孵育下一代，這就是小過卦所要經歷、完成的。小過卦和坎有關，其特色就是三爻、四爻的人位是陽爻，而上面的天位是虛的，代表天時未至。這跟大壯卦（䷡）一樣。大壯卦下面四個陽爻看著很結實，但上面兩個陰爻——天位也是虛的。所以血氣方剛的少壯、發情的公羊怎麼衝都不能達到目的。一動不如一靜，跟小過卦一樣，天時未至，強求不來；梅子尚未成熟，只能強嚥口水。

不過，大壯卦跟小過卦還是有不同之處。大壯卦初爻、二爻是實的，地位也是穩固的；而小過卦兩個陽爻擠在中間的人位，天是虛的，天時未至，地也是虛的，連立足之地都沒有；要在習坎之中奮鬥，慢慢掌握實際的本領。掌握到一定程度，就能體察、印證中孚卦的理論。理論與實踐結合，自然而然就是下一卦既濟卦的利涉大川、修行圓滿。

可見，「誠於中」是中孚卦，「形於外」是小過卦。這也是佛教所說的信受奉行。中孚卦就是

「信受」。「孚」有「信」的意思，下一代接受上一代的教育。人生下來就得識字、學習，過程很漫長。所以中孚也像一個道場的象，跟外界隔離，營造一個專心學習的空間；因為上下都有保護層，在裡面學習，不必擔心外界的干擾。可是總有一天要走出象牙塔，那就是小過卦的「奉行」；面對天時、地利，去理解、印證中孚卦所學到的思想理論。信受的理論通過奉行，最後才能既濟得道。

小過卦有大坎之象，跟坎卦有關，坎卦又跟坤卦有關，因為先、後天八卦同位。同理可證，中孚（䷼）有大離（☲）之象。人類文明代代相傳，上一代累積的經驗交給下一代，這就是大離。「離」作為人類文明的象徵，又是火，又是一切生命的來源——太陽；而「離」的造字也包括鳥獸在內，「離」的右邊就是代表鳥類，左邊則跟獸類有關。古代的「離」最早是代表被捕獲的鳥，後來泛指山神獸，左右字形合起來就是鳥獸，代表卵生和胎生動物。「離」又代表網絡。換句話說，一切生命形態互相傳達生命的溫暖，都是你需要我、我需要你的網際關係，如同雌雄兩頭鹿親密地靠在一起；也包括「孚」跟「育」的親子關係，而且比較偏重上一代對下一代的照顧。這種生命跟生命之間的互動關係，怎樣的秩序才是最好的，怎樣才是互相信任、互相照顧？瞭解這些，才能領略生命的真諦，進入既濟卦的境界。當然既濟卦之後又有一個更高超的思想，那就是未濟卦的終而復始。

中孚、小過、既濟、未濟與坎、離的關係分析

中孚有大離之象，小過有大坎之象，下經最後兩個卦既濟（䷾）、未濟（䷿），是由坎卦、離

卦組成，這就和習坎、繼明的坎卦、離卦產生天人呼應的關係。不僅既濟、未濟是由坎、離構成，前面的中孚跟小過仍然跟坎、離有關；中孚是大離，小過是大坎。上經的坎卦、離卦前兩個卦是頤和大過卦。頤卦和中孚卦也是天人相應的。頤是養生，是一切眾生的生態圈；中孚是一代一代的生命傳承。瀕臨死亡的大過卦，跟小過卦也是天人相應的關係。

中孚卦的二、三、四、五爻形成一個最典型的卦中卦，就是頤卦（䷚）；是蛋殼中的一個生態，是充滿溫情的世界，如同老師照顧學生、父母照顧嬰兒。中孚中有頤，是孵育期的生態，負責培育未來的人才或各種生態。所以頤卦的概念，可以幫助我們瞭解中孚卦。

小過卦的二、三、四、五爻這個典型的卦中卦就是大過卦（䷛）。「小過」中有「大過」，正好呼應天道中的生死交關。大過卦說明人必有一死，這是天道；小過卦說明人皆會犯錯，這是人道。但是「小過」中有「大過」之象，就很值得警惕了；因為現在犯小毛病，將來有可能犯大毛病，積小過成大過。所以說，「勿以善小而不為，勿以惡小而為之」，累積下去，藏在「小過」中的「大過」就會浮顯出來，再回頭就難了。

中孚卦和小過卦相錯，是瞬間的劇變，在啄破蛋殼的剎那間就開始了。如同學生從學校畢業，還不知道離開學校、踏入社會有多困難！很多挫折、困難等在前頭，所以他一定要利用在「中孚」的保護階段養成的基本能力，到社會上歷練，那就是「小過」。不管是追求人生的成功，還是修行得道的「既濟」，這是必過的一關。人生不能只有信受，還得奉行；同樣的，不能只有奉行而沒有信受。一定是中孚、小過，再到既濟。中孚不能直接到既濟，人不可能光靠信念就直接上天堂，沒這麼容易！一定要經過小過卦的學習歷練。但是光有小過卦的歷練，而沒有信仰，沒有幼年時期父母溫情的照顧，恐怕連他的人格發展都是畸形的。從中孚到小過是六爻全變的劇烈變化，衝擊非常大。很多人離開中孚的保護層之後，面對真實社會，就會受不了，又想鑽回原來溫暖、封閉的空間，這樣就永遠也不會「既濟」。只有經過中孚到小過六爻全變的洗禮，才有可能通到既濟卦。人生成功的公式就是這樣。

不管從上經的天道自然演變，還是下經的人世變化，到最後都是六爻全變的錯卦鉅變。一般人很難因應這種劇烈的變化，要是修為不夠、歷練不夠，很容易就被淘汰。錯卦六爻全變，確實是一大考驗，一切變動加速，從生到死，從地獄到天堂，從信念到實踐，那是很大的落差。

中孚卦的卦中卦

中孚卦很特殊，是合乎時中之道的「孚」。而這個「中」是從前面的節卦發展來的。只要透過節卦（䷻）上爻爻變就成為中孚卦；中孚卦上爻爻變就是節卦。一爻之差，一個火花，火柴一點就變卦。節卦前面的渙卦要變成中孚卦也很快。渙卦（䷺）初爻爻一變就變中孚卦，渙是信心渙散，中孚是信心滿滿。只要初爻變，馬上就從信心渙散變成信念堅定。如果中孚卦第一爻的信念沒那麼篤定，爻變就是信心渙散的象。

接下來看中孚卦的卦中卦。中孚卦除了有四個爻的頤卦之象，還有初、二、三、四爻構成的歸妹卦（䷵）。歸妹代表還沒完成足夠的訓練，就急著想衝破蛋殼，結果是「征凶，无攸利。」再看三、四、五、上爻構成的漸卦（䷴），剛好就是專治歸妹的特效藥；循序漸進，不能急躁。漸卦、歸妹卦相錯又相綜。所以中孚卦很有意思，裡面有歸妹卦的急躁，又肯接受頤卦的教養薰陶，教化成功了，就有漸卦的冷靜。

另外就是五個爻的卦中卦。初、二、三、四、五爻構成的是損卦（䷨），二、三、四、五、上爻構成的是益卦（䷩）。由損而益，先要進行損卦的懲忿窒欲，才會有益卦的遷善改過。

由卦中卦來看，先是急躁得不得了的歸妹，經過頤養就變成漸卦。漸卦也是一個鳥卦，雁行團隊。雁是從哪裡來的？也是孵出來的。中孚是鳥在蛋殼中孵育，漸卦是雁群高飛。中孚卦後面的小過卦是小鳥練飛，而中孚卦的爻辭中有些字也跟鳥類有關。像「初九」的「有它不燕」，「九二」的「鳴鶴」；「我有好爵」的爵，也是鳥的造型。「九五」的「有孚攣如」，是親子之情的擴充，也是鳥的象；然後是上爻「翰音登于天」，也是鳥的象。還有中孚卦的字形、卦形都是從鳥類的親子之情觀察出來的象，但絕對不限於卵生的鳥類生態。卦辭中又出現豬和魚，有魚類、哺乳類。也就是說，中孚卦不管是從哪一種生命形態觀察出來的自然法則，都要推廣到一切眾生。因為中孚卦有「利涉大川」的象，需要普渡眾生，不能說把鳥感化了，卻忘了魚或豬，所有眾生都是要渡過大川的。

中孚卦裡有初、二、三、四、五爻是山澤損，而中孚卦君位特別強調的大愛，爻變也是損卦。所以要理解中孚的「九五」，就要結合損卦一起看。中孚卦「九五」就是損卦上爻損極轉益的境界。

中孚卦「九二」、「九五」的重要性

中孚卦「九五」跟損卦的關係密切；爻變是損卦，本身也是卦中卦損卦的「上九」。損卦「上九」就是中孚卦的「九五」，一個偉大的信念中心。另外，中孚卦的「九二」，在〈繫辭傳〉是受到高度重視的。中孚卦「九二」爻變是益卦，結合卦中卦來說，就有雙重效應，可以幫助我們瞭解「九二」。「九二」是中孚卦裡的益卦初爻，透過益卦的「初九」可去瞭解中孚卦的「九二」。這是爻變跟卦中卦的結合，說明「九五」、「九二」在中孚卦特別重要。因為中孚卦的卦名就有一個「中」字，而「九五」「九二」剛好都是居上卦、下卦之中；「九五」、「九二」也是卦中卦頤卦的保護層，一為地，一為天，是中孚卦蛋殼內部的溫暖世界，沒有它們的保護，就沒有內部溫暖的頤養空間。

自綜

中孚、小過，都是很特殊的卦。我們學過上經的頤、大過、坎、離四個卦，中孚、小過跟頤、大過、坎、離這四個卦，還有乾、坤二卦，都是結構對稱的卦。結構對稱就代表沒有綜卦，它的綜卦就是它自己本身，也就是「自綜」。把中孚卦旋轉一百八十度，還是中孚，小過卦也是如此。

自綜的卦，它的綜卦就是它本身。在六十四卦中有八個自綜的卦，都是結構對稱的，不管從哪個角度看，都是同樣的象。乾、坤代表的天地，頤、大過代表的生死，對任何人都一樣，其本質是不變的。然後是坎、離代表的地獄天堂，還有信受奉行的中孚、小過，同樣都經得起對反一百八十度的檢驗。所以中孚卦就像《中庸》講的至誠如神，一個信用最好、充滿愛心的中孚卦，經得起不同角度的檢驗，大家都有共識，沒有別的心思；從這裡看是中孚，從那裡看還是中孚。這就是「至誠」。所有的母鳥照顧小鳥，不管是哪一種鳥，都充滿這樣的愛心，不因觀察角度而變。這也是八個自綜的卦主要的特色，毋庸置疑，放諸四海而皆準，對任何人都是公平的。

這種結構上的對稱，我在講頤、大過二卦時就說過，這就像光學所說的「鏡像」一樣；上卦跟下卦、內卦跟外卦之間好像有一面虛擬的鏡面，上卦就是下卦投到鏡子中反射出來的影像。人生就是要好好的在這八個卦中照照鏡子，面對生死、面對天地自然、地獄天堂，鏡前的形，投射而成鏡中的影，上卦、下卦，內卦、外卦呈現的關係，照鏡子才能看得更清楚。既然是鏡像，中孚卦第二爻跟第五爻剛好相應，「九二」在鏡子前的形投射到鏡子裡就是「九五」。形影相關。「初九」跟「上九」也有對應的關係，「初九」投射在鏡子裡面就是「上九」；「六三」投射到鏡子裡就是離鏡面最近的「六四」。今昔、虛實對比，人生就是如此。大過卦的「枯楊生華」就碰到「枯楊生稊」，「棟橈」就配「棟隆」，「藉用白茅」就配「過涉滅頂」。這八個卦都可以這麼看，這樣一來，對這些卦的掌握就是全方位的了。這就是自綜的解讀。

《易經》中自然卦序的業因果報

《易經》自然卦序之妙，完全是天工，任何一個卦的位置都沒辦法更換。這種因果的鎖鏈，用相錯來講，六十四卦一定是三十二對相錯的卦。但是從相綜的卦來講就不是了。因為有八個自綜的卦，扣掉這八個卦，六十四卦相綜的卦組就剩下五十六個單卦，除以二，是二十八組，再把八個自綜的單卦加回來，就是三十六組綜卦，剛好平均分配在上下經。上經十八組，下經也是十八組。

這是完全出乎自然的天道與人道。以單卦來講，上經是三十個卦，下經是三十四個卦，可能有人會問，為什麼這麼不對稱呢？其實它是對稱的，如果從綜卦的角度來講，上經、下經各十八組相綜的卦，絕對均衡。上經有六個自綜的卦，三十減六，二十四除以二等於十二，十二再加六就是十八，上經呈現的三十個象，其實只有十八個體。依此類推，下經三十四個單卦有三十四個卦象，但也只有十八個體。三十四減掉中孚、小過這兩個自綜的卦，除以二等於十六，十六再加二，還是十八。

《易經》的可怕就在這裡，曾有人把六十四卦的卦象做數學轉換，最後發現卦序這個因果鏈條，一個都不能變換位置；隨便拿掉一個，因果鏈就斷掉了，其平面的數學符號嚴謹到這種地步。再研究〈雜卦傳〉，結果就更驚人了，它是立體的。〈雜卦傳〉是針對卦序再做人為的調整，而其亂中有序的卦序，是立體的幾何結構，比起〈序卦傳〉又更高深；不但裡面任何一個卦都不能調換位置，而且理氣象數俱全。這是怎麼做到的呢？這麼奧妙的結構，由平面而立體，由「序卦」而「雜卦」，現在我們利用高科技的計算工具，也無法完全參透它的意思。那它原先是怎麼創作出來的？想想不是更驚人嗎？就像我們現在的「大衍之數五十，其用四十有九」，這一占法，今天的人就是想破腦袋也發明不出來，那它是怎麼發明出來的呢？這種智慧今人莫可望塵。

〈序卦傳〉說中孚、小過

〈序卦傳〉說：「節而信之，故受之以中孚。有其信者必行之，故受之以小過。有過物者必濟，故受之以既濟。」「節」是信物，也是信念。古代使者出訪他國，手持使節，如蘇武出使匈奴，持節北海，心中有信念，十九年不改其志、不改其節，最後歸漢。「節」能信之，做為一種信物，在古代一般是一剖兩半，不管分離多久都能若合符節。做為符節，就跟互信有關；一旦認同，就跟中孚有關，需要講信修睦。

這就是「節而信之，故受之以中孚。」中孚是至誠如神，可以運用在企業管理上，也是現在全世界最重要的信用管理。「節」然後信之，因為發而皆中節。「節」之後都有情，情能中節，才能信之；濫情、寡情都不行。然後建立有彈性的制度，才可以建立互信，「故受之以中孚」。下面就講合乎時中之道的誠信有多麼重要了：「有其信者必行之。」立信是要去付諸實踐的，但這一實踐麻煩了，「故受之以小過」，因為觀念與行為之間有時會天差地遠。學《易經》也是一樣，光理解就很難了，理解之後的實踐更是天難地難。「小過」總是出錯，就是無法做到恰到好處；不是太過，就是不及，必須在實踐中不斷改過遷善。可見所謂的信心是要經過考驗的。《聖經》記載，上帝最忠實的僕人約伯一天到晚遭受痛苦的打擊，這就考驗他是否信心堅定。

「有過物者必濟」，「物」就是人事物。人生一定要有人事物的真實經歷，不然不算數；中孚所有的偉大理論和想法，都要經歷小過的實際操練，才算真正成功，「故受之以既濟」。

〈雜卦傳〉說中孚、小過

〈雜卦傳〉云：「小過，過也；中孚，信也。」小過卦說「過」，就是說，一定要過一過，在旁邊看都不算，必須要有實際歷練。剛開始難免出醜、犯錯，慢慢揣摩，就能逐漸掌握火候、分寸。

中孚卦的重點還是「信」。注意，原先的卦序是先「中孚」再「小過」，在〈雜卦傳〉，卦的次序顛倒過來，是先「小過」再「中孚」。其實都對，一個是自然而然的卦序，先有信，才有行；先接受理論訓練，才有社會實踐。一個是學然後知不足，發現自己水準不夠，又得回去充電。從不同的角度看，卦序的因果關係是可以對調的。

另外一個最根本的問題是，從自然生命來講，「中孚」是孵蛋的象，「小過」是幼雛破殼而出、練習飛翔的象。一般來說，當然是蛋在前，但到底是雞生蛋，還是蛋生雞呢？這是最老的名家辯論了。從自然卦序來講，是先有蛋後有雞，即先「中孚」，後「小過」。但〈雜卦傳〉是先有雞，後有蛋，這也說得通。一個是天道自然，一個是人世的調整。當然，從自然卦序來講，應該是先有蛋，蛋的結構比較單純，雞的結構太複雜，要經歷漫長的演化，複雜的結構從簡單的結構孕育出來。我們不必追究第一個蛋是否從天上掉下來，只因為它比較容易形成，可是要一下子跑出一隻雞來，那真的是開玩笑。其實《易經》已經有答案了，一定是先有蛋，至於第一個蛋從哪裡來的？你就是面壁想一輩子也沒有答案，不要提這種笨問題。一定是由簡而繁，「易簡而天下之理得」，自然就是這樣。

「中孚，信也。」中孚是信，有一個卦例可以輔助說明。二十年前有學生問，世界上到底有沒有鬼？答案是不變的中孚卦。中孚是艮宮的遊魂卦，有沒有鬼，答案很明確。從根本來講，中孚卦是誠信不欺，不光是主觀認為有才有，實質上就是有。中孚卦是結構對稱的卦，從這邊看有鬼，從那邊看還是有鬼，這不是什麼唯物論、唯心論，有鬼就對了。〈繫辭傳〉稱「精氣為物，遊魂為變，是故知鬼神之情狀。」《中庸》說：「使天下之人，齊明盛服，以承祭祀。洋洋乎，如在其上，如在其左右。」真可謂舉頭三尺有神明。

還有一個卦例問的是《易經》最根本的陽爻、陰爻是取象於男根、女陰，對不對？答案是不變的中孚，當然對。而且中孚就是母鳥孵小鳥。陰、陽爻是百分之百可信的，從象男女之情，近取諸身而來，它本身就是中孚，是一代一代生生不息的象。可見，中孚就是「信」，真實不虛，百分之百真實。

還有，中孚的卦象除了像一個蛋，其實也像一個宇宙。天覆地載，中間的芸芸眾生就是那兩個陰爻；就像蛋殼裡的蛋清、蛋黃一樣。另外，中孚卦會讓你想到什麼呢？像一艘船，船頭、船尾是上下兩個陽爻，中間空的地方坐人。上面巽為風、為木，風吹帆走。這艘船從佛教來講就是「乘」，船大一點就是「大乘」，除了把你自己渡過去，還把眾生也渡過去。如果船小一點就叫「小乘」，把自己渡過去就足夠了。這樣看來，中孚是靠信仰過河，普渡慈航；有中孚的信念，才能涉大川。

中孚卦卦辭

䷼

中孚。豚魚，吉，利涉大川，利貞。

我們看卦辭。「豚魚，吉」，豚魚是什麼呢？「豚魚」跟「吉」有什麼關係？豚是豬，是獸

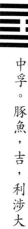

類；魚是魚類，兩者擺在一起就「吉」，可做為中孚的象徵。「利涉大川」，根據信念、信仰、信心，冒險犯難，可以渡河成功。然後「利貞」，固守正道就有利。這就是中孚體制中的信心、信仰、愛心，不管遭遇什麼困難，信心始終不動搖；經過魔鬼的考驗、人生的艱難困苦，還是有其信，這樣才能產生利益。「貞」是固守，有時對某些事物產生了「孚」，但不一定能持久，「利貞」就是能堅持信心、信念。

中孚是生命剛開始學習，對人生充滿嚮往憧憬，還能勿忘初衷、堅持信望愛，始終守住曾經有過的感動。所以「貞」才有「利」。此外，「貞」也是正道的意思。中孚代表的信仰力量非常強大，但邪教、外道一樣也能聚眾影響很多人，讓民眾趨之若狂；尤其在中孚已是趨近末世之時，群魔亂舞、人心空洞，生命有很多不圓滿，就會到處去找道場，信這個、信那個。在這種情形下，通常不會產生正面效益，因為不是正信。所以要「利貞」。也就是說，要合乎正知、正見、正道的信仰，才會產生正面的效益。

那麼，豚魚到底是什麼呢？當然，〈彖傳〉在解釋卦辭時，也顧慮到卦辭不易理解，故特別強調「信及豚魚」。中孚是「信」，「及」就是達到。也就是說，所有的信仰、信念都可以感化小豬、小魚這種據說是靈性很低、比較愚蠢的生物。魚是陰爻的象，是比較陰暗、負面的，代表有破壞性、習染較深。從物種的演化位階來講，魚類的層次較低，豬代表的哺乳類好像也是比較笨的，所以都用來象徵基層民眾。老子講「治大國，若烹小鮮」，小鮮就是小魚，「鮮」是「魚」和「羊」構成的。從前五胡亂華，正北方是匈奴，其餘四胡統統跟羊有關。鮮卑有魚和羊，是東胡；然後羝、羌、羯，統統都有羊。

當然，發展到後代，民族偏見漸少，很多流行到今天的姓氏都不是漢族的。像我的劉姓，一支是從姬家發展過來的，就是《詩經》上的公劉，所以周民族跟公劉有關。另外一支是獨孤改過來的。五胡亂華的時候，獨孤那一姓後來改漢姓為劉。換句話說，獨孤就是馴化的野蠻人——豚魚，「信及豚魚」的意思就很清楚了，亦即真正偉大的信念，要照顧到最低層的眾生，不管是水生還是陸生。佛教常辦水陸道場法會，希望能普渡一切水陸眾生。信念要普及於以魚、小豬為代表的最基層，不只是精英高層才適用；教育要普及到最基層，要照顧到最卑微的眾生。《易經》選水陸兩個最低等的豚和魚，就是為了說明信仰、信念要感動到沒什麼靈性的低等眾生。這才是中孚這個信仰系統真正的偉大之處。

要檢驗中孚所代表的信、望、愛是不是夠堅定、純正，就看最低等、最沒有靈性的眾生，有沒有受到感動。如果是吉，表示中孚的「信」能夠及於豚魚；精誠所至，金石為開。就像佛陀講法時，蓮花滿天下。

可是，過去的《易經》注解，對此有兩種解釋。一種就是我們上面的解釋，這才是唯一正確的解釋。另一個解釋簡直是胡扯，把豚魚看成是「江豚」，說豚是生活在水裡的一種哺乳類，到中孚這個節氣，就會跳出水面；沿江居民就把豚魚當成一種能預告節氣的信物。這個解釋跟原來的意思完全相反。原意是陸生、水生最蠢、最低等的動物都會受到教化的感動，說明教化不只影響高層精英，也會影響一般愚夫愚婦，這種信仰才有力量。如果信仰只能感動江豚這種高智商動物，信仰的力量怎麼出得來？如果講的是信物，意指卦氣起於中孚，但從十二消息卦來講，一陽復始、萬象更新，真正啟動節氣循環的是復卦的陰曆十一月冬至那一天。在卦氣圖中，復卦的前一個卦是中孚卦，過去也有人講卦氣起於中孚，中孚本來就是生命醞釀的開始，生機無限，大概就是那個時間剛好看到江中的豚跳，所以才有這種解釋；但這絕對是錯的。中孚必須包括高智慧、低智慧的廣大階層。另外一個更強的證據就是，過去在宗廟祭祀時，犧牲貢獻都用豚魚，在《禮記》中就有明文記載。豚魚是士庶人之禮，「士」就是最低階的公務員，「庶人」是一般平民老百姓。《禮記》記載士庶人祭祀，一般不可以用鼎，不可以用簋（當然，有時士有三鼎、貳簋，要有相應的封建地位），供品也有一定的規格，不可以「用大牲」代表的牛，一定要用三牲中最低階的豬和魚；超過那個規格，祖宗天地，包括當時的社會體制都不許可。所以豚魚就代表士庶人，指基層公務員跟一般老百姓。換句話說，任何信仰都要普及到社會基層，這樣才能普渡一切眾生，一個都不落。「豚魚，吉。利涉大川，利貞。」這樣才能構成中孚的結構。

佛家的水陸法會、水陸道場，也是希望能感動包含水生、陸生的所有生命，代表信仰的力量不可小覷，連最遲鈍的豚魚，甚至石頭都可以感應。這就是「信及豚魚」。人人可以成佛，眾生都可以涉大川，這才是真正的中孚。

中孚卦〈彖傳〉

〈彖〉曰：中孚，柔在內而剛得中。說而巽，孚乃化邦也。豚魚吉，信及豚魚也。利涉大川，乘木舟虛也。中孚以利貞，乃應乎天也。

〈彖傳〉先分析卦的結構，「柔在內而剛得中」，「剛得中」就是「九二」、「九五」居上卦下卦之中，圈起了安全的保護殼；「柔在內」就是指受保護的「六三」、「六四」，是潛在的生命形態，還不能自立自強，需要上一代的保護。

「說而巽，孚乃化邦也」。內卦是兌，「說」即「悅」，也是朋友講習、心悅誠服。外卦是巽，是教化的象。下悅而上巽，也是長姊帶小妹妹的象。巽卦是長姊施展教化，下卦兌的少女心悅誠服。《孔子家語》云：「南風之薰兮，可以解吾民之慍兮。」也就是說，接受如春風般的教化，就產生了兌卦心心相印的歡喜，此外，還要進行外卦的深造。巽是深入瞭解天命，對中孚的天命、宇宙人生的真相深入瞭解；但首先內卦、下卦要產生感應，然後才有興趣深入。這就是內悅而外巽、下悅而上巽；如果一點興趣也沒有，完全不認同，怎麼可能深造呢？「說而巽」之後，結果不得了——「孚乃化邦」，這樣的中孚就能感化整個邦國，就如同「不獨親其親，不獨子其子」，「老吾老以及人之老，幼吾幼以及人之幼」一樣，從個人的親子之愛擴充至整個邦國，這個教化就成功了。

「豚魚吉」，是提醒基層的重要性，千萬不能放棄。就如〈繫辭傳〉所稱「曲成萬物而不遺」，一個也不能少。「信及豚魚」，才叫大愛；對於冥頑不靈、最難感化的一定要有耐心、愛心，因為那是最大多數的群體，最需要教化、啟發、照顧。一旦豚魚都可以沐浴在教化中，那就是卦辭所說的「利涉大川，利貞」。還要注意「及」這個字，小過卦是過猶不及，「及」是達到。「過」跟「不及」都不合乎中道，所以中孚的標準特別難，「信及豚魚」，則是真達到了。

「利涉大川，乘木舟虛也。」說的是要虛心探討宇宙人生的真相。木舟中空才能裝人。要慈航普渡的信仰之舟，如果坐滿了，就有人沒法上船，所以中間必須是空的。上卦巽是風帆渡海的象。

我們在渙卦就講過，渙卦的教化跟中孚卦不同，風行水上的渙卦，可以飄洋過海、無遠弗屆；中孚卦則是渙卦傳播世界各地後所設立的道場。在每一個道場（澤）施展教化，那是封閉的區域，環境比較單純、比較安靜。

「乘木」二字在渙卦〈彖傳〉已經提過：「利涉大川，乘木有功也。」我們比較一下就知道，渙卦卦辭最後六個字和中孚卦一樣也是「利涉大川，利貞」。這兩卦上卦完全一樣，用同樣的教化方式把產品做出來，一律的全球化、一律的標準規格，只是對象不同。渙卦的對象是坎，中孚卦的對象是澤。先建立中心理念，傳播擴散，這是渙卦的「王假有廟」；中孚則是建立許多教堂、道場、寺廟、教育機構，要做到「豚魚吉」。「乘木舟虛」的虛也很重要，如果船不是空的，就無法裝人。咸卦〈大象傳〉稱「君子以虛受人」，頤卦中間四爻為陰，全是空的。這說明有空位才能救人，如果滿了，怎能救人？

「中孚以利貞」，正信很重要，而且「信」是永遠不變的，任何狀況下不改其志，這才能產生效益。若只是一時發心，其他時間都在搞別的，那可不行。「中孚以利貞」，這樣才合乎天道——「乃應乎天」。所以說，人要修誠信，《中庸》稱「不誠無物」，沒有誠信就什麼也沒有。上經的无妄卦（䷘）也講誠信，希望從根開始做到起心動念皆无妄，不然就有天災人禍。從下經人世的修行來講，我們心中的「喜怒哀樂之未發，發而皆中節」，還是要講究誠信。「誠者，天之道；誠之者，人之道」。「中孚以利貞，乃應乎天」，合乎自然法則的，才可以使母鳥照顧小鳥，上一代愛護下一代，這是無法違反的天則。

中孚卦〈大象傳〉

〈大象〉曰：澤上有風，中孚。君子以議獄緩死。

「澤上有風，中孚。」這是中孚卦的卦象。「君子以議獄緩死」，「議」代表有討論、議價空間，有一定的彈性。節卦〈大象傳〉稱「君子以制數度，議德行。」德行也有彈性，不是死的。信仰也好，所有節制人的規矩也好，都有靈活的空間，不能一概而論。

「議獄緩死」，是法律上緩刑的概念。我們講過，噬嗑卦（䷔）「利用獄」、「明罰敕法」，是立法權；賁卦（䷕）「明庶政，无敢折獄」，是指行政權不可以干涉司法審判。豐卦（䷶）稱「折獄致刑」，是根據天地人鬼神的天條、共法，來判斷一個人有罪沒罪；旅卦（䷷）則是「明慎用刑而不留獄」。還有解卦（䷧）的「赦過宥罪」。這些卦的〈大象傳〉都是《易經》的法學思想，值得研究。中孚卦〈大象傳〉提出緩刑的概念，暫時不必坐牢，等待一段時間，觀其表現再說。「議獄」說明有緩衝的空間，「緩死」則是連死刑都可以暫緩執行，中間都有人性的考量。如果條件具足，從法理人情來講，是可以「議獄緩死」的。

從這裡看，中孚卦又跟死亡相關，後面的小過卦會講到辦喪事。中孚卦和小過卦的〈大象傳〉同時出現死亡之象也絕非偶然，因為兩個卦都是遊魂卦；中孚卦是艮宮的遊魂卦，小過卦是兌宮的遊魂卦。有其理，有其氣，有其象，有其數，所以〈大象傳〉出現死亡之象是很自然的。中孚、小過又跟上經的頤、大過對應，頤卦和大過卦也是遊魂卦。「中孚」中有「頤」，「小過」中有「大過」，這四個全是遊魂卦，都探討到生死的問題。換句話說，如果占生死相關之事，占到這些卦，心裡就要有數，大概是到了生死邊緣了。

議獄緩死

我們來看「議獄緩死」。哪些是議獄緩死呢？像緩刑。按照法律，就法論法是要判罪的，甚至得判死刑；可是，這個人過去誠信待人，只因一念之差鑄成大錯，如果這樣就剝奪他的生命，似乎有點不公平，好像他之前的所有善行統統歸零。法官面對這種情形，就要討論是否可以暫緩執行死刑？這就叫議獄緩死，根據過去好的表現，來決定他眼前所犯的重大罪行有沒有可議的空間——議獄，緩死則是最後做出的決定。

還有，商場上的信用是商人的第二生命，中孚就是信用管理。每個人都有信用額度；一旦信用破產，有可能會根據過去長期合作而從來沒有失信的記錄，留下商量空間，讓它暫延緩衝，這也是「議獄緩死」。因為中孚卦要往未來看，現在可能很糟，說不定將來有機會翻身，那麼就不要根據一個人現在的表現而把他一棒打死，害他沒有任何懺悔機會。佛教渡人也是如此，明明已經壞透的人，還是有機會成佛，因為放下屠刀、立地成佛；而且苦海無邊，回頭是岸。所以，不要急著執行死刑，更不要把異端一棍子打死。中孚就是提醒我們，可能現狀不好，但有信心未來會好轉。

面對這種狀況，應該怎樣評估？像股票現在面值五塊，搞不好未來會變成五十塊，那就不要在五塊的時候了結。所以信用很重要，人無信不立，信用好，就可以調度資源，現在沒有的東西，可以憑著信用借到；可以融資、貸款，未來慢慢分期償還。現在沒有，並不是什麼事都不能做，還可以靠著良好的信用擴大信貸。所以人生不能什麼都靠現貨，再說一個人也沒有那麼大的庫存，手頭不會有那麼多東西。所以有信用卡、甚至只要講一句話就可以調度資源，這些都是中孚之用。

「議獄緩死」，為什麼要議、要緩？就是因為過去、現在、未來的資源是流動的，現狀不好，未來不一定不好。根據史書記載，唐太宗的時候就有一次「議獄緩死」的案例。那一次，大概是唐太宗想要標榜貞觀之治的成效，把一些即將秋決的死刑犯統統放回家，讓他們回家見父母妻兒最後一面。你看，這要有多大的信任？結果，這些死刑犯最後全都回來了，無一逃離，太宗皇帝龍顏大喜，原本秋決的犯人全部免死，因為他們守信用、守國法。從人情的觀點，難免會懷疑這段史實其實是一種政治手腕，是唐太宗為了沽名釣譽而耍的一個花招。那些江洋大盜也心知肚明，為了讓皇帝面子好看，大家都照著套路演戲。因為他們知道絕對跑不了的，每個人後面都跟著一大堆眼線；既可以回家看望父母妻兒，順便赦過宥罪，何樂不為呢？第二個「議獄緩死」的例子就是西方的神話故事。兩個好朋友，其中的一個得罪了國王，國王要處決他，但他想回家探望家人，國王要他留下抵押品，他的好朋友自願留下當人質，但等到第二天，太陽都快下山了，他都還沒回來。直到最後一刻，他才現身。不用說，結果一定是兩個都被釋放了。

這種義薄雲天的信望愛，確實可以創造奇蹟；一個有真誠信仰的人，甚至可以延壽。這種「議獄緩死」就和閻王爺有關了。過去就有很多這種宗教故事，因為孝順或者別的什麼原因，然後可以跟閻羅王爭取增壽、緩死等等。可見，好好運用中孚，在生死關頭還有討價還價的空間。修行得好，就可以增福增壽；本該活到六十歲，結果活到一百歲；如果本來可以活六十歲，結果四十八歲就走了，可能有損陰德，活不到原先的額度。諸葛亮也曾想跟閻王爺商量晚一點走，什麼都設計好了，結果魏延進來，一腳踢翻，就破局了，非走不可，前面的設計都是白費心機。

中孚卦的數位觀象法

中孚卦是末世修行的信仰，幫我們得到救贖、解脫，也就是阿彌陀佛的象。我在講臨卦（䷒）、觀卦（䷓）的時候就說過，中孚卦可以拆解成臨卦加觀卦，亦即0跟1的數位觀象法。陽爻是1，陰爻是0，0加0等於0，0加1等於1加0等於1，1加1避免處理，這樣我們可以把任何卦象從方程式的左邊解析成右邊，然後兩邊是等價的，而且意義效力幾乎是相同的。這就叫數位觀象法。中孚卦是末世信仰，後面就要普渡慈航；但有的過去了，有的過不去；有的以為是過去了，其實沒完沒了，中間還得經過一個大坎的小過卦實修。

中孚卦拆解開來就是臨卦和觀卦，剛好就是西方三聖的象。阿彌陀佛是中孚卦，觀世音菩薩是觀卦，大勢至菩薩就是臨卦。臨卦第四爻「至臨」，君臨天下，當然有大威勢。臨卦也有大震之象，是生命的主宰，帝出乎震、萬物出乎震，臨卦就是大勢至菩薩的象徵；另外一面就是大慈大悲的觀世音菩薩。「風地觀」加上「地澤臨」，上下天地的陽爻都湊齊了，兩者合一，就是站在中間的阿彌陀佛——中孚卦的象。這就是是佛教的三位一體，要有阿彌陀佛的信仰，希望往生淨土；還要有洞察一切的觀，看透宇宙人生真相，而且要有大悲心；最後還要腳踏實地去做很多事，那就叫「大勢至」。換句話說，一個末世信仰，必須要有臨、觀的能力，任何人、任何時段都不能例外；臨卦六個爻都有臨，觀卦六個爻都有觀，這就是所謂的全臨、全觀之象。

信而有徵的「信及豚魚」

信仰看不見，愛心看不見，盼望也看不見，這樣一個無所不在、瀰漫在天地之間的中孚，我們總要「信而有徵」，也就是「徵信」。某人是否值得信賴，某教是否值得皈依，都需要徵信。因為信仰會產生很大的力量，一定要經過冷靜、理性的親身感應過程，不能是盲目的。「信而有徵」的觀念出現在《左傳》中：「君子之言，信而有徵，故怨遠於其身。」真實而又有證據。

要找證據，就要通過有形的事物發現無形的存在。看得見的豚魚是指標，母鳥孵育小鳥也是指標。看到樹葉在搖，就知道有風；風看不見，樹葉看得見。「信及豚魚」，也是《中庸》所講的至誠如神。《中庸》云：「至誠之道，可以前知。國家將興，必有禎祥；國家將亡，必有妖孽。見乎蓍龜，動乎四體。禍福將至，善，必先知之；不善，必先知之。故至誠如神。」卜筮之所以有效，就是它有感應；「信及豚魚」也是如此。國家將興，必有祥瑞，國家將亡，必有妖孽，用蓍龜占卜馬上就感應出來。「動乎四體」，在人的行走坐臥中也可以洩漏整個時代的訊息，這就叫至誠如神。「善，必先知之」，「不善，必先知之」，好事、壞事都必有徵兆。

豚魚代表最低階、愚蠢的生物。其實豬一點也不笨，也不像我們想像的那麼髒。豬其實超愛乾淨，只是人類老是把它放在髒的地方。《西遊記》中的豬八戒就是如此，很多污穢、骯髒的欲望都顯現在豬八戒心中。其實人人心中都有豬八戒，豬八戒跟孫悟空天天都在天人交戰。當然，中孚卦提及「信及豚魚」，是說它智慧不足、沒有靈氣，很難感應、教化。佛家說，闡提不得成佛。在中孚卦，豚魚就是闡提，但也得想辦法讓它成佛，一個都不能放棄。可見，人在天地之間，「君子以虛受人」，千萬不要眼高於頂，即使像豚魚這麼低賤、蠢笨的生物，也要用平等心看待它。總之，要儘量善待天地萬物，不管有沒有靈氣，甚至是頑石、瓦礫，都要「信及豚魚」。這就是「有孚惠心」，「有孚惠我德」。萬物有情，像大過卦是一個面臨死亡的卦，但最後卻得靠白茅才穩住了大局呢！

中孚卦六爻詳述

初爻：立信第一

初九。虞吉，有它不燕。

〈小象〉曰：初九虞吉，志未變也。

「初九」爻辭有六個字：「虞吉，有它不燕。」「虞」字是第三次遇到了。孟子說人生有些毀譽不必太認真。人生有「不虞之譽」，人家說你好，但其實你受之有愧，因為別人把你捧得太好了；也有所謂的「求全之毀」，人家毀謗你，你也不必太在意，除非你要用完人、全人、佛菩薩的標準來要求自己。人生如果不能容忍一點瑕疵，那麼這輩子就會很難受，天天都面臨理想的幻滅。所以人有求全之毀，如果是「求缺」就不會那麼難過了。曾國藩的書房就名之曰「求闕齋」。人生哪有那麼多「全」呢？真正的「全」就是升卦（䷭）第三爻「升虛邑」，那都是空的、不存在的東西。可是很多人就一輩子死死追求，結果是升卦上爻的冥頑不靈——「冥升，利于不息之貞」，把虛邑當成真實的東西去追求。愛情、金錢，其實都是「升虛邑」，想要求全，沒一點瑕疵，那是癡人說夢！

求全就有悔，所以毀、譽不必太認真。屯卦（䷂）第三爻到原始林打獵，沒有帶虞人——狩獵嚮導，沒有事先的周全計畫，結果「即鹿無虞」。「虞」在以前是官職，是專管山林川澤的官，貴族打獵就要有這麼一個人負責指導方向。在森林裡，虞人是專家，我們做任何事情，都要運用專家系統，找識途老馬帶隊。這個動作就稱作「虞」。中孚卦講一個人要立信，不能感情用事，要有徵信的過程，就是靠「虞」。要跟人往來，建立長遠的互信關係，事先都要做一個合理的徵信調查，那就叫「虞」。《中庸》講「無徵不信」，沒有證驗、沒有客觀的實際調查，對任何人事物都不要輕易接納、相信，不管他看起來多偉大。「虞吉」的「虞」是動詞，只有「虞」才能「吉」。事先經過合理的徵信調查，下面才能享受信仰、信用往來的快樂。

沒有「虞」，整個中孚就進不了門。老師對弟子也要有「虞」，任何公司對常往來的客戶，一定要有徵信的動作。「虞」就是一個門檻，就像家人卦（䷤）第一爻「閑有家」，「閑」字門中有木，就是門檻。大畜卦第三爻出門的千里馬也要閑——「日閑輿衛」，到處都有規範、有門檻。至於「中孚」以後彼此互相信賴，那是一回事，但一定得先經過「虞」這一關。所以，屯卦第三爻叫你不要盲目打獵，否則追求不到任何東西。

《詩經》裡也有「虞」。《詩經》的開篇，即〈周南〉的第一篇為〈關雎〉；〈周南〉的最後一篇講麒麟，篇名〈麟之趾〉，那是末世祥瑞的象徵。在〈國風〉中，〈周南〉是比較偏理想的、王道的；〈召南〉就揭示現實的種種缺憾、險惡。〈周南〉的第一篇是通過鳥來表達一種純潔的至性至情：「關關雎鳩，在河之洲。窈窕淑女，君子好逑……。」可是〈召南〉的第一篇馬上就告訴我們，世間人情大部分都是鵲巢鳩佔，所以〈召南〉的第一篇曰〈鵲巢〉：「維鵲有巢，維鳩居之。之子于歸，百兩御之。」既要追求關雎的美好理想，又要有鵲巢的現實認知；但是理想沒那麼容易實現，大部分是鳩占鵲巢。《伊索寓言》裡有一位阿拉伯客商和駱駝的故事，想必大家都很熟悉。主人睡在帳篷裡，駱駝在外受寒。結果駱駝要鬧罷工了，就把頭伸進來說：「主人，外面好冷，你讓我頭進來一點好不好？」主人一念之仁，駱駝的頭進來了，但它接著說：「我大部分身子還在外面呢，我再進來一點好不好？」後來它的身子全部進來了，主人卻被擠出去。這就是鵲巢鳩佔、乞丐趕廟公。人生很多時候並不如〈周南〉那麼美好，大部分是〈召南〉。〈周南〉從關雎出發，到最後發現有麒麟，真美；可是〈召南〉卻呈現鮮明的對照，同樣的雎鳩鳥，它也會去搶佔人家的巢——鵲巢鳩佔；麒麟這麼美的事物，在〈召南〉的最後一篇是〈騶虞〉：「彼茁者葭，壹發五豝，于嗟乎騶虞！彼茁者蓬，壹發五豵，于嗟乎騶虞！」這裡就有「虞」，顯現了獵人的機智。這就是王道跟霸道、理想跟現實、善跟惡的對照，如此認識人生才務實。我們追求美好的同時，千萬不要忽略邪惡的現實。惡中求善，最理性的就是要有「虞」，一定要周密瞭解，不要輕易相信人。「虞吉」，打獵的時候，就要有「虞」的角色，要披著老虎皮進入狼虎群中，徹底瞭解它，才能對付它，就像地藏菩薩要降魔，就得非去地獄不可。

中孚卦初爻的「虞吉」，把關很重要。經過「虞」之後，下面就可以展開互信互惠的溫情往來。徵信的時候要花很大的成本，一旦經過檢驗，就可以放心享用彼此互信往來的效益。如果雙方展開「中孚」的往來，結果還是不放心，三心兩意，老是怕別人出賣你，就叫「有它」，這樣就「不燕」——不快樂。所以，在嚴謹把關之後，就要專心接受某一種信仰體系，而且信奉到底，這樣才有信仰的快樂。

〈小象傳〉說：「初九虞吉，志未變也。」娶妻、尋找伴侶，或者結交朋友，剛開始可能都要經過「虞」的過程，後來發現越來越投契，而發展出人與人之間互相信任的溫暖滋味，統統稱作「燕」，很安舒、很快活。「虞吉」之後，絕對一心一意，沒有別的想法，這就是「志未變也」。寧可剛開始嚴謹一點，一旦接納為同志，就要志同道合，「志未變也」。如果沒有經過事前嚴謹分析考核的過程，就不要輕易接納任何東西。徵信的過程之所以必要，就在爻變，爻變是風水渙（䷺）；如果不相信，就會離心離德、信心渙散。渙卦初爻是虛的，中孚卦初爻是實的，道理就在這裡；不做「虞吉」的動作，就沒有辦法建立「中孚」，信心是渙散的。

二爻：天倫之樂

䷼

九二。鳴鶴在陰，其子和之。我有好爵，吾與爾靡之。

〈小象〉曰：其子和之，中心願也。

第二爻在〈繫辭傳〉被孔子列為重點，〈繫辭上傳〉最先提到的就是這個爻；講的是人間立信，溫情滿人間。從最合乎自然天性的親情推廣到一切，老吾老以及人之老，幼吾幼以及人之幼。第二爻還有一個明顯的特點，就是有點類似《詩經》的四言詩筆法。明夷卦（䷣）初爻也是如此：「明夷于飛，垂其翼。君子于行，三日不食。有攸往，主人有言。」中孚卦第二爻爻辭除了結尾的「吾與爾靡之」之外，其餘都是四言：「鳴鶴在陰，其子和之。我有好爵……」可見，《易經》的修辭體例多姿多彩、千變萬化，有詩歌體，有故事體，有像睽卦（䷥）上爻帶有情節的微電影體，手法複雜，什麼都有。這種詩歌體也影響到〈易傳〉，像益卦（䷩）〈彖傳〉都是四個字的韻文體。

「九二」居下卦之中，又是下卦兌的中間爻，剛而能柔，有實力、很客氣，又懂得中道。「鳴鶴在陰，其子和之」，「和」為唱和，「子」就是親子。母鶴不知道孩子藏在什麼地方，於是呼喚孩子，這種親子之情馬上就有感應。「鳴鶴在陰」，不是在陽，而是在陰，說明不管小鶴藏在什麼地方，只要母鶴的聲音一出來，就會有小鶴呼應。《詩經．國風》中有一篇名為〈伐木〉，也提過類似的共鳴：「伐木丁丁，鳥鳴嚶嚶。出自幽谷，遷于喬木。嚶其鳴矣，求其友聲。相彼鳥矣，猶求友聲。矧伊人矣，不求友生？神之聽之，終和且平。」其中的「嚶其鳴矣，求其友聲」就是如此；要有共鳴，就要尋找理念相通的。中孚卦初爻「志未變」，二爻就與之唱和：「鳴鶴在陰，其子和之」，中間自然就有共鳴、感應。於是這一唱就有人和，有人提出好的構想，有人就呼應；有了交流，力量就大了。如果「鳴鶴在陰」沒有人唱和，獨角戲唱不下去，就算鳴得再好，也不會感動人。第二爻在下卦、在民間，也是民意代表，要講出大家共同的心聲，才會有人回應；這一回應，就構成向上卦施壓的力量，就有改善的空間。另外，「鳴鶴在陰，其子和之」，子並不是單數，也可能有很多，是四下紛紛回應。

「我有好爵，吾與爾靡之」，「吾與爾」就是我和你。我有好的福音，就和你分享。「靡」就是風靡人心的「靡」。上卦巽為風，代表好的教育、好的想法；下卦為兌，代表陶醉、喜悅。也就是說，大家都為之風靡、沉醉，都來分享福音。所以上卦風一吹，下卦「九二」覺得非常好，就想跟別人分享；如同風一吹過，草就自然傾倒，完全認同。

「爵」也是鳥的造形，即酒壺，代表官爵、天爵。孟子講的「人爵」，就是官位，而「天爵」

就是仁義忠信、良知良能。眾生都有佛性，皆有良知良能，這叫「我有好爵」，好東西永遠記得跟好朋友分享。我有好的德行，你也有，我和你都沉醉其中。這裡的「好爵」其實就是指天爵。人爵代表很高的地位，如高官；但是光有地位還不行，更重要的是有沒有好的德行。有些人為了求官，拋棄好的德行，這是「棄其天爵而求人爵」。有的人是修其天爵，把自己修得很好，「而人爵從之」，實至名歸。「利建侯」、「康侯」、「不事王侯」，這裡的「侯」都是「爵」；「公用射隼」的「公」也是「爵」。但這些只是人間的地位，有的人一生下來就是世襲這個爵位，和好的德行完全無關。

「我有好爵」，更具象的是美酒裝在美好的酒爵中，是執壺勸酒的象，爵形如鳥嘴（如圖）。我有一壺好酒，要跟大家分享。正如《詩經》所云：「既醉以酒，既飽以德。君子萬年，介爾景福。」我們都醉了，但我們擁有美好的德行、精神，像美酒一樣醉人。這麼好的酒一定不能自己獨享，要跟好朋友分享，酒逢知己千杯少，讓大家共同體會那醇厚的滋味。「吾與爾靡之」，真正的好東西，都不會是有限的；好酒喝不完，所有人都可以喝。就像佛經說的，一碗飯可以餵養無數眾生，是因為它是精神性的東西，每個人都可以從中得到好處。《聖經》有「五餅二魚」的說法，即五個餅兩條魚，就可以供所有人吃，都

形如鳥嘴的酒爵。

是這個概念。這樣一來，「我有好爵，吾與爾靡之」，就跟母鶴呼應小鶴那種動人的天倫親情，完全是平行的比喻；所有的好東西，所有的人間至情，希望跟最親愛、最親密的人分享。

〈小象傳〉說：「其子和之，中心願也。」好的理念一旦提出來，一定會有很多人跟你相應，而且沒有任何私心，就像親子之情一樣。「中心願也」，在泰卦和謙卦〈小象傳〉都出現過。泰卦第四爻爻辭稱「翩翩不富以其鄰，不戒以孚」。〈小象傳〉稱「不戒以孚，中心願也」。解釋「不戒以孚」，就是「中心願也」。「翩翩不富」是虛的、騙人的東西，「皆失實也」，但是怎麼戒都沒有用，因為「中心願」，這個力量可以突破一切。

另外，我們還要在修辭上注意一下。為什麼爻辭不講「鶴鳴在陰」呢？不是主詞在前，動詞在後，而是動詞在前，主詞在後。這是有計較的。鳴在前，然後才是鶴，因為鶴在陰，不知道藏在什麼草叢裡頭，但它的聲音我們聽見了，循著聲音去找，就看到有一隻鶴在草叢裡。也就是說，先聽到「鳴」，然後再找到鶴在哪裡。「鳴鶴在陰」就有時間的先後，不是先看到鶴，而是先聽到叫聲。我們再看，「在陰」這個象是從哪裡來的？鶴的棲息地都在濕地，中孚卦的卦象是山下有澤，「九二」在下卦兌之中，也就是澤中。為什麼說是山下呢？三、四、五爻互卦為艮、為山，「九二」是山之下、澤之中的濕地，自古到今鶴的集體棲息地就是在這裡。鶴的鳴叫在陰不在陽，是在民間，而不是高官的位置；但只要聲音好，絕對可以造成四處響應，變成強大的力量。

《易經》中的你我他——「九二」與「初九」的因果關係

值得注意的是，第二爻跟第一爻是有因果關係的，也就是《易經》中的你我他。第二爻「吾與爾靡之」，是講「吾與子」的兩人世界，大家分享親情、天倫之樂，要營造一個像中孚「九二」這樣溫暖、信賴的親密關係。所以第一爻先要排他——「有它不燕」。「他（它）」是第三者，會影響到我們互相信賴的安寧，所以要有「虞吉」這一徵信過程。萬一有了第三者，就要把他排除在門檻外，否則有他就不燕，我們就很難享受兩人世界的快樂。

第二爻為什麼會出現我跟你之間互相信賴，互相親密的關係？因為完全放心，沒有外人，第一爻已經做過清場的工作，排除不相干的第三者。這就像損卦（䷨）第三爻的「三人行，則損一人，一人行，則得其友」。損卦為什麼要排他？因為前面經歷家人、睽、蹇、解四卦的艱難，才學到損的智慧，要單純化，要致一。家人、睽、蹇、解的問題太複雜，就因為「有他」，所以糾葛不清。家人卦（䷤）是長房跟二房之爭，變成睽卦（䷥）之後，長房出家，二房登基，然後男人又討了三房。家人之所以會睽，就是因為沒有排他，有太多的小三，然後就是問題多多的蹇卦（䷦），和忙著解決問題的解卦（䷧），最後到了損卦，就要針對這些問題，冷靜處理；那就得「三人行則損一人」。中孚卦也是一樣，我們剛開始面對人生，初爻非常重要，先不要期待自己泛愛、博愛，所以初爻一定要排他，才能享受二爻的溫情兩人天地。這就是《易經》中的你我他。但光是這樣，絕對不能代表偉大的中孚卦；偉大的中孚卦是具體體現在「九五」，那才叫大愛。要有「九五」的大愛，先要從「九二」的小愛開始。「九二」要有小愛，就不要過分高估自己的能量，先要讓所有關係單純化。先親其親、子其子，等到第五爻才可以擴大化。這個過程也需要循序漸進。

從自然環境來看，濕地要營造母鶴跟小鶴的溫馨快樂，首先要排它，「它」就是蛇。因為濕地草叢裡很可能藏有蛇，這對鶴群家庭是莫大的威脅；小鶴怕，母鶴不一定怕，母鶴要用很長的鳥喙把蛇驅趕走。我們人類那麼苦，就是亞當夏娃的時候沒有把蛇叼走，又有一個蘋果擺在那裡，結果人類的麻煩不斷，背上這麼大的罪。可見，有它就不燕，剛開始一定要把蛇統統叼走，那是對鶴群造成危險的第三者。

言行，君子之樞機

〈繫辭傳〉云：

「鳴鶴在陰，其子和之。我有好爵，吾與爾靡之。」子曰：「君子居其室，出其言，善，則千里之外應之，況其邇者乎？居其室，出其言，不善，則千里之外違之，況其邇者乎？言出乎身加乎民，行發乎邇見乎遠。言行，君子之樞機。樞機之發，榮辱之主也。言行，君子之所以動天地也，可不慎乎？」

在〈繫辭上傳〉第八章，孔子對中孚卦「九二」做了重點解釋，可見這個爻地位非常重要。「君子居其室，出其言，善，則千里之外應之」，不用出門，就在家裡，發表一個宣言、提出一個主張；如果能打動很多人，千里之外也會有所回應。「況其邇者乎」，千里之外都回應了，何況是近處的呢？這就是「近者悅，遠者來」，也就是渙卦的象。「居其室，出其言，不善」，亂講話，提出很糟糕的言論；那麼「千里之外違之，況其邇者乎」，離得再遠，都會拒絕接受，何況是近處的呢？可見，不分遠近，人都會對美好的事物衷心共鳴，對壞事則無一例外地討厭，不可能接受。

「言出乎身加乎民」，「言出乎身」，「言」比「語」重要，講出來的話、提出來的主張，如果是當政者，馬上就會變成政策；不然也可能會被當局採用，變成政策。所以一個好的言論主張，就會影響老百姓。「行發乎邇見乎遠」，一種行為，一定會由近而遠產生影響，而往往在遠處看出績效，使天下皆知。

「言行，君子之樞機」。「樞」就是門軸、樞紐。門樞一動，門就打開了。「機」就是射箭的弩機，腳一踩，箭就射出去，回不來了，結果已經造成。所以言行是君子最重要的樞機，不可輕忽。「樞機之發，榮辱之主也」，最後是榮耀還是恥辱，完全看「樞機之發」，所以要非常審慎。「言行，君子之所以動天地也，可不慎乎？」千萬不要小看言行的影響力，甚至不自覺的言行，也會造成深刻的影響。〈繫辭上傳〉就從這個爻開始談「慎」，文辭理解不難，但講的就是從實踐中得出的真理，由近及遠，謹言慎行，確實非常重要。

上爻：失德失信

上九。翰音登于天，貞凶。

〈小象〉曰：翰音登于天，何可長也？

「上九」和「九二」形成鮮明的對比。中孚卦的守信、失信，還有真情、假意都體現在這兩個爻的對照上。「九二」很正面、「上九」很負面。「上九」就是讓中孚所代表的東西過頭了，失信、唱高調、畫大餅兼吹牛，是典型的言行不一；提出美好的願景，自己卻做不到。這在中孚卦是要儘量避免的，因為高調唱過了頭，就會使信用受到衝擊，最後失信於人。中孚卦上爻失信、不可靠，其實也難怪，上爻本來就是物極必反的爻。

中孚卦從提出一個美好的主張到貫徹實現，為什麼「上九」會出現言行不一的現象呢？因為中孚卦到了這個爻，一是過頭，二是中孚卦即將進入下一卦小過卦，本來就要在歷練中不斷改過。「上九」爻變是節卦（䷻），碰到這個爻就要特別冷靜、節制，要「制數度，議德行」，做好自己的信用管理，不然風險會很高，被人家賣掉了，什麼東西都拿不回來，還蒙在鼓裡。所以爻變為節卦，目的就是要用「節」來節制失信的行為。

好，我們看爻辭。「翰音登于天」，這是唱高調，響徹雲霄。「貞凶」，這麼高的理念，根本是無法實現的空想；想要落實，當然是凶的。正如〈小象傳〉所說的：「翰音登于天，何可長也？」要小心，「登于天」剛開始都很吸引人，但最後就要承受重大損失。像明夷卦（䷣）上爻也講登天，而其上爻最可怕的就是明夷之心，有無邊的黑暗。「初登于天」，「後入于地」。明夷卦上爻爻變是賁卦（䷕），外表充斥華美的包裝和假象。人生能不能識破諸多假象，非常重要，不然被賣掉了都還在幫人數錢。

「上九」看起來很像一回事，華麗而動人，但一切都是假的；就像明夷卦上爻，「初登于天」，令人嚮往，「翰音登于天」也是如此。如果是「鳴鶴登于天」倒還好，偏偏不是鶴，而是雞叫。《禮記》云：「雞曰翰音」，雞叫稱為「翰音」。雞叫的聲音跟鳴鶴的聲音怎能相比呢？破鑼嗓子是雞叫，清亮高亢是鶴鳴。中孚卦民間第二爻的主張，是很清新的，沒有私心欲望；不像上爻過氣的大老，自私自利，破鑼嗓子喊出來，都夾帶著自私、欲望、習氣的雜音。

「何可長也」，指的是信仰世界因為迷信盲動，這種煽情麻辣的聲音往往擁有最多徒眾。「上九」如果是這種邪教教主，他的信徒就是「六三」；不中不正，陰居陽位，又是下卦兌的情欲開竅口，三多凶，內心空虛，會特別愛這種麻辣的「上九」；不論被出賣多少次、失信多少次，他還是愛。他明明有兩個選項，可以選「鳴鶴在陰」這個正面的主張，為什麼不相信？因為三爻跟二爻是陰乘陽、柔乘剛。為什麼三爻對「上九」死心塌地，不能掙脫他的宰制？因為「六三」跟「上九」相應與，所以邪教教徒、魔教教徒都一堆。反而「鳴鶴在陰」這種好東西，只能影響幾個小孩子——「其子和之」，一大群「六三」，由於人性的弱點，生命中有大破洞，才需要「上九」的聲音來尋求暫時的安慰。

第五爻的大愛不接受，在身邊的第二爻他也不要，就是要去追求「上九」，這是「六三」的悲哀。在佛教的《楞嚴經》裡，就把「上九」的魔相分析得清清楚楚，可怕極了！這就是「六三」跟「上九」糾纏不清的冤孽。「上九」明明有問題，根本就對不起「六三」，但「六三」還是擺脫不了他。「六三」跟「上九」這一對，不管我們贊同不贊同，都值得深入研究。「六三」為什麼盲信「上九」，被他賣幾次還是相信他？兩爻變是需卦（䷄）。這下就很清楚了，「六三」心裡空虛，需要「上九」的填補；所以一個願打一個願挨。邪教的教徒特別多，道理就在這裡。

這是「上九」。這個爻就有一個學生占到過。他問的是，二〇一二年最可能發生的事情是什麼？就是中孚卦第六爻，沒有任何東西可以相信。這就是金融風暴所代表的信用危機，「翰音登于天，貞凶」，給你畫大餅，策劃出那麼多衍生性金融商品，結果就有很多「六三」因為貪婪、愚癡，就相信「翰音登于天」的高調，結果這一破，信用危機失控，再也不是中孚的世界了。

我們再看初爻跟上爻的關係。為什麼初爻那麼重要？因為初爻「虞吉」，嚴格把關，做徵信調查，「有它不燕」，經過徵信調查之後，就相信了。否則，稍有不慎，就會變成信用破產的「上九」，「翰音登于天」，被騙光光，「貞凶」。可見，一個事物要持續很難，有時剛開始都沒問題，也經過考核，但最後仍不能擔保不生變。有些人一輩子誠信老實，但最後晚節不保。中孚卦初爻跟上爻就提示我們，要小心人生的最後關頭。我們通常無法針對每一次交易都做信用調查，但信用的風險隨時都在，有時「初登于天」，卻「後入于地」。中孚卦一開始經過「虞吉」的考驗，但仍有可能在最後關頭把大家都賣了。所以人生很難混，只能儘量小心。中孚卦初爻、上爻動，結果就是坎卦（䷜），有無限的風險；由初爻的誠信相交、到上爻的一翻兩瞪眼。如果占到「遇中孚之坎」，就是所謂的鏡像對稱，初爻在前面看怎麼都好，一看鏡子裡面投射出來的，就是「上九」，而且占到中孚卦初爻、上爻動，宜變爻位若是落在上爻，最後的結果有可能會很慘烈。

三爻：冤孽纏身

六三。得敵，或鼓或罷，或泣或歌。

〈小象〉曰：或鼓或罷，位不當也。

「六三」就是擺脫不了「上九」的甜言蜜語，被他說得天花亂墜，完全被打動，而且一輩子受影響，沒辦法擺脫。這就很可憐了。我們說第二爻是《詩經》的筆法，其實第三爻也是，因為「得敵」之後就是「或鼓或罷，或泣或歌」。第三爻可說是可歌可泣，大悲大喜，是人情的極端表現。「六三」交錯朋友，所託非人，曾對「上九」極盡迷戀，最後卻被「上九」徹底出賣，但內心的空虛又無法從「九二」得到彌補，更沒有辦法瞭解「九五」那個大愛的世界。這就是所謂的斯德哥爾摩綜合症，被人害了還離不開他，愛上他了。這就是所謂的冤孽，生命中的剋星，很難擺脫。

「得敵」，這是你的天敵。對「六三」這種有問題的生命狀態，「上九」就是專門剋他、吃他的，而且吃一輩子。所以「六三」碰到「上九」，不是朋友，是「寇」，也不是婚媾，偏偏他把「寇」當成婚媾，於是這輩子就在這種糾纏不清的關係中，分不了又合不成。

「或泣或歌」，一個是哭得很慘，一個是瘋瘋癲癲、高興地唱歌。「或鼓或罷」，「或」字是心中充滿疑惑；「鼓」就是有一天發現自己被「上九」出賣了，羞憤之餘，發誓跟「上九」徹底決裂，一方面想把他幹掉，一方面也想擊鼓進軍，把他的劣行公之於世。但是「或鼓」，不能持久，沒辦法堅決擺脫「上九」的控制，於是「或罷」，他又放棄了。這就是「六三」的麻煩，感情用事，被負面的東西控制到死。即便曾想切斷或聲討，也不能貫徹到底，「或鼓或罷」，算了算了，擊鼓進軍之後又鳴金收兵。

如果當事者沒辦法跟「上九」徹底切開，一下這樣，一下那樣，拿不定主意，這絕對是性格上的弱點，難免「或泣或歌」。一想起「上九」的種種不對，就傷心地哭了，哭到一半，又想起跟「上九」的甜蜜歲月，突然又唱起歌來。這就要老命了，永遠無法下決心貫徹一個正確的決定。很多人都是這樣，斬不斷，理還亂。

〈小象傳〉說：「或鼓或罷，位不當也。」道理就這麼簡單。通過爻變，我們也知道「六三」為什麼會這麼沒出息！「六三」爻變為小畜卦（䷈），密雲不雨、陰陽失調，心中很鬱悶。這就是中孚卦的「六三」，盲信、迷信的大眾，很可憐，也很可悲。人生確實需要中孚，可是像「六三」

就會被整得很慘，內心有強烈的需求，「上九」自然就填補了這個空虛。魔鬼都是乘虛而入的。

五爻：大愛無邊

䷼

九五。有孚攣如，无咎。

〈小象〉曰：有孚攣如，位正當也。

中孚卦的「九五」也是小畜卦的「九五」，小畜卦的「九五」也是「有孚攣如」。「有孚」是大愛，「鳴鶴在陰，其子和之」是小愛、私愛、家庭之愛。「有孚攣如」，即眾生因為愛而緊密聯繫在一起，這樣的結果當然是「无咎」。

〈小象傳〉說：「有孚攣如，位正當也。」這和第三爻的「或鼓或罷，位不當也」截然相反。三與五同功而異位，是兩種絕對不同的信仰世界。「九五」是中孚卦君位，沒有分別心，眾生平等；但這種品格不是天生的，必須從「鳴鶴在陰」、先愛身邊的人開始一步步培養。二跟五相應，在鏡子前面一照，「鳴鶴在陰」的中孚已經在那裡了，將來就有可能發展成鏡子裡面的大愛——「有孚攣如」。二、五兩爻齊動就是頤卦（䷚）。小畜卦的「九五」除了「有孚攣如」，還講「富以其鄰」、「不獨富也」。這就是「不獨親其親，不獨子其子」，和中孚卦第五爻頗為相似。「九五」爻變是損卦（䷨）。也就是說，這種大慈大悲、愛一切眾生的人，自己的欲望一定是降到最低的。

「有孚攣如，无咎。」眾生同體。這個爻是中孚卦的金字招牌，完全體現中孚卦的核心精神。

所以我們講第五爻就是企業經營管理最有價值的黃金品牌。誠信不二，就是「有孚攣如」，絕大部分人都由衷地相信，而且都接受這個品牌的信用度。假如「鳴鶴在陰」是一個好品牌，那可能只有地方性的信用；到第五爻，則是全世界都相信這個品牌的效益。從二、三、四、五爻構成的卦中卦來看，「九五」是頤卦上爻，所以它的信用可以做連帶保證，可以背書一切，是頤卦生態最高的支撐。「由頤，厲吉，利涉大川」，「大有慶也」。同時，「有孚攣如」也是初、二、三、四、五爻構成的卦中卦損卦上爻。由此可見這個爻的分量了，有所謂的信用連鎖、信用保證；企業倒了，銀行撐；銀行倒了，政府撐；政府倒了，國際社會撐。能為一切背書的就是「有孚攣如」。就像我們說的「議獄緩死」一樣，一旦出問題，大家聯保，千萬不能讓它倒。

還有，三、四、五、上爻構成的卦中卦是風山漸（䷴）。中孚卦第五爻是漸卦三爻跟五爻。三爻是離群孤雁，第五爻是突破萬難，到達頂峰，太太三年都沒法懷孕。另外，第五爻也是二、三、四、五、上爻構成的益卦（䷩）「九五」，利益眾生，「有孚惠心，勿問元吉，有孚惠我德」。正因為有這麼多的背書，「九五」就有了「有孚攣如，无咎」的光環。

四爻：小捨大得

六四。月幾望，馬匹亡，无咎。

〈小象〉曰：馬匹亡，絕類上也。

「月幾望，馬匹亡，无咎。」這是中孚卦第四爻。「六四」是承上啟下的位置，跟「九五」

是陰承陽、柔承剛的關係。另外，「初六」正，「六四」也正，「六四」跟「初九」相應與，「六四」跟「九五」承乘，的確是承上啟下極好的位置。可是在中孚卦，就爻辭來講，它卻做出了棄小就大的抉擇——「月幾望」。「月幾望」是最後一次在爻辭中出現，意思是月亮不要太滿，滿了就要缺；所以不要求全，儘量保持低調、謙遜。因為「九五」如果是太陽，「六四」是月亮，月亮是向太陽借光的，那麼就千萬不要「望」。況且在中孚卦中，第四爻已經居於高位，「月幾望」就點明了雖然上下關係都這麼好，但還是要低調。這就不是一般人能做到的，能夠理智而不被感情拖累，就是爻辭所說的「馬匹亡」。「亡」就是割捨，捨小得大。馬匹是指「初九」的民意支持；「馬」又有「心」的意思，「匹」是「匹配」的意思。「六四」跟「初九」配，「初九」就是「六四」的馬。「馬匹亡」是指「六四」有這麼好的關係，上承「九五」，下應「初九」，可以左右逢源；但「初九」代表中孚卦比較低層次的境界，「九五」代表參政的高層次智慧。人到「六四」時，雖然跟「初九」關係密切，可是這時應該一心追求「九五」所代表的最高境界，那就要放棄「初九」，不然會窒礙不前。

「馬匹亡」，就「无咎」。要追求「九五」的最高境界，就要超越對「初九」的戀棧。「六三」因為感情用事，對「上九」的依戀怎麼也切不斷。「六四」就不是感情用事，放棄小悲，追求大悲；放棄小我，追求大我，這就是「馬匹亡」。已經跟了你一輩子，但可能會變成包袱，始終停留在「初九」的境界，無法進入「九五」的大胸懷，所以一定要「馬匹亡」，才無咎。

〈小象傳〉說：「馬匹亡，絕類上也。」這個抉擇的確夠狠，等於是用慧劍把亂七八糟的煩惱絲都斬斷了；也唯有這樣才能有大成就。「絕類」，誰是「類」？「初九」就是它的「類」。

「類」就是「朋」。「馬匹亡」是「六四」最終的抉擇，這時候一定要放棄世俗的戀棧，專心追求更高的「九五」，這就是「絕類在上」。「六四」爻變就是說到做到的履卦（䷉）。有捨才有得，小捨大得，不捨就不會得。可見，「六四」跟「六三」是一個強烈的對比，「六三」什麼都切不斷，而且切不斷的還是很糟的東西；「六四」是該切就切，切斷、捨棄的還不是很糟的東西。為了「欲窮千里目，更上一層樓」，「六四」作為上卦巽的風根，就是要深入探討「九五」的境界，該放棄的就得放棄，不然就沒有辦法跟上去。這兩個爻的強烈對照，在中孚卦呈現的狀態，就會影響到小過卦三爻、四爻，可謂是胎裡帶來的致命弱點。「六三」、「六四」在受保護階段就顯現這樣的性向，到小過卦就變成「九三」、「九四」的前世因果，影響一生的性格。

占卦實例1：陰陽爻真的是「象男女之形」

一九九七年十一月底，我問陰爻、陽爻的符號是否「象男女之形」而來，也就是陽爻形似男根、陰爻象徵女陰。得出不變的中孚卦，為親子和合，誠信不虛，顯然就是。伏羲畫卦「近取諸身」，又稱「生生之謂易」。

占卦實例2：親情撫慰以抗癌

二〇〇三年七月下旬，一位教授好友直腸癌二度開刀，我問他病情往後吉凶？為睽卦「九四」

爻變，成損卦，其爻辭稱：「睽孤，遇元夫，交孚，厲，无咎。」再追問「元夫」指何而言？如何調護求遇？得出中孚卦「九二」爻動，有益卦之象，其爻辭稱：「鳴鶴在陰，其子和之。」以親情信念調養，可由損轉益。〈繫辭傳〉稱：「損，先難而後易；益，長裕而不設…損以遠害，益以興利。」寬心靜養，應對病體有益。睽與家人相綜一體，在家療養合宜。這位朋友罹癌十多年，迄今依然健在，教書寫作不輟。

占卦實例3：美國對臺灣的戰略意圖

二〇〇四年五月，其時三一九大選槍擊案的動盪未消，情勢相當敏感。我問美國對台的真正意圖為何？得出中孚卦「九五」爻動，有損卦之象，其爻辭稱：「有孚攣如，无咎。」母雞抱小雞，卵翼呵護？其實美國關鍵的考量仍是自身的利益，以卦中卦的理論來檢驗即知。

中孚「九五」相當於二至五爻互成頤卦的「上九」、二至上爻所成益卦的「九五」、初至五爻所成損卦的「上九」、以及三至上爻所成漸卦的「九三」及「九五」。頤卦「上九」爻辭：「由頤，厲吉，利涉大川。」美國為台海生態的靠山。益卦「九五」爻辭：「有孚惠心……有孚惠我德。」卵翼照顧，有互惠關係。損卦「上九」爻辭：「弗損益之……得臣无家。」明顯損極轉益，精打細算，讓臺灣做其馬前卒，所有投資都要回收。漸卦為雁行團隊的戰略佈局，「九三」爻辭：「利用禦寇。」〈小象傳〉：「順相保也。」「九五」爻辭：「終莫之勝。」〈小象傳〉：「得所願也。」決不允許臺灣變成離群的孤雁。至於中孚卦初至四爻所成歸妹卦，「九五」不涉其內，換言之，臺灣最後歸宿為何，老美才不管呢！先充分利用再說。這是美國對臺灣的真實意圖，智者皆知，不足為奇。

同時推算大陸對台的戰略意圖，為渙卦「九五」爻變成蒙卦，已於渙卦占例中說明，兩相對照，臺灣處境瞭如指掌矣！

學而時習——小過卦第六十二（䷽）

中孚、小過卦的關係分析

我在上一章講過，佛教淨土宗的阿彌陀佛，在《易經》來說，就是不折不扣的中孚卦。中孚卦是《易經》倒數第四個卦，是佛教所謂的末世信仰；前面諸如渙卦、節卦的文化傳播、教育傳播、典章制度都已具備，下面就是中孚卦的一代傳一代。很多宗教或思想體系都希望能衣缽相傳，所以要聚眾講學傳道，這就是中孚。書院、廟宇或教會等相對純淨的空間，就像中孚卦上下各兩個陽爻的保護，不讓外面那些社會浮囂、政治氣息影響到學習中的下一代。從豐、旅、巽、兌、渙、節諸卦一路走來，都在強調一個體系相連的概念，推到最後就是探討既濟、未濟的宇宙人生究竟真相；從事業來講，就是最後的成敗。如果從宗教或準宗教的修行來講，既濟、未濟二卦就是般若波羅蜜，靠智慧渡彼岸；有沒有功德圓滿或下輩子重新投胎再來？中孚卦不能直接到既濟卦，中間還需要實踐的階段，即「信受」之後一定要「奉行」，如果只是聽聽講學佈道，就以為成道了，可沒那麼便宜！一定要親證實踐修行，中間還要經過不斷犯錯的過程，這就是小過卦。

也就是說，中孚卦的信仰跟小過卦的實修，理想跟實際層面必然有差距，而且差距還不小。所以必須慢慢修正、慢慢調整，其實這就是修道的過程；就像復卦一樣，繞著一個中心軸行進，剛開始一定東倒西歪，必須不斷修正、改過。小過卦就是這樣，小鳥練飛，就是「學而時習」，跌跌撞撞、東倒西歪，以致折翼斷翅、鼻青臉腫，都是難免的；但只要不是「大過」，就可以在錯誤中學習。就跟蒙卦「果行育德」的人生啟蒙一樣。儘管在中孚卦已經真誠接受信仰理論、價值體系，但一定得經過六爻全變的小過卦錘煉，才有可能「既濟」渡彼岸。小鳥練飛，就得靠自己每天練習駕馭羽毛；小孩生下來總有一天要剪斷臍帶，自己學走路。這是人生必經的過程。

小過卦靠自己DIY，任何事都不能避開，那是「習」的過程。中孚卦是「學」，小過卦是「習」。中孚是小孩剛出生，童蒙未開，嘗試解開人生的一些問題，就像「學」字的形象一樣；兩手捧著中間那個「爻」所代表的各種問題，於是展開人生的各種學習。但那畢竟沒有實踐的階段，只是從理論入手而已。到小過卦就得啄破蛋殼，擺脫學院、道場封閉式的保護，開放性的面對人生的風雨洗禮；如人飲水，冷暖自知。每個人都有從「學」到「習」的經驗，貫穿其中的就是「時」——「學而時習之」。如果學習好了，就接到前面的兌卦，「不亦說乎」。這法喜就從聽講、實踐而來。所以兌卦的〈大象傳〉就講「君子以朋友講習」，那是很美的學習經驗。

我們講中孚卦是「信受」，小過卦是「奉行」，這是借佛教的觀念。佛教也強調修行靠自己，沒有任何人能為你加持成佛。「諸惡莫作，眾善奉行」，這是很多人都知道的；但下一句則道盡佛家的修行真諦：「自淨其意。」要讓意念清淨，就得靠自己。這就是《中庸》講的慎獨，佛家講的「明心見性」。但佛教這麼簡單的觀念，好多信徒卻搞不清楚，都有依賴心、希望撿現成，當然無法解脫。〈繫辭傳〉說，「無有師保，如臨父母」，沒有師傅、沒有保母，一切靠自己。這是唯一的一條路。人生的「小過」是必然的，只有改過，才能无咎，像小鳥練飛顯現的自然規律，它不可能永遠乳臭未乾、躲在象牙塔裡面。這種轉型、歷練的過程是必要的。

《易經》拆解的解卦分析

要更好地解卦，就要對《易經》六十四卦三百八十四爻中爻的排列組合，進行熟練的合併拆解，不要做空洞的理論探索。如果那個爻是你的本命爻或是生命中的重大事件，那就需要更深入地掌握跟它有關的內內外外各種訊息。就像我們說的升卦（䷭）第三爻「升虛邑」很值得研究，可以幫助我們深刻瞭解人性；為什麼它務虛不務實？沒有絕對把握，卻可以為一些虛無縹緲的東西，投注一生的關心追求？把升卦第三爻進行正面、反面的利弊對比，進行深層的人格心理分析，那麼我們對人性、人情將有更全面的認識。

很多爻都是這樣，光看爻辭，讀不出太多訊息，像否卦（䷋）第三爻「包羞」兩個字，爻辭精簡之極，但我們可以透過「包羞」兩個字去瞭解一個事件、一個人、一個公司，甚至一個國家。那麼這些背景就有必要深入瞭解了，透過卦中卦的相應爻位理解本卦的爻。而三爻、四爻通常會更複雜，因為三多凶、四多懼，一個卦中有五個卦中卦，每一個都會遇到三爻、四爻。人位是非多，承上啟下，剛好是夾心餅乾的位置；下有高漲的民意，上有領導的壓力，受到各方力量的推拉。爻辭就是最後的對策。《易經》都有全方位的考慮，才會在爻辭中做出精簡的建言。如果我們只是直接接觸爻辭，不去想它的深層意義，就無法解讀爻的真正涵義，即使背熟爻辭也沒有用。

所以，解卦斷卦不能被小我的得失利益局限，要具備綜合的斷卦能力；而斷卦能力的培養，一定要通《易》，不只是爻辭的翻譯。很多經典經過白話翻譯，簡直慘不忍睹。讀《易經》最笨的就是白話翻譯。要知道，〈易傳〉是解釋經的，而不是翻譯經的；〈大象傳〉從來就沒有解釋過卦辭，而是教我們怎麼修德，它認為卦辭沒什麼好解釋的。〈小象傳〉也不是解釋爻辭的，只是點出原因；像「潛龍勿用，陽在下也」，幫助我們充分掌握爻際關係，是這個爻的時位決定要「潛龍勿用」，而不解釋什麼叫「潛龍勿用」。所以〈小象傳〉用那麼精簡的幾個字解釋爻辭，完全不是在做翻譯，只是告訴我們為什麼這個爻要這樣做。到最後集大成的〈彖傳〉，也是通過卦爻的結構來說明卦辭，重點是解釋它的來龍去脈，為什麼會這麼主張，而不是解釋文字。像損卦〈彖傳〉更是一絕，從頭到尾把卦辭念一遍，最後就告訴我們「損益盈虛，與時偕行」，卦辭本來就沒什麼好解釋的。

不過，現代人畢竟隔了兩千多年，閱讀古文還是需要解釋，但要注意，要掌握《易經》，重點不在解釋，雖然它的文字意境已經很不得了，但還是不夠，真要掌握的是活的解釋、活的運用，要瞭解言外之意。〈繫辭傳〉更提醒要有「象」的思考，因為所有的「辭」都是從「象」來的，「象」比文字更廣泛，一旦進入文字層次，就有局限。很多人讀卦、解卦，往往被卦爻辭所苦，無法進入情境，就沒有辦法掌握意的層次；所以要善體言外之意，而且得意忘象、得象忘言。「言」是根據「象」來的，從「象」到「言」，很多東西已經搞死了，那是沒辦法的事；「道，可道，非常道」，你說怎麼辦？而且「象」還不是究竟，「象」外還有「意」，所以要「立象以盡意」。莊子講「得魚忘筌」就是如此。《易經》這麼難的東西，光卦爻辭就夠讓人頭暈了，如果說統統都死在「言」的層次上，甚至連「言」都看不懂，怎麼掌握後面活的境界呢？

小過卦爻的深入分析

小過卦的爻辭很難直接從文字理解，但若從承乘應與的關係去看，就可以完全懂了；很多意涵是文字實在沒辦法表達的。什麼叫小過？小鳥練飛，中間難免犯錯，不是「過」就是「不及」，很難恰到好處。小過卦就告訴我們，在練習過程中很可能偏離中道，那就得馬上修正。

我們都知道，《易經》追求的不是吉凶禍福，而是「无咎」。卦辭、爻辭中經常出現「无咎」兩字。學過〈繫辭傳〉的就知道，「无咎者，善補過也」，解釋很簡單，善於彌補過錯，就會无咎。不善補過，甚至還拒不認錯的人，絕對有咎；而且會怨天尤人，不咎自己、歸咎於人。怨天尤人，忌妒搞破壞，這是最沒出息的。「无咎者，善補過也」，人不可能不犯錯，聖人也會犯錯，只要錯了懂得改就好。小過卦光看卦名就知道無法恰到好處。但有偏差就要改，改過了就无咎。益卦〈大象傳〉說「遷善改過」。能夠遷善改過的人，一定有損卦的基礎。損卦〈大象傳〉強調「懲忿窒欲」，不能懲忿窒欲，就不可能遷善改過。面對人生必然的犯錯，有過則改、從善如流，見善則遷。

我們回到小過卦。注意！「六二」跟「九四」這兩個爻的爻辭都強調「无咎」。二與四同功而異位，重點在无咎、善補過；不是不犯錯，而是懂得調整。「六二」當然沒有問題，因為它中正；「九四」因為陽居陰位，剛而能柔，能夠忍，能自己調節，所以「九四」當頭兩個字就是「无咎」。本來小過卦是動輒得咎的，「九四」先高掛起「无咎」牌，「六二」因為工夫做到家了，最後也得到了「无咎」，不會出大紕漏。

小過卦光卦名就告訴我們有過，過猶不及，不合乎中孚卦的時中之道。由「中孚」到「小過」，「中」就失去了。小過卦六個爻的爻辭之中有沒有「過」跟「不及」？在「六二」、「九三」、「九四」、「上六」，四個爻中都有「過」字，「過其祖」，「弗過防之」，「弗過遇之」、「弗遇過之」，真要把人整死了！「不及」在第二爻。所以第二爻很有趣，既有「過」，又有「不及」。看來，中道特別難。《中庸》說：「道之不行也，我知之矣，知者過之，愚者不及也；道之不明也，我知之矣，賢者過之，不肖者不及也。」你看，不是「智者、賢者過之」，就是「愚者或不肖者不及」。孔老夫子最討厭不懂得中庸之道的人。我們從節卦到中孚卦就一直強調「中庸」。人走極端容易，不管是走縱欲的極端，還是走清淨修行的極端都比較容易。最難的就是不在廟裡修、而在鬧市修，「苦節不可貞」，天天都得直接面對各種干擾。要是躲起來修，就像回到中孚卦的保護一樣，那是沒有經過試煉的；小過卦則惹禍不斷，不是太過就是不及，每講一句話，都沒有抓到分寸；每做一件事，起心動念都有妄想。

小過卦「六二」是過猶不及的典型，那麼小過卦在既濟卦的人生成功與終極解脫的時刻，不是「過」就是「不及」，中道怎麼辦呢？不用擔心，還有一個「遇」字，不期而遇的邂逅，往往出乎意料，可以接近中道，雖然不是完全標準，但不會走極端。我們期望的無限美好，不管是花好月圓，還是勝利成功，在小過卦的實踐階段，才發現總是坑坑疤疤、七折八扣。這種不期而遇的狀況是真實發生的。「遇」的概念，貫穿整部《易經》，人生充滿不可預期的機遇。理想中的狀況可能一輩子都遇不到，但真正碰到的往往是我們沒想過的。「無心插柳柳成蔭，有意栽花花不發」就是「遇」，真實得不得了。不期而遇會顛覆夢想和理想，但是顛覆的後面還有深意，因為可能會創造新的機遇。「過」跟「不及」都是因為中孚卦時想法太天真，期望一百分；但小過卦實際人生所發生的都是「遇」。隕石撞擊造成生命的開始，一開始就不可預期，然後汰弱留強，把恐龍淘汰，讓物種繼續。從中孚卦到小過卦之後，人生實際的遭遇、機緣，常常是不可預料的。這就是「中孚」到「小過」的落差，反應在「遇」上，一方面告訴我們「過」與「不及」，一方面告訴我們還有「遇」。小過卦第二爻有兩個「遇」，有「過」有「不及」，但反而是「六二」這個爻最穩定。其他的爻風險都非常高，甚至會粉身碎骨。「九四」是「弗過遇之」，「上六」是「弗遇過之」。小過卦六個爻是四個「遇」、四個「過」。把這些都抽掉，剩下的就是吉凶悔吝，天災人禍皆有之，一定要戒慎恐懼。小過卦跟漸卦一樣都是典型的鳥卦，除了卦辭之外，爻辭從飛鳥開始到飛鳥結束，明確告訴我們是小鳥在練飛；初爻「飛鳥以凶」，「上六」「飛鳥離之」；凶開始，凶結束，好淒慘！

小過卦的卦中卦

首先看初、二、三、四爻構成的漸卦（䷴），可說是鳥卦中的鳥卦。漸卦是鴻雁齊飛，雁行團隊，有時是集體犯錯，有時是團隊學習。學習團隊就得循序漸進，不斷犯小錯，也不斷調整，想一下就成功，那絕不可能。

其次是二、三、四、五爻構成的大過卦（䷛），這是一個警示，積小過會成大過，大過的因素就藏在小過裡，所以「勿以善小而不為，勿以惡小而為之」。就像噬嗑卦（䷔）一樣，初爻犯輕罪，「屨校滅趾」；上爻犯重罪，以致罪不可赦——「何校滅耳」。小過怎麼發展成大過的？就是因為「差之毫釐、失之千里」，初爻絕無問題，到上爻卻一塌糊塗，天災人禍、禍國殃民的現象都出現了。這就明確告訴我們，小過卦中藏有大過的可能，所以千萬不要小看，要知道「小過不改，必成大過」、「履霜不改，必成堅冰」。不要假裝看不到，暫時覺得無傷大雅，將來絕對有傷大雅，這就是小過中含有大過的警示。當然，大過卦中絕對沒有小過卦，因為積重難返，回不了頭了。小過卦裡藏了大過卦的幽靈，一旦釋放出來，再想回到小過卦，絕不可能。這是人生唯一的遊戲規則，不能回頭。有人說：「命運早已確定，就是不能偷看。」丟掉的大石頭就不能再想撿回來，因為你總認為前面還有更大的。在歸妹卦（䷵）中，每個人都想嫁做大老婆，最後卻被當成小老婆賣掉，成了贈品。所以人生行情還好的時候，趕快脫手，不要等到積重難返的時候全部落空。

乾卦〈文言傳〉說：「臣弒其君，子弒其父，非一朝一夕之故，其所由來者漸矣。」小過卦中藏著漸、大過二卦的意思就是如此。要是不改，小過慢慢變成大過，最後是什麼結果？就是三、四、五、上爻構成的歸妹卦，「征凶，无攸利」，最後一場空。小過之中好像有一股地下暗流，不趕快調整，就會由漸而大過、而歸妹，最後是竹籃打水一場空。

上面是四個爻的卦中卦，再看五個爻的。首先是初、二、三、四、五構成的咸卦（䷞），這是下經第一卦，每一個人與生俱來都有的熱情，「觀其所感，而天地萬物之情可見矣」，能不能虛心接納人？能不能改過？對自己犯錯的敏感度夠不夠？這一切都在咸卦裡。所以小過卦有六分之五是籠罩在咸卦中，每個人都有人生的熱情，喜怒哀懼愛惡欲皆具，不犯錯是很難的。

其次是二、三、四、五、上爻構成的恒卦（䷟），每個人都有熱情，最後能不能成，能不能久，能不能保持常道，這是恒卦的要義。〈繫辭傳〉講「易有太極」，可是馬王堆出土的《帛書易》則說「易有大恒」；用大恒來代表太極，人生最後要恒才算數。每個人都有「咸」，絕大部分都經不起「恒」的檢驗，而變成「遯」；退化、墮落是難免的。小過卦是整個人生犯錯學習的過程，也就是咸、恒，該過的一定得過。

小過卦中的「遇」

小過卦爻辭裡頭有很多「遇」字。從有中孚的想法、理念、主張到實際執行，會發現許多不如意的事。稍微有實際人生經驗的都知道，想得很美，做起來變故頻頻，發生很多始料未及的事；這些意外遭遇，有時是危機，就要趕快修正、面對。凡是脫軌、偏離體制、偏離既定計畫的，都是「遇」；處理得好就變成「遷善改過」的轉機，處理得不好就可能導致全面崩毀。這種理想跟現實的差距，在學校是沒法講的，講了也沒用，因為沒有實際歷練，只是理論，必須「果行」才能「育德」；一定得靠自己去碰撞、闖蕩、印證，才算得上真正瞭解人生。這是人生啟蒙必經的步驟，沒有任何人能替代。換句話說，在中孚卦的時候，要熟練基本理論，這是「學」；而靈活應變的能力，還得自己慢慢落實，這才叫「習」。這就是坤卦六二爻的「不習无不利」。

先確立「中孚」，再「小過」，這就是信受奉行的過程。「中孚」只是確立理論，下面就是「小過」的實幹，不然就別想渡彼岸、到淨土。一切都得自己過一過。沒有直接灌頂就能開悟見道的，小人行險以僥倖，世間哪有這種菩薩？

小過卦的單爻變分析

小鳥練飛，如果不要摔得一塌糊塗，就要在學習過程中練習掌握平衡飛行的技巧。這種均衡的概念，是謙卦（䷎）特別強調的。謙卦是維持天地人鬼神的均衡，「裒多益寡，稱物平施」；所以天地人鬼神都得善終。小過卦要得善終不容易，想要得善終就要重視謙德。「裒多益寡」的「裒」字，許慎的《說文解字》裡沒這個字，後世很多解釋就亂了，把「裒」當成「減」，「減多益寡」，那就完了。其實是「聚多益寡」的意思，這樣的解釋就完全不一樣。沒有叫你犧牲什麼、減少什麼，是讓社會的總財富增加，然後講究公平分配。我們現在對物價那麼敏感，其實就是「謙」出了問題；貧富不均，保護富人就傷到貧人；過分遷就貧人，富人就有意見。我們都知道豐卦（䷶）很容易豐極轉旅（䷷），或者變成渙（䷺）；如果能用「謙」的精神維持「豐」，再大的局面都不會有問題。以謙持豐，面對天地人鬼神的檢驗，都能安然無恙，這就是豐卦中有謙卦的象；也就是初爻、四爻動的象，必得善終。因為均衡，軟實力、硬實力並進，文化底蘊與富國強兵配合得融洽無間。所以女生不要怕胖，只要胖得均衡就很美。

再說一點，我曾問過倉頡造字的貢獻，結果就是豐卦初爻、四爻動，這個貢獻不得了，天地人鬼神的資訊非常豐富，六書中的象形、指示、會意、形聲、轉注、假借其實全部都是象形，廣義而言都是「象」。中華民族基本上善用象徵的形上思維，雖然並無證據可說八卦就是文字的來源，但思維習慣絕對一以貫之，造字是這樣，畫卦也是這樣。倉頡造字之後，天降粟雨，鬼哭神嚎，「遇豐之謙」看起來是真的。我後來問繁體字的未來，也是遇豐之謙，跟倉頡造字是一樣的卦，根本不必擔心它毀滅。天地人鬼神都支持，也不必申請世界文化遺產。就是這種均衡，才能恆久發展下去。

我為什麼要講謙卦呢？因為小過卦第四爻爻變為謙卦（䷎），小過卦第三爻爻變是豫卦（䷏）。注意謙、豫一體兩面，這就是所謂的制禮作樂，不只謙卦有天地人鬼神，豫卦也是天地人鬼神——「先王以作樂崇德，殷薦之上帝，以配祖考。」小過卦中兩個陽爻都是人位，三多凶、四多懼，夾在大坎中間的陽剛位置，單爻變分別為豫卦、謙卦；而且小過卦拆開來就是謙卦加豫卦，就像中孚卦拆開來是臨卦加觀卦一樣。

為什麼小過卦強調天地人鬼神？就像中孚卦是艮宮的遊魂卦，小過卦是兌宮的遊魂卦。所以在〈大象傳〉中絕對會出現跟生死有關的象，中孚卦「議獄緩死」，小過卦則是「喪過乎哀」，這絕非偶然。《易經》所有的辭後面都有根據自然推衍出來的理氣象數數理模型，不是信口開河。如果占卦問有關生死病痛的事，遇到這些卦一定要多加小心，不管卦辭爻辭講得多好，都有可能不久於人世。

小過卦「九三」爻變是豫卦，就要懂得思患預防。「九四」就要修謙德才能避開無限的風險。除了謙、豫二卦講天地人鬼神之外，豐卦也講天地人鬼神。小過初爻爻變為豐卦，而「上六」爻變是旅卦，這些都不是偶然的。

小過卦卦辭

䷽ 小過。亨，利貞。可小事，不可大事。飛鳥遺之音。不宜上，宜下，大吉。

小過卦卦辭很長，簡直就是白話文，很好理解；也很像卜辭，就像算命先生說的話一樣。「亨，利貞。」語句平和親切。小過卦亨通，但要「利貞」，要固守正道才會有利。

「可小事，不可大事」，只能做小事，不能幹大事。因為大事絕無成功的可能性，如果想幹大事，占到小過卦就得放手，還是別給自己惹麻煩，做做小事倒可以。「可小事，不可大事」這句話的意思誰都懂，但是，為什麼要「利貞」呢？因為「飛鳥遺之音」，整個小過卦有飛鳥的象，但小心變成遺音。淒厲的叫聲令人恐懼，而且叫完之後杳無音信。「遺音」代表沒有完成的理想，結果變成笑柄。起初的豪言壯語大家都聽到了，並且都錄下來了，還可以經常調出來回味。這樣的「遺音」自然沒有實現，當初不要也罷。

「飛鳥遺之音」跟中孚卦最後一爻有異曲同工之妙，「翰音登于天」也是如此。如果鳴叫聲很好聽，倒還罷了，如果明明是破鑼嗓子般的雞叫聲，怎麼能高飛呢？若想高飛，即使不是鳳凰，也得要有大翅膀，雞怎麼可能飛上天呢？能不「貞凶」嗎？就算勉強飛上了天，「何可長也」？可見，人沒有那個命、那種德，強求則慘不可言。人有非分之想，強求時往往不擇手段，結果必遭報應。雞怎能和鳳凰相比呢？

飛鳥本是美好的象徵，就怕成了「遺之音」，所以切忌唱高調，宣揚一個主張千萬不要太超過。我們之所以強調「慎獨」就是如此，只有積極開發生命的內在主宰，尋找核心創造力。這也是中國經學的主旨精神，不像宋朝以後變成在黑屋子裡自欺欺人，要看住自己不做壞事。理學家就是這麼胡扯，消極防範不可能的作法，還不如積極建立生命的主宰。除了唱高調之外，最要命的就是說一套、做一套，滿街偽君子。小過卦接著中孚卦再一次提出，人生不要犯了「遺音」的錯，以免成為笑柄。高射炮打飛鳥，一片羽毛都沒碰著。屈原曾說：「黃鐘毀棄，瓦釜雷鳴。讒人高張，賢士無名。」無德之人佔據高位，威風一時，有時還騙一堆人盲目信從。中孚卦第三爻「得敵，或鼓或罷，或泣或歌」就是這樣可憐。但是，人情深處確實有這種渴望，這才可怕。尤其在末世的時候，人心不寧，就像吃鴉片煙一樣，明知是毒，還非吸不可。

要是不想成為飛鳥遺音，出聲時就要審慎，「不宜上，宜下」，不要飛太高，飛低一點，遇到狀況隨時可以迫降。也就是低調、謙和、務實。因為環境變化劇烈，隨時都可能成為「飛鳥遺之音」或「翰音登于天」，實踐過程中如果高高在上，萬一風雨來了怎麼辦？找不到地方迫降，就會出空難。世事難料，始料未及的事情太多了，所以鳥的翅膀不要張得太滿，要隨時可以垂其翼，找地方迫降。另外，「不宜上，宜下」，這也說明，一旦出問題就可以馬上安全著陸，找地方躲起來。這樣的話，結果就是「大吉」。

前面是「亨，利貞」，後面是「大吉」。但中間要做到「可小事，不可大事」、「不宜上，宜下」，小心「飛鳥遺之音」。小過卦為什麼會大吉呢？要知道，日出東方、光芒萬丈的晉卦（䷢）

都可能變成夕陽西下、無邊黑暗的明夷卦（䷣），所以一定要「垂其翼」，低調謙和。小過卦的卦辭總綱就是「可小事，不可大事」，只要謹小慎微，小心行得萬年船，絕不好高騖遠。這些都做到了，就能大吉。

小過卦卦爻辭都在告訴我們，如果想成大事絕不可能，但是，這並不代表永遠不可能，因為小過卦的下一卦是既濟（䷾），成功的可能性還是很大的。換句話說，它跟大壯卦（䷡）有一點像，大壯卦要「則止」，要「利貞」、「貞吉」，不然都可能「喪羊于易」，以致進退失據。小過卦也是這樣，它後面是既濟卦，前面是中孚卦。不能一把玩光、孤注一擲，但可以花一點小錢、交一點學費，吸收一點失敗的教訓，最後才會成功。小過卦之後的既濟卦就是這麼來的，因為已經經過「中孚」、「小過」的階段，知道人生如何才能成功。既濟卦是理想跟現實完美結合，也均衡發展。意圖僥倖成功的人常常重心不穩、不均衡。在大壯卦和小過卦都不可能成功，但它們的下一卦就可能；所以，為了下一卦的大吉、亨利貞，這一卦就得低調收斂、謙虛學習。志在吸取經驗，而不在成功。如果沒犯錯、沒犯戒，又吸收很多實際經驗，下一卦的「既濟」才有可能。成功的方程式就是這樣，先把經驗消化吸收，再圖謀下一步。

另外值得注意的是，在六十四卦中，卦辭講到「大吉」的只有小過卦，但是爻辭講「大吉」的有四個爻。家人卦（䷤）「六四」，「富家大吉，順在位也。」「大吉」不等同於「元吉」，而是要有大局觀，一個點做對，全盤都通。火車頭拉錯方向了，全車都得遭難。「大吉」算得是畫龍點睛的那個點，家人卦第四爻，要維持一個家，就要有富家大吉的理財本事。貧賤夫妻百事哀，沒錢啥事也不能做。所以家人卦有「六四」，爻變同人卦，步子就邁出去了。

然後就是萃卦（䷬）的「九四」，「大吉，无咎。」要有大局觀，如果跟第五爻爭，啥也得不到。還有就是升卦（䷭）初爻「允升，大吉。」爻變是泰卦（䷊），那是一個點火點，讓整體都起來了。一個小小的關鍵點，卻能把一盤死棋盤活，全盤皆贏。如果一著下錯，全盤皆輸。此外還有鼎卦（䷱）上爻，「鼎玉鉉，大吉，无不利。」所有象徵國家政權的鼎，如果沒有文化理念，沒有「玉鉉」的精神涵養，滿腦子想要黃金，那就沒有永續的價值，不可能長久。「鼎玉鉉」爻變為恒卦（䷟），下面才是震卦（䷲）的接班，這樣就能香火不斷、綿延不絕。如果心裡只有黃金、只有物質欲望，就不可能長久持續下去。

小過卦要追求大吉，就要看重長遠的承諾。不是承諾在「小過」階段，而是放長線釣大魚，重視整體的均衡。有了「中孚」這個好東西，可是距離「既濟」的成功還有一定距離，中間的小過卦就是必經之路，小不忍則亂大謀，如果僥倖冒險，大吉的局面就會被破壞掉了。

「可小事，不可大事」和睽卦（䷥）卦辭「小事吉」頗為相似。「小事」並非一事無成，而是格局比較小的事。要懂得小的用處、要低調。這種行事的智慧，就是以小博大、以小事大。剛開始當然要聽教授、指導員的，你還不能做大事。像大畜卦（䷙）要訓練千里馬，也要訓練很久才放出去。什麼叫大事呢？「國之大事，在祀與戎」，「祀」是香火，是政權、主權的延續；「戎」就是打仗。《孫子兵法》說：「兵者，國之大事也。」豐卦第三爻〈小象傳〉稱「不可大事也。」為什麼不可大事呢？照理說，豐卦應該「可大事」，因為資源很多，但最後還是斷了右手。那麼，小、大如何區分呢？小事、大事是相對的，不可拘泥。

小過卦〈彖傳〉

〈彖〉曰：小過，小者過而亨也。過以利貞，與時行也。柔得中，是以小事吉也。剛失位而不中，是以不可大事也。有飛鳥之象焉，飛鳥遺之音，不宜上，宜下，大吉，上逆而下順也。

現在進入〈彖傳〉。「小過，小者過而亨也。」「小者」在下一卦既濟卦〈彖傳〉中也出現過——「小者亨也」。陽大陰小，旅卦「小亨」，巽卦「小亨」，小才能亨，越小越好，低調、不張牙舞爪，才是亨通之道，太高調會讓人看了不爽。「小者過而亨」指的就是矯枉過正，稍微有一點過無妨。小過卦有四個陰爻，是陰盛陽衰的卦，現在是小過的階段，是見習生，絕對不能張揚，要謙卑有禮、腳踏實地，好好聽從教訓。這樣的低姿態才能亨，甚至過度謙恭、過度謹慎小心都無妨，在小過階段，都能亨通。人生不外是追求亨通，小過為什麼能亨？就是因為掌握陰柔和厚德載物的智慧，有一點過謙也無妨，而不是「大者」。「過以利貞，與時行也」，「貞」即固守正道，人生難免犯錯，只要能回歸正道，不是扶了東來西又倒就好。《中庸》說「雖不中，亦不遠也」，人生的學習本來就是這樣。孔子的弟子顏淵可說是眾弟子之中最好的，但他也認為：「顏氏之子，其殆庶幾乎？」「庶幾乎」就是差不多，不完全合乎理想，九十分而已。人生就是在犯過中成長，不斷嘗試錯誤，慢慢在「過」之中掌握中道。而且這不是靜態的，不是一成不變的，是動態的，不斷在變的。去年可能這樣做是「過」，今年這樣做恰恰好，明年這樣做卻又不及了。這就是「與時行也」。像小過卦的卦中卦漸卦的象就是「與時行」，候鳥遵從時序，隨著氣候變化集體遷徙，絲毫不亂地編隊飛行，到達另一個棲息地。

可見，小過卦犯錯沒關係，但一定要緊扣著「時」，絕不偏離。「柔得中，是以小事吉也，剛失位而不中，是以不可大事也。」這是解釋卦辭。是說可以做小事，不可以做大事，為什麼呢？「柔得中」，這是從結構上分析「六二」跟「六五」這兩個重要的位置都是柔，軟弱無力、資源不足，需要借力。它們處於朝野中心的位置，但缺乏資源，是虛的，「是以小事吉」，所以只能做一點小事，不能靠別人。因為三爻、四爻兩個陽爻的資源深陷坎險（大坎）之中，而且是在「過」跟「不及」的位置。從內卦來講，「九三」就是過，從上卦來講「九四」就是不及；上下卦中間最高的兩個點偏偏又是虛的，這就讓人很傷腦筋了。小過卦的「六五」是領導人，卻沒有資源、人才，巧婦難為無米炊，多累！二爻也是一樣，朝野內外居中的位置是柔，行動半徑一定受限，所以在小過這個階段，不能做突破性的事。不過，中孚卦和節卦就不是這樣，在兩個戰略位置上的都是充滿實力的陽爻，「剛得中」。中孚卦〈彖傳〉說「柔在內而剛得中」。小過卦正好相反，關鍵的二爻、五爻的中道位置虛弱無力。節卦也是「剛柔分而剛得中」，所以不要看三陰三陽的節卦，「九五」、「九二」的關鍵位置是陽剛的，自有雄厚的資源。到小過卦時，蛋殼一旦破開，赤裸裸來到人世，就得迎接外面的風險；可是它在關鍵的二爻、五爻卻虛弱無比，像四塊燒餅夾兩根油條，動彈不得。

「剛失位而不中」，「剛」說的是「九四」、「九三」，「失位而不中」就是這兩個陽爻位置不對，不是「過」就是「不及」。「是以不可大事也」。環境是這樣，爻用不上力，怎麼可能做大事呢？「有飛鳥之象焉」，這句話可能是多出來的，大概是傳抄過程中注解混入文本。應該是解釋「飛鳥遺之音」的。小過卦的卦形有飛鳥的象，中間兩陽爻是鳥的身體，後面四陰爻代表翅膀展開。「上逆而下順也」，說明人一定要順勢而為，要順天行道，絕對不可以逆勢操作。為什麼不宜上？因為「上」是逆天而行，硬是要求突破大形勢的限制，那是自己找災。「宜下」，就說明應該謙卑低下，順從小過卦的整體形勢。

小過卦〈大象傳〉

〈大象〉曰：山上有雷，小過。君子以行過乎恭，喪過乎哀，用過乎儉。

「山上有雷，小過。」這是自然現象。山上有雷時，到處都是大樹，所以不能動，也是因為上下、內外極不協調，沒有做大事的可能。上卦想積極有為，是震卦，下卦艮則是不動，上有政策，下有對策。上面說要這個那個，下面根本不配合，完全對反。很多衙門、官僚的習氣就是這樣。上面有很多理念，但落實到整個衙門的執行面就不是那麼回事了。一個充滿動能的震，到下面執行起來就是不動如山的艮。這樣看來，「雷山小過」怎麼可能動呢？上面拚命想要往前衝，下面卻拉著不動。所以組織管理如果出現「小過」的象就是這樣，下面總有辦法把震的動能變成不動。

「君子以行過乎恭，喪過乎哀，用過乎儉。」恭、哀、儉都是比較討好的、低調的、節省資源的，可是〈大象傳〉是講修德的，〈彖傳〉要我們在小過卦中如何避免犯錯，免得在既濟卦時錯失成功的機會。〈彖傳〉教人成功，〈大象傳〉教人修德。那麼在小過卦要怎麼修德呢？「行過乎恭」，這是謙卑有禮，禮多人不怪，而且不會犯錯，不會惹人煩，所以千萬不要心高氣傲，尤其是菜鳥階段，面對那麼多老前輩，「過乎恭」沒關係，如果過乎傲，不就完蛋了嗎？「喪過乎哀，用過乎儉」，意思也很好懂。老子說「吾有三寶」，第二個美德就是儉，不輕易浪費資源。可見，小過卦連交學費都要仔細想想。「用過乎儉」，就是儘量減少開銷。「喪過乎哀」，因為小過卦是遊魂卦，有告別式的象。在告別式上過分悲痛，也沒什麼壞處。弔喪時哭得比孝子孝女還傷心，至少比在喪棚裡談笑風生、旁若無人好。你看那些領導到災區慰問，如果一邊談笑，百姓會怎麼想？所以在這裡就要謹慎，要低調、收斂，在一個悲傷的環境，就算沒有那麼悲傷，就是裝也要裝。小過卦的這些作法是很實用的。

另外，「行過乎恭，喪過乎哀，用過乎儉」作策略性的運用也很妙，這也是世故人情。俗話說：「太太死，滿街白；老爺死，沒人埋。」這是說當大官的死了太太，滿街都穿孝，因為要討好、拍馬屁的人很多。這就是「喪過乎哀」。但是當官的老爺死了，太太還在，大樹已倒，那就沒人埋了，一切從儉，草草了事。所以當大官的太太一定要死在先生之前；死在先生之後，就沒人理你。但事實上偏偏都是女人活得長。

小過卦六爻詳述

初爻：好高騖遠

初六。飛鳥以凶。

〈小象〉曰：飛鳥以凶，不可如何也。

「飛鳥以凶」，這是接著中孚卦上爻「翰音登于天」而來的，好高騖遠，老是在唱那不可能實現的高調。小過卦第一爻倒不是唱高調，而是做「高事」，想一飛沖天。這怎麼可能呢？小過卦的整體形勢就是「不可大事」，但「初六」好高鶩遠，承繼中孚卦最後一爻的壞基因，高調唱久了，不自覺地按高調去做高事，不想自己是剛破殼而出的小鳥，連翅膀都還沒長硬，怎麼往上飛呢？

菜鳥想一步登天，結果就是凶。注意「以」字，「以」有「因」、「用」、「及」的意思，這裡是「波及」的意思。「初六」也是卦中卦的漸卦第一爻。一個團隊中有一個不要命、想僥倖一步登天的，就會害了整個團隊，讓大家統統都凶。這種擴大效應，就是「小子厲，有言」。本來就是挨罵的，怎麼可能一下就成功呢？好好挨罵吧，這時候不肯挨罵，還想一飛沖天，肯定不會有未來的成功。所以，從「學」到「習」，從中孚卦上爻過了頭的「學」，到想一試就成功，這是妄念、妄想；種了一年的田，就想有三年的收穫，這種人其實很多；有時想靠關係，有時想做駙馬爺，結果不外乎是「飛鳥以凶」，這是很壞的習氣。

「初六」本身就沒什麼本領，加上下卦是艮，「初六」無論如何也動不了；而且這麼一衝，旁邊很多人也跟著衝，結果全部一起死。「飛鳥以凶」是自己找死。所以〈小象傳〉說「不可如何也」，這是自找的，誰也救不了。初爻為什麼這麼莽撞？除了從蛋殼裡帶來的壞基因，還有就是「翰音登于天」的習氣。不過，小小「初六」，為什麼會有這樣的凌雲壯志呢？因為爻變為豐卦（䷶），「豐……尚大也」，崇尚大、嚮往高，希望省略辛苦的過程，平步青雲、一步登天；但初爻是菜鳥第一爻，翅膀還沒長硬，腳也站不穩，連爬都不會，怎麼能飛呢？就因為有豐的尚大心態，結果讓一幫鳥跟著一起凶。「飛鳥以凶」就是失去漸卦初爻團隊的象。

「上六」也是飛鳥凶，但兩者不同。初爻是一開始就凶，加油沒加夠、跑道不夠長，就急著起飛。人生有很多事都是這樣的。「上六」也很慘，只不過「上六」是在高空出事。

那麼「飛鳥以凶」的原因何在？小過卦第一爻躁進，結果拖累別人跟他一起倒楣。一方面是承襲中孚卦「上九」的毛病，在蛋殼裡的學習階段就染上壞習氣，到社會上做事時，就受到習氣影響，不肯腳踏實地，想一步登天，難免偷拐搶騙。從「翰音登于天，貞凶」的「知」，到「飛鳥以凶」的行，由知到行、由想法到作法，毛病仍未改。飛鳥為什麼會凶呢？這從爻際的承乘應與來看就會明白。「初六」是受到「九四」的吸引力而想往高處、外面飛。這跟咸卦一樣，咸卦第四爻「憧憧往來，朋從爾思」，就會影響到「初九」「咸其拇，志在外也」。小過卦「九四」、「初六」相應與，對「初六」來講，再怎麼樣不動如山，一旦看到「九四」的成功，大權在握，對他就構成誘惑，也沒掂量自己，就想快速取得成功。

三爻：魂喪他鄉

䷽

九三。弗過防之，從或戕之，凶。

〈小象〉曰：從或戕之，凶如何也？

第三爻就有打仗的象，「九三」過剛不中，「初六」是小菜鳥展開的翅膀一端，「上六」是另外一端，鳥的身軀是由「九三」、「九四」構成的。「九三」夾在大坎之中，是個拚命三郎，過剛不中，打仗容易，打贏也不難，但贏了之後怎麼辦？「九三」又是下卦艮的主爻，內部派系的山頭。除了謙卦第三爻，每個卦的下卦「九三」都很危險，照講小過卦的下卦為艮，該止而止不住，這就很麻煩了。「過剛不中」的火爆浪子最容易出事，不像謙卦「九三」是勞謙，硬是把衝突化為和平的、服務的、幫助人的敦厚品德。其他卦的「九三」沒一個是好的，像艮卦「九三」利慾薰心，咸卦「九三」大腿癢癢，漸卦「九三」像離群的孤雁。

「九三」在一個絕對不可做大事的小過卦中，形勢大受限制，卡得這麼緊，根本就動彈不得，中間兩個陽爻在上下四個陰爻的包圍下，即使完全按照卦辭的經驗法則行事，能做到自保就不錯了。但從爻來講，「九三」的衝動是以本身利益為重，只考慮局部的、微觀的爻際關係，見樹不見林；所以很可能會止不住，不遵守卦的規矩。「弗過防之，從或戕之，凶。」爻辭也很乾脆，直接告訴你如果止不住就凶。「戕」字是很嚴重的，右邊是戈，是被別人殺害，死在外面，魂魄不能歸故鄉。孤魂野鬼死在外面，這就叫「戕」。讀過《春秋》就知道，「戕」是專指國君或重要人物在異域被人害死，而且無法將屍體運回。所以國君不能輕易出國，不然一不小心就遭人暗算，回不來了。這就叫「從或戕之」。「從」就是想去追尋一個目標，但意外被人害死，造成震撼性的國際事件。春秋戰國時期，確實有很多國君落入敵人的圈套，或者在異國訪問時被殺。要是不謹慎，以「九三」的情況，就很可能會死在外面。〈小象傳〉說：「從或戕之，凶如何也。」因為凶，所以不要盲動。

「從或戕之」就是分析小過卦「九三」的風險。卦明確提醒「可小事，不可大事」，要乖乖待在下卦、內卦，越低調越好，不宜上宜下。「初六」不肯待在下面，被「九四」誘惑，一衝就凶；「九三」則是受到「上六」的影響，「上六」飛得那麼高，自己搞得一塌糊塗；「九三」卻還以為「上六」是成功者，就跟著往前衝了。「初六」受「九四」的勾引，「九三」受「上六」的誘惑，就像中孚卦的「六三」受「上九」的雞叫聲吸引，結果「或鼓或罷，或泣或歌」。情形是一樣的。

「九三」要是追隨「上六」，「上六」就是主，「九三」是從。結果「上六」垮了，「九三」還有不垮的嗎？中孚「上九」跟「六三」的關係，小過卦「上六」跟「九三」的關係都是如此。如果不能克制這些致命的吸引力，就是「從或戕之，凶」。「戕」剛好是在外卦，那是極度危險的地方，「凶如何也」，所以「九三」如果止之於內，那就沒事。如果跟著盲動瞎闖，就有大事。

我們再回到爻辭前面的四個字「弗過防之」。這四個字是針對未來的風險結果提出建議。建議一定寫在最前頭，這是《易經》的「老婆心」，跟咸卦、大壯卦「九四」完全一樣。咸卦「九四」說心亂如麻的「憧憧往來，朋從爾思」時，就把「貞吉悔亡」寫在前面。也就是說，如果不下「貞吉悔亡」正心誠意、收攝心神的工夫，就會意亂情迷，「憧憧往來，朋從爾思」；所以要用「貞吉」把「悔」亡掉。「朋從」、「從或戕之」的「從」都是被欲望牽引，無法克制，所以要把「貞吉悔亡」寫在前面；要你趕快定性、不動，就不會有悔。大壯卦第四爻也是如此，衝出去會有短暫的快感，「藩決不羸，壯于大輿之輹。」可是前面也講「貞吉悔亡」。咸卦第四爻、大壯卦第四爻都講「貞吉悔亡」，這種筆法是把因果關係倒過來，先有爻辭後半段的「因」，所以要設防、克制不當的衝動；寫在前面的則是果、是勸諫。如果不把「果」寫在前面，這就不合《易經》的苦心了；還沒來得及看到後果就衝出去。

「弗過防之」就像「貞吉悔亡」一樣，提醒我們防範工作要做得滴水不漏。「弗過」就是不要有過火爆衝的行為，不要犯錯。小過卦「九三」太危險了，所以先讓你看到「上六」將來是什麼下場，提醒你千萬不要有過火行為，不要超出能力所及，畢竟「九三」前面有「九四」擋著呢。這樣看，這個卦就分析得清清楚楚了。「可小事，不可大事」，「亨，利貞」，小心「飛鳥遺之音」。「上六」就是「飛鳥遺之音」，「不宜上，宜下」。躲都來不及，還要衝，「九三」千萬別犯傻。「防之」，思患預防，千萬不能進攻，因為永遠有風險——「從或戕之，凶如何也」。「九三」爻變為豫卦。「豫」是預防，是「利建侯行師」，要做好周全的準備。如果不信邪，不肯防備，結果就是「從或戕之，凶如何也」。爻變是豫卦有多層意思，一是預測，二是熱情衝動，如果付諸行動，麻煩就來了。所以要防備，小心行得萬年船，多一點防備沒關係，我們不要去害人，但千萬不要讓人家害到。

「九三」追隨的目標是「上六」，如果占到小過卦「九三」，爻變是豫卦（䷏）。雷山小過的卦氣圖很是驚心動魄，在節氣上剛好在臨卦到泰卦的交界，是臘月到春節的陰曆跨年期間。卦象顯示有這樣的殺機，我們可以備而無用，但千萬不要無所預備。人生很難混，小過就指出，在現實社會，光有「中孚」是不行的，知人知面不知心，處世一定要有盔甲、隨扈，隨時做好準備。小過第三爻處內卦之頂，由內而外、由下而上，到一個陌生的地方，怎麼能沒有戒心呢？很多事物表面上是很有誘惑力的，沒有做好必要的防備就慘了，連中孚卦第一爻都要徵信，何況小過卦「九三」呢？

四爻：留得青山在，不怕沒柴燒

䷽

九四。无咎，弗過遇之，往厲必戒。勿用，永貞。

〈小象〉曰：弗過遇之，位不當也。往厲必戒，終不可長也。

由小過卦卦辭可知，「九四」注定是危險的，因為「不宜上，宜下」。小過卦上卦三個爻，「上六」極凶，「六五」徒勞，「九四」雖然是上卦震的主爻，身居執政高層，掌握較多資訊，知道處境危險，可是剛居柔位，能伸能屈，懂得忍耐，不求有功，但求無過，這是它的本錢。下卦止之於內，只有「六二」肯聽，「九三」跟「初六」都不聽，當然沒好下場，連著兩個都凶，現在到了上卦，更要低調行事，所以「九四」剛而能柔，能忍，謹守「不宜上，宜下」的大原則，第一個標榜的概念就是「无咎」。有些老官僚看著很鄉愿，誰也不得罪，其實是深明「九四」的道理，知道這時無法做大事，還不如「无咎」，不求有功，但求無過。爻變為謙卦，對很多人都好。

无咎，是不求無過，有過立刻改，根本不想有什麼大貢獻，因為「可小事，不可大事」。這就是小過卦的矛盾，上卦震應該要展現動能，可是大形勢決定一切，老江湖、老官僚就深諳此理。「九四」還有一個深層的問題，即「初六」的浮躁不安，其實是受到「九四」的吸引；所以，「初六」確實是糊塗，只看到偶像的外殼，看不到他的內心。「九四」自己清楚大勢不可為，只求无咎，用謙的方式面對，不但可以擺平人際關係，也不得罪天地鬼神。

我們繼續看爻辭。這個爻的爻辭跟第二爻的長度幾乎一樣。「弗過遇之，往厲必戒。勿用，永貞。」這時千萬別動，越低調越好，沒有聲音、沒有野心，永遠固守正道。要知道「九四」偏偏是震得腳癢癢的那個爻；又在外卦、上卦，下面還有「初六」希望你動，期待「一人得道，雞犬升天」，它好搭上順風車。「永貞」是指在小過卦的有效範圍內，在沒有變成既濟卦或任何爻變之前，千萬不要動。「永貞」是坤卦用柔、忍耐的工夫——「利牝馬之貞」，坤卦「用六」的總結論就說「利永貞」；所以小過卦「九四」要永遠記得坤卦媽媽的教訓；而上卦震是媽媽的大兒子，按理也不能忘記母訓，但他被人一鼓噪又動了，還是惹事。因此「永貞」前面強調「勿用」，提醒在小過卦的時候千萬別動，到既濟卦時再動吧。遯卦（䷠）「初六」就是如此，豬尾巴不要亂動，「遯尾，厲。勿用，有攸往」，「遯尾之厲，不往何災也」。「九四」在小過卦倒不是小尾巴，但大事不可為，千萬不要勉強，更不要被人綁架利用。「初六」想推「九四」出來衝，但「九四」要「勿用」，說不敢就是不敢，大丈夫認清形勢，才會堅持說不敢，「勿用」到底，「永貞」到底。

前面的「必戒」，就是絕對不可以，一次都不能犯，為什麼？「往厲」，「厲」就是無上風險、高度動盪。往則危厲不安，所以必戒，勿用、永貞。這幾把鎖都得鎖上，拿掉一個都不行。

〈小象傳〉講「往厲必戒，終不可長也。」「終不可長」很容易理解。「長」就是繼續向上發展。「終不可長」，告訴你行不通，千萬不要追求往上的發展，下都下不來了，怎麼敢往上呢？我們通常勸人打消想法，說「往厲必戒，勿用，永貞。」這人不見得會聽；如果勸他短時間內暫且忍耐，等到小過的環境一過，就可以「既濟」了，這樣的勸說一般人比較聽得進去。確實也是如此，因為小過卦已經到了第四階段，理論上再過兩個爻就結束了；只要在這段時間內不犯錯，就有可能等大環境的改變而採取行動。要知道卦不會永遠不變，「終不可長也」，是一段時間非忍不可；不管「初六」怎麼慫恿、勸進，「往厲必戒」，現階段就是不能衝，就如〈小象傳〉所說的「位不當也」。「九四」陽居陰位，只能力求無咎。

「弗過遇之」是什麼意思？「九四」的「弗過」當然跟「九三」的「弗過」是一樣的，就是別犯錯，不要有過火的行為。「九三」的「防之」是要防「從或戕之」的意外；「遇之」要遇什麼呢？可能的奇遇、機緣，未來新的機會、新的火花，很可能在既濟卦才會點燃。小過卦的時候「弗過」，留得青山在，不怕沒柴燒——未來才有「遇」的機會。這就是「弗過遇之」。雖然現在沒有任何表現，人家會嫌你無能，等到大環境改善之後，就有「遇」的可能了，就像「天地相遇，品物咸章」一樣。這就是「九四」，「弗過遇之」。在无咎的思維下，提醒自己千萬不要犯錯，未來的遇到底是吉是凶尚不可測，所以現階段保持謙卑的姿態，保持无咎，一方面可保其身，一方面等待機會。

上爻：天羅地網

上六。弗遇過之，飛鳥離之，凶。是謂災眚。

〈小象〉曰：弗遇過之，已亢也。

「弗過遇之」的意思我們明白了，「弗遇過之」就是倒過來。「上六」真的很糟，闖大禍了，明明「不宜上，宜下」，可他偏偏要上；「可小事，不可大事」，他偏不信邪，想做大事。可是，天羅地網難突破，「上六」直接告訴我們結果，不要妄想，「弗遇」就是沒有意外、沒有機會；因為已經「小過」到頭了，衝到這個地步，甚至還吸引「九三」躍躍欲試想跟從。枱面上的人物想不想坐轎，有時不是自己能決定的，因為有一大幫人想抬轎，甚至有些人想製造烈士。這就麻煩了！問題是現在根本沒機會，結果「過之」，犯重大過錯。這就是「弗遇過之」。「弗過遇之」是不犯錯，保留未來的發展機會；「弗遇過之」則告訴你絕無可能有新的突破，結果還是「過之」。為什麼會「過之」？因為「上六」的形勢就是人在江湖身不由己，這是一種慣性、習性。從政治或組織來講，「上六」是「亢龍有悔」的大老，是「龍戰于野，其血玄黃」兩敗俱傷的位置。

「上六」就是亢龍有悔的位置。〈小象傳〉說「已亢也」，「已亢」就是完全過時，太高亢了，行為太過火，積重難返，沒有回頭的機會。很多卦的上爻都有這種狀況，噬嗑卦（䷔）初爻馬上悔改就沒事，上爻想改也回不了頭。復卦（䷗）上爻「迷復，凶。有災眚。」天災人禍並至。小過卦上爻「弗遇過之」，硬是不信邪，結果「飛鳥離之，凶。是謂災眚。」也是天災人禍並至。无妄卦上爻「行有眚」，「窮之災也」都是天災人禍並至，也都是亢龍、龍戰之位。「已」就是過頭了，「已亢也」就是「過亢」了。「弗遇過之」徹底違背小過卦的精神，沒機會追求夢想，想突破，結果還釀災，甚至禍國殃民，讓很多人受到牽連。天災人禍並至，天災源於人禍，災由眚來，「眚」是看不清形勢，最後還可能擴大成災。「是謂災眚」，這是罵人的重話，告訴你這就是典型的天災人禍。

什麼叫「飛鳥離之」？「離」的第一層意思是離開，往上去做不可能的嘗試。「離」也是網絡的象。離者，麗也，要在人際間發展平行關係，絕對不能一個人幹。小過卦中有漸卦的象，說明任何人不能遺世而獨立，一定要在組織網絡、人際網絡中找到附麗、附著點；一旦在人際網絡上定位，跟周遭的關係就是承乘應與的關係，利益互動都要很明確。只要是網絡，就有「離」有「合」。「離」跟「合」看起來是兩件事，要麼「合」、要麼「離」；其實「離」跟「合」是一體的兩面，因為一邊離了，一邊就合。我們跟人交往，心中一定有一個標準，希望同聲相應、同氣相求，或者方以類聚、物以群分；龍配龍，鳳配鳳，魚有魚路，蝦有蝦道，當然就有合或不合；合的聚在一起就會產生溫暖，但也不能擔保未來不會「離」。你跟某些人「合」，就代表跟另一批人

「離」。這樣去理解「離」，意義更深。就像我們理解「渙」一樣。〈雜卦傳〉解釋渙（䷺）就是「離也」；看著是從中心點往四處擴散，可是渙是無定在、無所不在，身不動、膀不搖，卻能掙脫天羅地網，這是很難的。

「飛鳥離之」，我們從地面上看它是離地而起的，但其實它沒有。現在太空火箭一定要掙脫地心引力，才能進入太空軌道。如果沒有離開，就像孫猴子怎麼蹦都離不開如來佛的手掌心。如來佛的手掌心就是小過卦的形勢，勢不可違。「上六」不信邪，想脫離引力場，動能不夠卻硬衝，結果還是沒法突破。就像火箭要搭載衛星進入太空，大概要以每秒十幾公里的速度脫離地球引力場，所以一定要高速才能突破，不然就永遠在天羅地網內。「飛鳥離之」，想離開卻沒有任何機會；做過很多嘗試，因速度不夠，最後還是掉下來。可見「離之」既有天羅地網的象，也有想離開的象。結果還在小過卦的五指山中，沒有奇蹟出現。

「上六」爻變為旅卦，失時、失勢、失位，覆巢之下無完卵，所以前面講「弗遇」，絕無機會，因為網無所不在，不可能突破。「飛鳥離之」，很快就會摔下來，想回頭也難。「弗遇」而且「過之」，「飛鳥離之」就是結果，凶，「是謂災眚」。

小過卦「六二」、「六五」關係分析

「六二」、「六五」在卦中佔據重要位置，但很虛弱、力道不足，也不能強求。「六二」中正，本身潛力無窮，並且安分守己。「六二」在下卦，是民間意見領袖的位置，或是富可敵國的財團負責人，也可能是社會賢達。不過，他沒有必要擔負治理小過卦的責任。「六五」是小過卦君位，注定沒有大有為的政績，只是坐在這個位置上，都不願交白卷，所以他竭盡一切可能想要突破。「上六」就是「六五」昧於形勢強求的結果。也就是說，「六五」庸庸碌碌，沒有政績，可能是形勢所限，很難突破；如果用盡一切資源，非要頂天，就有可能變成「上六」。

第五爻跟第六爻屬天位，是「飛龍」跟「亢龍」、「黃裳」跟「龍戰」的關係。「飛龍」偶一不慎就變「亢龍」，第五爻如果不能如願以償，又不肯放棄，過了上卦居中的位置，最後不但求不到，還得蝕把米，就可能變成「上六」。「飛龍在天」為什麼會變成「亢龍有悔」？「黃裳元吉」為什麼會變成「龍戰于野」？這是《易經》從頭開始就在講的，一旦過分強求，就會產生這個結果。「黃裳元吉」是重視合理授權、無為而治；如果授權過度，就是「龍戰于野，其血玄黃」，下面的人不聽管束，就會犯上、僭越。第五爻跟第六爻的關係大多如此。第五爻的爻辭講半天，結果還是徒勞無功，這就是形勢，所以對卦辭的總結必須服氣，乖乖按規矩玩；如果硬是想突破，除非你是姜太公或康熙大帝。

五爻跟上爻的因果關係，其實從小過卦的大坎之象可以看出。「六五」、「上六」可以看成是三畫卦的坎卦（☵）上面的陰爻，它們的關係是很近的。剛剛我們講「九四」有「初六」在拱它，但「九四」就是老江湖、老油條，被人罵死也不動。從爻際關係來講，「九四」確實不能動，它的上面是「六五」；「六五」跟「九四」是功高震主的關係，危險而敏感。如果「九四」挾有民意，還有一幫「飛鳥以凶」的傻兄弟在拱你，「六五」坐在上面就很不舒服了。如此形勢下，「九四」這種「或躍在淵」的情勢，一考量上下關係，再考慮整個卦的形勢，動的就是笨蛋。「六五」要是強求，就可能會變成「上六」，和「六二」一樣，都沒資源，不能馬上動。小過卦就是造化弄人，有資源的「剛失位而不中」，所以「不可大事」；沒資源的要跟銀行借錢，「小事吉」，「柔得中」。而「初六」發神經，「飛鳥以凶」；「上六」老來瘋，結果都一樣。

五爻：費盡心機

六五。密雲不雨，自我西郊。公弋取彼在穴。

〈小象〉曰：密雲不雨，已上也。

「六五」是小過卦君位，不可能有「貞吉」，當然不甘心，一定會想辦法突破。但小過卦「六五」由不得它，大形勢的高壓跟小畜卦的「密雲不雨」完全一樣，「密雲不雨，自我西郊」，完全是小畜卦的卦辭。為什麼會有「密雲不雨」的現象？因為「自我西郊」，風向從西部沙漠地帶往東吹，沒有陰陽和合，再密的雲也不可能下雨，更不可能生生不息、有突破性、創造性的績效。所以第五爻很悶，在高位而沒有政績，反對力量太多，自己又缺乏魄力。這種夾縫中的沉悶感，「六五」感受最深，可是又不能不做，因為他是領導，得想辦法找人幫忙，像劉備自己沒勢力，就想找諸葛亮輔佐。另外，「九四」就在身旁，可以找「九四」嗎？「九四」會不會幫他呢？不可能！他們關係惡劣，陰乘陽、柔乘剛。而且「九四」是老油條，他才不幹呢！身邊的大臣、高幹、總經理都不能用，「六五」要用誰呢？只好從民間找大學校長、財團負責人、社會賢達，也就是「六二」；畢竟他們勉強相應，即使「不與」，也沒辦法，不然他能用誰呢？「六二」確實是整個卦中條件最好的，但我們看「六二」，就知道最後還是一場徒勞，因為「六二」是出名的穩，知道勢不可為，當然不肯出山。「六二」比「九四」有德，「九四」不做事也能領取高薪，「六二」絕不入閣。如果是企業老闆入閣，薪水可能還不到他在企業的零頭，而他在民間可能是某個領域的一方之霸，去幫「六五」，還得面對如狼似虎的重臣官僚。「公弋取彼在穴」，就是針對「六二」設計的，「六五」邀「六二」出山。「在穴」指那些隱於鬧市或終南山的臥龍隱士，過去許多山中宰相就是在小過卦密雲不雨的僵局中應運而出。因為現有的官僚機構顢頇無能，領導人想求突破，就得設法找出民間高人；就像光緒身邊無人可用，就看中了康有為。「公」是指「六五」，一語雙關，一是爵位很高，二是天下為公，不為私人目的。想突破小過卦的格局，就是為了公眾利益；希望「六二」懷才有「遇」，就用公眾利益說服他。「弋」，射也，箭後附有生絲，一旦射中就自動纏繞，使鳥立即墜下；也指繩子能放能收。古人在箭的後面綁一根繩子，一旦射死獵物，把繩子一收，就可以把獵物拉回來，這就叫「弋」，能放能收。《論語》中講：「子釣而不綱，弋不射宿。」意思是說，孔子釣魚時，不用綁著許多鉤子的繩；以附帶生絲的箭射鳥時，不射在巢中休息的鳥。

「六五」要勸「六二」出山幫忙，當然得提供誘因；而且他絕對要能操控「六二」，身旁的「九四」不聽話，二跟四又是競爭關係，「取彼」，「彼」就是「六二」，相對「六五」來講，就是民間享有名聲的地方民意代表。堯啟用舜也是因為舜有孝順的名聲，誰跟他都好相處，不然堯怎麼會把兩個女兒嫁給他？「弋」，就是把「六二」調到朝中做事，但「六二」很遠，而且「在穴」，在山洞裡，不好出來。就像要射空中的飛鳥，「公用射隼于高墉之上」是沒有問題的，如果是狐狸，就得鑽到狐狸窩去。現在「六二」在自己的領域內是老大，在山洞裡隱居，箭射不進去，所以要像巡弋導彈一樣走彎彎曲曲的路，就要費盡心機，把它鉤出來、釣出來。有時三顧茅廬也勸不動，還得看他有什麼弱點，弱點之用大矣哉。

可是，「六五」和「六二」中間隔了「九三」、「九四」兩根棒子，障礙重重；「六二」想幫「六五」，首先要跨越它們。「九四」雖然自已不幹，也不願「六二」來爭寵。如果「六二」對應的是雄才大略的君主「九五」，就沒有這些麻煩，他們之間可以互補；可是現在「六五」跟「六二」不能互補，當然「密雲不雨」，去了也是白搭，純粹是蹚渾水。可見，「公弋取彼在穴」，需要慎重考慮，如果你自已有一個穴，就不要被名利所誘，隨便出來。諸葛亮本來是在穴的，被劉備釣出來，鞠躬盡瘁，死而後已，儘管三分天下有其一，但結果還是白忙一場。那麼，「公弋取彼在穴」，「六二」到底出來了沒有呢？或者出來就能讓整個局勢改觀，讓小過卦突破成功呢？事實上不可能，一切還是徒勞，而且「六二」很可能會拒絕。要知道，老闆挑幹部、幹部也挑老闆，良禽擇木而棲，乾卦〈文言傳〉講「飛龍」跟「見龍」的關係時就說：「水流濕，火就燥；雲從龍，風從虎。」

「六五」要怎麼打動「六二」呢？看爻變就知道了，爻變為咸卦，要用感情攻勢，就像談戀愛一樣，好把「六二」釣出來。可是，除非他們是同志，不然沒有用。小過卦的「六五」跟小畜卦的卦辭有關。中孚卦「九五」也是小畜卦的「九五」，所以中孚、小過二卦的君位都有小畜卦的情境。但小畜卦和小過卦本質上還有很多差別，小過卦（䷽）是陰盛陽衰，小畜卦（䷈）則是陽盛陰衰（五比一），他們的悶都是一樣的；不能成事，資源不能互補，沒有魚水之間的機緣，所以很難強求，碰到這種時代，真是一點辦法也沒有。

〈小象傳〉說：「密雲不雨，已上也。」「六五」「密雲不雨」，原因就是「已上也」，太高、太上，違反了小過卦的「不宜上，宜下」的原則。「上六」就更離譜了，還剛好是上，「已亢也」，注定不能成；就算「公弋取彼在穴」，「六二」根本就不會答應。如果「六五」還不信邪，「已上」就會變「已亢」，結果更糟。「六五」爻變為咸卦（䷞），對「六二」得訴之於咸；人同此心，心同此理，「聖人感人心而天下和平」，「君子以虛受人」，都是「六五」勸「六二」的說詞。「六二」如果糊塗就會上套，最後把自己給搭上去；「六二」如果不糊塗，「公弋取彼在穴」也是白忙乎，形勢還是那麼嚴峻。

「六五」爻變是咸卦，從卦中卦來說，初、二、三、四、五爻構成的也是咸卦；「六五」是咸卦第六爻，光動口就想吸引人家，結果口惠實不至。咸卦上爻講了半天，爻變是天山遯，講完就跑。還有，「六二」到「六五」是澤風大過（䷛）的象；「六五」是大過卦殉情的上爻，「過涉滅頂」。另外，「六二」「六五」還是三、四、五、上爻構成的卦中卦歸妹卦（䷵）三、五爻；第三爻「歸妹以須，反歸以娣」，希望過高，失望更重；三爻想做大老婆，結果變成小老婆。五爻是想出嫁的公主，卻要拖一堆「檳榔西施」一起塞給那貪財好色的駙馬。

二爻：拋開不切實際的幻想

六二。過其祖，遇其妣。不及其君，遇其臣，无咎。

〈小象〉曰：不及其君，臣不可過也。

最難的是「六二」。「過其祖，遇其妣。不及其君，遇其臣，无咎。」看著像天書。〈小象傳〉嘗試解釋，也只解釋了後半段「不及其君」——「臣不可過也」。讓人越看越糊塗。爻變為恒卦（䷟），「立不易方」，千萬別出山，出山也是白搭，還賠掉原有的；好好做臥龍，等到既濟卦再說。所以，這個爻如果守恒就沒問題，至少還保有「六二」的專業領域。其實，「六二」跟「九三」陰承陽、柔承剛，「六二」要去幫「六五」，「九三」這個下卦派系的山頭會同意嗎？「九三」如果不同意，「九四」那一關也不好過。從「六二」到「六五」中間有重重關卡，何況和「六五」也不能互補，何必拋開原有的大好局面，去做徒勞無功的事呢？爻變為恒卦，又是二爻到上爻構成的卦中卦恒卦初爻。恒卦初爻等於說，「非其時也」，不必奢望，沒有僥倖。「君子以立不易方」，也是「六二」最後的決定，婉拒，絕不出山。

然後「六二」在荒郊野外也懂得安頓自己的身心性命，這個爻就是卦中卦大過卦的「藉用白茅」，審慎到極點。又是澤山咸的第二爻「咸其腓」，小腿癢了，但別動，一動就凶。還是風山漸（䷴）的第二爻跟第四爻。第二爻「鴻漸于磐，飲食衎衎，吉」，保持專業根基，整個團隊就屹立不搖；吃喝不愁，幹嘛要離開磐石單飛？第四爻是說要選一個方的平台，才能「鴻漸于木，或得其桷，无咎。」不然山風一吹就下來了。這些高度壓縮在小過卦裡的資訊非常重要；「六二」一定要懂得，處江湖之遠，居廟堂之高，就是漸卦「六四」，要有團隊，還要有好的發展平台，不然寧願「鴻漸于磐」。

我們回到爻辭。「過其祖，遇其妣。」祖、妣相對。「不及其君，遇其臣」，君臣當然也是相對的。這裡出現了「不及」，「不及」中有「遇」，「遇」就是實際碰到的。雖然有時出乎意料之外，但「失之東隅，收之桑榆」。所以，對「六二」來講，唯一會在現實中遇到的，是「遇其妣」、「遇其臣」。會不會碰到「祖」跟「君」？不會。因為「過」，過度期望，過度要求，把「六五」當作「九五」。如果「六二」在「六五」招手的時候去幫忙，可能就回不了頭了。

「過其祖」，指「六二」在思考「六五」的邀請，邀他到上書房講書，邀他去當宰相，「六二」就要考慮「六五」值不值得輔佐？如果「六二」把「六五」想成是具有開創力的「九五」，像漢高祖、元太祖、宋太祖、清太祖——「祖」是有開創性的。「六五」能開創嗎？「六五」是宗，「祖」跟「宗」的不同，就在於「祖」能突破，化不可能為可能。創業的第一代皇帝廟號都為「祖」，叼著金湯匙出生的第二代，不論多偉大，其廟號、諡號都只能叫「宗」，「宗」就是「妣」。小過卦「六五」什麼也不能開創，光守成就不容易了。所以他是「妣」，是陰柔的，就像恒卦第五爻，「婦人吉，夫子凶」。對老闆不能有過度要求，他根本就不值得你輔佐，勉強當他是一代梟雄，一定會大失所望。「過其祖」就是在這一點犯錯，過高的期望，以為請你的人是開創基業的一代雄主，是生生之源，結果是「遇其妣」；原來是「妣」，是「宗」，連守成都有困難。過去對「祖」和「宗」都有嚴格規範，但是到了元明清就不守規矩了。明太祖崩後，朱棣發動靖難政變，諡號為明成祖，代表一個新的明朝開始，南京那一段只能算是一段美麗的錯誤，到北京才開始新的時代，後來除了朱元璋之外的所有明朝皇帝都葬在北京，故有明十三陵。元朝也是，世界帝國的霸主成吉思汗叫元太祖，忽必烈叫元世祖，這倒說得通；忽必烈滅了宋朝，入關稱祖還算合理。不過，更有趣的是，清朝跑出三個祖，努爾哈赤是真正創業的清太祖，下面的皇太極只能叫清太宗，那就叫「妣」；入關之後，有蒙古人的先例在前，入關的順治皇帝就叫清世祖，這是第二個祖；順治的兒子康熙又叫清聖祖，因為他太偉大了，所以也可以稱祖。創業就可以稱祖，設分公司還是可以稱祖。清朝有三個祖，後來的再偉大也不能稱祖，所以雍正是清世宗，他一定覺得很憋屈，搞了半天，累了半死，天天加班，結果只是「宗」不是「祖」。乾隆風流自賞，以十全老人自居，結果也只能叫清高宗。這就是「祖」跟「宗」的不同。小過卦既然不可能有創造性的突破，「六二」面臨引誘，就千萬不要出來，免得把自己搭上了；也不要過度期盼「六五」是「祖」，唯一可能碰到的就是「妣」和「宗」，連守成都難。

爻辭的前半段是從「過」的角度來說，後半段就從「不及」的角度來講。「不及其君」，「六五」是君，「六二」是臣，但「六五」不是「六二」能夠幫他賣命的君。所以「六五」「望之不似人君」，是扶不起的阿斗，也不會因為「六二」出山輔佐他就及格了。「遇其臣」，就是說「六五」表面是君，實質上只有臣子的能耐。剛開始期望遇到「祖」，後來才，成。「遇」是實際遭遇的，「過」跟「不及」就是自己想的。人生就是這樣，從卦象來說一目了然，啥事也沒有；一旦落到爻之中，往往是當局者迷，把「六五」想像成「九五」。

經過縝密的分析，徹底看懂大局了，最後就只剩兩個字——无咎，乖乖待著，啥事也沒有，這就是「六二」的處境。「不及其君」，這個人不是值得你輔佐的「祖」。「臣不可過也」，他就是「臣」，沒有大的才幹。我們都知道《人物志》這部書，這本書就說不管是君是臣，不夠就是不夠；有人最大的本領就是當到幾品官，再上一品就要了他的命；當縣長可能不錯，當市長不錯，一當省長、部長就完蛋，當最高領導人那就更完蛋，這就叫「不及其君」。不夠就是不夠，「臣不可過也」，明明是臣子的素質，怎麼能用君的標準要求他！那是不切實際的幻想。又為什麼會這麼幻想呢？因為他的中孚信念不切實際。所以小過卦實際得不得了。

占卦實例1：英鎊的前景（二〇一一—二〇二〇）

英國人很驕傲，二〇〇八年以前英鎊光榮得很，價位高不可攀。我女兒到牛津念書時，每次給她寄錢，匯率都是以六十幾塊新台幣折算，天下父母真可憐。從那時的六十幾塊降到現在四十六都不到。金融風暴之後，英鎊大跌，匯率是降下來了，但學費提高了，連英國人自己都受不了。實在沒錢了，有的劍橋女大學生就去賺外快。那麼英鎊在二〇一一年至二〇二〇年十年內的前景如何？小過卦上爻動，爻變為旅卦（䷷），失時、失勢、失位，絕對上不去了。小過卦「可小事，不可大事」，十年內的英鎊價值，「不宜上，宜下」，「宜上」就會變成「飛鳥遺之音」；「弗遇過之」絕沒機會。「飛鳥離之」指陷在網絡中，不可能突破，強求的結果是凶，「是謂災眚」；還會引來災禍，所以不能強求。

十年後的英鎊前景是小過卦第六爻。怎麼理解這一爻呢？要把它徹底搞懂，就要從卦中卦的相應爻位去理解。三、四、五、上爻構成的是歸妹卦（䷵），小過卦「上六」是歸妹卦上爻，「女承筐无實，士刲羊无血，无攸利。」「承虛筐也」，真的是竹籃打水一場空，也就是說英鎊不可能再維持貨幣優勢，拚命追求，到頭還是一場空。小過卦「上六」「弗遇過之」，這麼老了，還會有什麼「遇」！「是謂災眚」，災眚是因為「已亢」來的。歸妹卦上爻拚命編織人生夢想，待嫁女兒心，春日宰羊，夢想未來多美好，結果未來「承虛筐」。再看，二、三、四、五、上爻構成的恒卦

（䷟），小過卦「上六」是恒卦的「上六」，「振恒，凶」。〈小象傳〉說「大无功也」，完全違反常道，恒卦上爻就接到下面的天山遯（䷠），非退下來不可。恒了一輩子，到最後強求，還是凶。「振恒，凶」跟「承虛筐」，就是「弗遇過之，飛鳥離之，凶，是謂災眚」。可見，人生不要貪功，過了就是不行，一切都得按規矩辦。

占卦實例2：信用管理

小過卦前面是中孚卦，為人處世，信用的建立至關重要，整個中孚卦就是信用管理的問題。中孚卦第六爻就是信用失控，開空頭支票，拖垮一堆人。二〇一二年，有位學生問二〇一二年最可能出現的世界性問題在哪裡？就是中孚卦（䷼）上爻信用失控的問題。爻變是節卦（䷻）。面對這種信用風險，千萬不要小看「翰音登于天」的影響；在他還沒出事前，他要你幹這個、信那個，就是要讓你上他的道；最後他沒辦法兌現承諾，你就得跟著他陪葬。所以要節制，不然就是信用失控，全面崩盤。

小過卦要想幹一番事業，但不能幹大事，只能幹點兒小事，不過還是要先建立信用，經得起徵信。中孚是小過的基礎，學養、教養是做人做事的基礎，商業往來、經貿往來、金融往來，都得先有中孚，才能小過。剛開始只能做一點小案子、小投資。因為信用有額度，自己就負債一堆，還想跟銀行借錢，那是不可能的事。所以「不可大事」。當然，最主要的是人家都怕你變成音容宛在的「遺音」。

小過卦後面是可以達到某種階段性成功的既濟卦（䷾）。卦序的問題一定要搞清楚。我也講過了，小過卦跟大壯卦（䷡）有共同的特性，也就是在卦裡頭不要期待有大的突破，重要的是儲備實力、少犯錯，等到下一卦——或者是夬卦（䷪）、晉卦（䷢）或既濟卦，就有出人頭地的機會；尤其是占到不變的小過卦或大壯卦更是如此，就算所有的爻都動了，也是如此。因為在這個階段，每一個爻都不可能有大突破。大壯亦復如是。

占卦實例3：小過卦占例補充

曾有一個占例，就是小過卦（䷽）上卦三爻全變，變成風山漸（䷴）。小過卦是「宜下，不宜上」，「可小事，不可大事」。「宜上」就要小心「飛鳥遺之音」，越低調越好，千萬不要居高位。第五爻「已上也」，第六爻「已亢也」，第四爻則是不得已，已經到了上卦，故要小心翼翼、謙和低調。就因為小過卦處上是非常不利的，卦辭就已經限定了形勢。

如果上卦全變，雷山小過就變成風山漸。這個占例是個人的事情，又跟生死有關。一位四十歲還不到的臺中學生，二〇〇六年因心臟病發，以致英年早逝，時間是當年的陽曆八月十四日。二〇〇八年，也就是時隔兩周年之後，時間接近農曆七月十五日中元節，我突然想問問他的現況，因為他實在走得太突然了。我算的就是這個卦象，顯示其魂魄不安。小過卦四、五、上爻齊變為漸卦，小過卦是兌宮的遊魂卦，漸卦是艮宮的歸魂卦，肯定魂魄不安。撂下妻子兒女，撂下很多想做的事，在逝世兩周年後，還是如此。

占卦實例4：過去一千年中國文明發展的態勢

一九九七年十月中，我問過去一千年中國文明發展的態勢為何？得出小過卦「九四」爻動，有謙卦之象。其爻辭稱：「无咎，弗過遇之。往厲必戒，勿用，永貞。」中國自北宋以來，國勢漸衰，清代中葉後更飽受西方列強侵陵，在救亡圖存間力求自保。小過卦辭：「可小事，不可大事……不宜上，宜下。」

謹小慎微之至，謙卦低調以圖和平有終。

占卦實例5：人民幣十年後的國際地位

二○○九年四月上旬，我問人民幣十年後的國際地位，為大壯卦初爻動，有恒卦之象。建立初步信用，還須更長時間努力運營，已於大壯卦占例中說明。再問二十年後呢？為不變的小過卦，卦辭稱：「可小事，不可大事……不宜上，宜下，大吉。」小過為菜鳥練飛，前為中孚卦，已有一定國際信用；後為既濟卦，離成功仍有一段距離，取代美元還遠遠談不上。

思患豫防——既濟卦第六十三（䷾）

先天體和後天用

最後的既濟卦和未濟卦都有一個「濟」字。從字面看，「濟」是齊水而過，是渡河的意思。普濟眾生，知周萬物，道濟天下，這是〈繫辭傳〉第四章堂堂皇皇提出的聖人救世主張。大乘佛學很重視「濟」，像臺灣佛教界有慈濟組織。當然，《易經》不講「慈濟」而講「道濟」，道濟天下。習坎繼明是既濟卦的象，就是渡彼岸；佛家的般若波羅蜜，意義也是渡彼岸。渡彼岸，就是過大川，《易經》有很多卦就強調「利涉大川」。

《易經》最後兩卦就是對人生事業終極成敗的總檢討，人生修行的終極解脫就在既濟卦和未濟卦。最妙的是，即使到了最後，它還是提出很多問題讓你思考；最後一卦是未濟，而不是既濟的功德圓滿。如果既濟的功德圓滿，那就糟了，不繼續往下發展了。既濟，是已經成功，那是既成事實；未濟，則是一波未平，一波又起。也就是說，成功只是一個階段，這個階段「既濟」，下個階段還沒完，不然就不是永遠沒完沒了的「生生之謂易」。最後一卦如同永遠沒有句號的懸念。如果到既濟卦為止，那麼人生就是一個封閉的死局。其實真正的人生是逆水行舟，做事、做人、修道永無止境。不進則退，絕沒有完結的時候。成佛超難，但成佛之後呢？既濟卦之後是未濟卦，說明成佛的目的就是道濟眾生，這種事永遠做不完。從這個角度來講，這兩卦根本就是一個卦，因為相錯、相綜、相交，還有相互的卦中卦，有四重關係；六十四卦只有這一組卦的關係這麼複雜，根本就掰不開。我們知道隨（䷐）與蠱（䷑）、漸（䷴）與歸妹（䷵）是典型的相錯又相綜的卦，已經夠密切了，既是一體的兩面，有A必有B，有B也必有A，又有因果關係，還有性質完全對反的關係。還有最早學的泰、否兩卦，也比相錯綜的關係更麻煩。除了相錯綜和泰、否兩卦的模式，還有性質完全相反的從天堂到地獄，以及乾坤大挪移的旋乾轉坤；然後是上下易位這種換了屁股就換腦袋的朝野互換，那是澤雷隨跟山風蠱、風山漸和雷澤歸妹這兩組相錯綜的卦辦不到的，因為它們不相交，還是在三陰三陽的卦中折騰。

我們都知道，所有這些相錯綜的卦一定是三陰三陽，既濟（䷾）、未濟（䷿）是三陰三陽，泰（䷊）、否（䷋）也是三陰三陽，這是數理的必然。不是三陰三陽的卦不可能既錯且綜。這一套卦象的數理模型精密到天衣無縫，不是假說，而是客觀的自然現象；古人以無上的智慧把它們架構起來，呈現出一個完整而精密的系統。一般人讀莊子的寓言覺得很妙，但寓言是散漫不成體系的，而且寓言跟寓言之間沒有關聯，可是《易經》的象徵符號體系是前後內外關聯的，這才是滴水不漏。泰、否二卦有三重關係，相錯、相綜、相交，但是沒有「相互」，泰卦的卦中卦（互卦）沒有否卦；泰中有否是不能想像的，否中也不可能有泰。如果我們把互卦二、三、四、五爻構成的卦中卦當作基本原型，把初爻、上爻拉進去所構成的四個卦中卦算衍生的話，那麼，泰卦的二、三、四、五爻是歸妹卦，泰卦會那麼快走下坡，因為裡邊有急躁的「歸妹」在作祟。否卦中的卦中卦是漸卦，表示要否很久才能恢復元氣，還得循序漸進，每一步都做對；還要組團隊，大家一起合作，才能傾否、休否，一個人是沒有辦法旋乾轉坤的。

既濟卦的卦中卦

既濟、未濟二卦比泰、否二卦更為複雜，因為「既濟」中有「未濟」、「未濟」中有「既濟」，表現在卦中卦就是二、三、四、五爻。既濟卦二、三、四、五爻構成的是未濟卦，而未濟卦二、三、四、五爻構成的是既濟卦，這種關係是泰、否二卦所沒有的。從卦際關係來講，「既濟」、「未濟」二卦把所有卦之間可能的關係都集在了一塊；這裡面的資訊遠比爻辭為多，這就要慢慢參悟了，而且還需要豐富的人生經驗。「既濟」中有「未濟」，就是說成功之中隱含失敗的種子；「未濟」中有「既濟」，就是所謂的失敗為成功之母。「未濟」中有「既濟」，就給人很多鼓舞；「既濟」中有「未濟」，所以不要得意忘形，眼前的成功隨時都會轉成慘痛的失敗。就像泰極否來一樣，驕傲則失之。既濟、未濟二卦是人生事業成敗的總結算，也包括修行人最後到底有沒有渡彼岸。當你認為既濟的時候，裡面已經有未濟了。

既濟、未濟的卦際關係

人生以「濟」為目的，就是要過江，太矮不行，不會游泳不行，齊水而過要小心滅頂。坎卦

（䷯）、大過卦（䷛）都有滅頂的象，是修為的考驗，何況已經到了第六十三、六十四卦的位置。用佛教的話說，最後要算總帳；從《聖經》的角度來說，就是最後的審判。既濟跟未濟之間的關係可以接通人類主要的思想文明或宗教，都是在探討究竟、終極的問題。

終而復始，未濟卦擺在既濟卦之後，這樣的卦序也不用再解釋了。只是〈雜卦傳〉並不以未濟卦為終。也就是說，人總是要跟天公一比高低，不希望留下遺憾，所以最後一卦是夬卦（䷪）。這也暗合《春秋》撥亂反正的思想。如果〈雜卦傳〉最後是未濟卦，不管怎麼解釋，搞到最後還是未濟，都會影響人的奮鬥信心。〈雜卦傳〉把末法時期最後八個卦的卦序完全打亂了。既濟、未濟也是〈雜卦傳〉末世八卦中的兩個卦；這麼密切的關係，從自然的角度來講是怎樣也拆不開的，但在以人文精神為主的〈雜卦傳〉中照樣被打散，這就是人定勝天的不屈不撓的意志。

「濟」為齊水而過，除非會游泳、潛水，通常要浮在上頭，不然就會滅頂。華人社會有句狠話很鼓勵人——「天塌大家死，過河有矬子」。矬子就是矮子，大家都要過河，只要比矮子高一點，就死得比較慢一點。天塌下來，大家都一樣，等到過河了，矮子先死，所以沒什麼大不了。還有話說「自己的夢自己圓」，這也跟既濟有關。希望人家幫你圓夢，養成依賴心，這是不可能的。每一個人都希望自己的想法能夠成功實現，希望「既濟」，不希望「未濟」。有的上一代沒做成，就拉著下一代接著做；有時下一代未必願意，他的夢也未必跟上一代相同。既濟、未濟二卦都有風險，裡面都有坎卦（䷜），坎在前、在後、在上、在下、在內、在外，有風險就過不去，敢冒險犯難，就得有真本事，所以還是得靠自己。

「濟」是齊水而過，端看你身量夠不夠，普渡眾生、苦海慈航都是這個象。「苦海無邊，回頭是岸」，這也是深入民間的諺語，告訴你不要硬挺，說不定下次還有機會。這兩個卦都取象於小狐狸過河，而不是老狐狸過河。老狐狸因為經驗夠，知道水深，知道天高地厚，沒把握就不下水；小狐狸有一點小聰明，有一點奸詐，但涉世未深，才會僥倖下水；結果發現水太深、尾大不掉，「濡其首」、「濡其尾」。在既濟卦中沒有提小狐狸渡河，但這個主詞一直若隱若現；在未濟卦的卦辭中就明確出現小狐狸渡河。既濟、未濟二卦一體兩面，既濟卦當然是小狐狸渡河，因為人不會有尾巴，所以它還是一個自然生態觀察。如果《易經》的創作背景主要在黃河流域，冬天黃河結冰或是枯水期，一定有很多狐狸想游過對岸。這個自然現象就會刺激很多靈思妙想。狐狸是聰明的，跟中孚卦（䷼）的小豬、小魚不可同日而語。中孚卦「信及豚魚」，再蠢的、有一點靈氣的東西都有可能涉大川。「中孚」的用處就在這裡，不認識字的愚夫愚婦也可以涉大川、往生西方，搞不好大學教授反而去不了。豚魚跟小狐狸的智慧不可同日而語，但小狐狸還是踢到大鐵板了。那我們就要檢討了，是不是老狐狸過河的成功機會高一點？可是我們自始至終沒看到老狐狸下水，大概是知難而退，或者小狐狸是因為無知才膽大。

狐狸的象在解卦（䷧）第二爻有「田獲三狐」，而且不止一隻狐狸，裡面可能有老狐狸、母狐狸，還有小狐狸，是典型的狐狸窩。要找到方法對付這些快要成精的狐狸，就要要打造黃金箭——「得黃矢，貞吉」，暫時不採取行動。解卦是尋求解脫，既濟、未濟是要尋求終極解脫，主角都跟小狐狸有關。解卦第二爻是唯一出現狐狸的地方，尋求解脫、消災消業，故〈大象傳〉稱赦過宥罪。修淨土宗的一直有個爭議，一個叫「帶業往生」，一個叫「消業往生」。消業往生當然很理想，全身都消得乾乾淨淨，到那邊阿彌陀佛會來接應。還有一種就是可以去，但身上還有一堆油膩，這就是「帶業往生」，到那邊再跟阿彌陀佛商量。解卦就是「赦過宥罪」，如傾盆大雨般把業都洗乾淨，「百果草木皆甲坼」，解之時大矣哉。就在解卦下卦坎的地獄深淵中出現一群狐狸，怎麼對付呢？若不能解脫，就馬上變成「負且乘，致寇至」。

既濟、未濟、坎、離、泰、否曲線

既濟卦和未濟卦有錯綜交互四重關係，是卦際關係最為複雜的，複雜度超過泰、否二卦。不單是「既濟」中有「未濟」、「未濟」中有「既濟」，甚至是「既濟」中還有「既濟」，「未濟」中還有「未濟」。換句話說「既濟」中有「既濟」也有「未濟」，「未濟」中有「未濟」也有「既濟」。一個既濟的狀況中，潛流洶湧，首先，初、二、三、四爻構成的是既濟卦，然後二、三、四、五爻是未濟卦，繼續走下去，三、四、五、上爻又是既濟卦。所以既濟卦的表象裡有既濟卦、未濟卦、既濟卦，這就很值得玩味了。卦中卦有這個象，必有其理，必有其氣，必有其數。《易經》難得的就是理氣象數不可分，你可以從象切入，從數切入，也可以直接從理切入；但它們還是相關的，互相撐持，是一個圓的結構。如果看到這樣的象，不能想出實質的理，那就是功力不夠。光是把既濟卦的象點出來就這麼複雜，可見人生的成敗，尤其是終極成敗，其實並不那麼容易看透。

既濟、未濟相綜，假定既濟相當於成功，未濟相當於失敗，人都不喜歡失敗，喜歡成功，但成敗關係密切。對一件事的解釋，有人說成功了，也有人偏要說是失敗。誰對誰錯？其實從這邊看是既濟，那邊看是未濟。換句話說，看待人生成敗要靈活一點，不能光從一個固定角度看問題。換一個角度，成功有時是下一階段重大挫敗的開始。所以成敗常為一體的兩面，互為因果，塞翁失馬、得馬，焉知禍福？如此看待未濟卦，就不會那麼快放棄，因為未濟的另一面正好是既濟。

既濟卦、未濟卦由坎、離組成，而且既濟卦的初、二、三、四、五爻構成的卦中卦也是離卦（䷝）。既濟中含了一個光明的離卦，有光明，有智慧，當然好，因為熟悉人際網絡，還能成功。可是，既濟中的離卦很快就變成二、三、四、五、上爻構成的坎卦（䷜）。所以既濟有一個趨勢，如果從既濟卦五個爻的離卦組合變成五個爻的坎卦，整個本卦就有可能從既濟卦、未濟卦轉；既濟卦六個爻剛好也是循著這個方式，先盛後衰。這跟泰卦非常像，泰卦的曲線圖是從初、二、三爻跑到巔峰，四、五、上爻又掉下來。既濟卦也是這樣，初爻到三爻好像是達到成功的巔峰，四、五、上爻看似位置更高，其實是往下滑，盛極轉衰的情景和泰卦完全一樣，照樣可以做成像泰卦一樣的成敗曲線。那麼，未濟卦就像否卦，為什麼？因為既濟、未濟二卦跟泰、否二卦有先後天的體用關係。如果把地天泰當成「體」，是乾坤合，那麼它的「用」當然是坎離；乾的「用」是離，坤的「用」是坎，先後天同位，天南地北，離南坎北，自然的「體」產生人世間的「用」。泰卦當成「體」，產生的「用」當然就是既濟卦，由「體」啟「用」，泰卦外卦坤變成既濟卦外卦坎，泰卦內卦乾就變成了既濟卦內卦離，所以我們在一個國泰民安、天下太平的環境下容易成功。既然泰卦這個「體」可以把它畫成曲線，那它所顯現的「用」，當然也是循著這個曲線；即從初爻、二爻、三爻達到高峰，到了四爻、五爻、上爻同樣是心中苦不堪言。到上爻滅頂，下面就接著未濟卦，如同泰極接否來。這就是體用關係。

要了解既濟、未濟二卦，包括所有的爻，如果把它們看成是最後的「用」，我們奮鬥一生或者修行一輩子，成敗如何定論，就要把既濟、未濟二卦念茲在茲。當然既濟、未濟二卦一定跟泰極否來的大環境有關，同樣的人，可能在某些時代，才能再高也不能成功：所以懷才不遇者到處都是。你生在否卦的時代，就要儉德避難；生在泰卦的時代，就是智商再低也會水漲船高。換句話說，要瞭解既濟卦，就要瞭解泰卦；要瞭解既濟、未濟二卦，就要瞭解泰極否來。要怎麼瞭解泰極否來？又得追溯至乾、坤二卦。這種層層相應的由「體」生「用」的關係，就是天人合一的境界，值得我們研究。

既濟、未濟又是由天堂轉地獄，離、坎一併出現，也是佛跟魔、業力跟道力的較量。如果總業力超過總道力，就是未濟，就下地獄；如果修為定力超過了魔力，就是既濟，就會上天堂。當然，這種較量是跟乾坤、坎離有關的，最後的結果就是既濟、未濟，發展空間無限。像既濟卦是由離卦走向坎卦，卦中卦也是如此；亦即由光明走向黑暗、由天堂墜入地獄，這是既濟的趨勢。反之，未濟卦是越來越好，從習坎到繼明，上卦、外卦是佛光普照。如此看來，既濟、未濟的研究有好多條線，其複雜程度遠超過想像。原來的乾、坤多單純，現在由簡而繁，在上經衍出坎、離二卦，到下經來一個總結合，就衍出既濟、未濟二卦這麼複雜的狀況。

既濟、未濟二卦的卦序發展

先看卦序，比較簡單。〈序卦傳〉說：「有過物者必濟，故受之以既濟。物不可窮也，故受之以未濟。終焉。」「有過物者必濟」，「過」是指前面的小過卦，「物」就是人事物，代表資源，跟「物」不一樣的就是「心」。「有過物者」，指一定要經歷事情的磨鍊，不過一過怎麼會成熟呢？由中孚卦到小過卦就是要過一過，經過人世的歷練，才能真正成功——「故受之以既濟」，既濟就是成功。但是要真正了悟宇宙人生的真相——「物不可窮也」，三千大千世界，無窮無盡。莊子就說天地萬物是無涯的，智慧探索是有涯的；以有涯追無涯，一定不成。所以所有的「既濟」後面都是「未濟」。也就是說，一個學說提出來，就可以圓滿解釋一切嗎？非也。像牛頓那樣崇高的成就，可算得上是「既濟」嗎？如果是，就不會有後面愛因斯坦的「未濟」了。那麼愛因斯坦是「既濟」嗎？沒人敢打包票。

為什麼《易經》的謙卦（䷎）那麼重要？就是提醒我們所知有限，「未濟」才有無限的發展空間。「物不可窮」，這是自然律，「故受之以未濟」。很多東西存在的形式可以千變萬化，但從某一種角度講，核心主幹是不滅的，只是形式換了。「終焉」，就是不要追究，沒有用的，因為無法回答。

〈雜卦傳〉說既濟、未濟

〈雜卦傳〉說：「既濟，定也……未濟，男之窮也。」既濟就是「天尊地卑，乾坤定矣」。《大學》稱：「知止而後有定，定而後能靜，靜而後能安，安而後能慮，慮而後能得。」不定則朝不保夕、岌岌可危，沒法做長期計畫。在六十四卦中，看卦象就知道既濟卦的結構超穩定，因為六個爻都當位，全部擺對位置；但就是因為太完美了，所以沒有繼續追求的動力。故後面是六個爻統統不當位的未濟卦，六爻全變，又得重新洗牌。本來既濟卦是六個爻都是陽居陽位、陰居陰位，沒有人可以抱怨，但長久下去還是不行，得再換位置。天理人情就是如此，而且是瞬間全變成為「未濟」，最後終於「未濟」。既濟卦為什麼會既濟呢？因為水火相通，這跟泰卦的天地交泰一樣，地氣上升，陽氣下降，形成交流的象。在既濟卦中，本來是水火不相容的，可是既濟卦上卦的水往下流，火往上燒，既然水火不容，就要小心水滅了火，或是火把水燒乾了，所以要找到調和之道，這在中醫就叫心腎相交。心火跟腎水，腎水如果沒有心火幫忙保持一定的溫度，體質就會偏寒。可見它們雖然相反，但可以相成。如果心火、腎水不調，也就是心腎不交，那麼身體就會有大問題。未濟卦就是火在上、水在下，水火不相交，是典型的心腎不交；火往上，水往下，就如同否卦的天地不交。在身體來講，氣血調不調、心腎交不交，就是既濟、未濟。未濟是經常使不上勁，內外不調和，非常不安定；既濟是可以調和，是安定的「泰」。身體是「否」的狀態，表現在「用」就是未濟；身體如果是「泰」，表現在「用」就是既濟。人到一定年齡，有時候治好這個病，就會併發那個病，所以一開刀，就不知道又啟動了什麼問題。

「未濟，男之窮也。」這句話就不知道該怎麼解釋了。一個是針對陽剛的力量，如果窮是負面的，就會使不上勁，五窮六絕，資源消耗窮盡。對陽剛的事物來講就是未濟，事業失敗，婚姻破裂，人際關係不和諧，這就是所謂的「男之窮也」；奮鬥的力量未濟，但又無法改變，只好接受失敗的事實。還有一個「窮」就是隨卦上爻的講法，亦即最高境界。最高境界就是不要「既濟」，因為「既濟」之後沒有了夢想，人生不再追求進步，而是安於現狀，所以要「上窮也」。隨卦上爻

「拘係之，乃從維之，王用亨于西山」，就是「上窮也」。上窮碧落下黃泉，窮盡一切去追求未知，這樣的「窮」就不是壞事。未濟卦這兩種意思恐怕都有，因為〈雜卦傳〉有微言大義，包含《春秋》的思想，是《春秋》跟《易經》雜交出來的結果。

〈雜卦傳〉所謂的末世時期最後八個卦：「大過，顛也。姤，遇也，柔遇剛也。漸，女歸待男行也。頤，養正也。既濟，定也。歸妹，女之終也。未濟，男之窮也。夬，決也，剛決柔也，君子道長，小人道憂也。」「未濟，男之窮也」，前面接的就是「歸妹，女之終也」。後面接的是「夬，決也，剛決柔也，君子道長，小人道憂也。」

「大過，顛也」，開始進入大亂世，一切都被顛覆。「姤，遇也，柔遇剛也」，亂的時候很多做夢都想不到的事都會發生；始料未及的危機、不期而遇的事情很多，正常的社會不可能有那麼多「姤」的現象。這也是顛覆一切之後，因為超不穩定，就會有許多怪事發生。下面就是「漸，女歸待男行也。頤，養正也。既濟，定也。」「既濟，定也」是從頤卦（䷚）的養正而來的。「既濟」定了之後，又不安分了，然後就檢討終極意義──「歸妹，女之終也。」這是陰性的。「未濟」則從陽性方面立論──「男之窮也。」一個終，一個窮，有好的意思跟不好的意思，都不能從片面的意思去瞭解。女跟男是針對陰陽，一種是衝鋒的力量，一種是含蘊保守的力量。夬卦最後壓箱底，這是〈雜卦傳〉的獨特之處。夬卦離前面的姤卦（䷫）很遠，姤卦在顛覆之後的危機發生，到夬卦時才扳回來，中間不知經過多少歷練，而且不是正常的錯綜卦序，「夬，決也，剛決柔也，君子道長，小人道憂。」意義無窮無盡。

未濟、既濟二卦之中隔了一個「歸妹，女之終」，然後才是「未濟，男之窮。」既濟、未濟這麼密切的關係，居然用歸妹卦（䷵）隔開，這是怎麼回事？幾千年的易學史，很多解釋並不圓融。從理氣象數來講，「男之窮」到底是窮途末路，還是有無限希望，甚至是一種無所執著的最高境界？陽剛的力量就是希望奮鬥成功，結果是「未濟」，就說明總有做不完的事，人總是想女媧補天，不然有遺憾，所以像朱熹就怎麼也解不出「未濟，男之窮。」後來他恍然大悟，說未濟卦三陽失位，即三個陽爻不當位，所以「男之窮」。以我們的智慧無法體會他為什麼會恍然大悟？或者他這種說法根本就是自欺欺人。但我可以肯定地說，「三陽失位」絕對無法解釋「男之窮也」，因為還有更深層的脈絡在其中。這是藏在〈雜卦傳〉裡的《易經》密碼，有待後人揭開。

既濟卦卦辭

䷾

既濟。亨小，利貞。初吉，終亂。

我們看卦辭：「亨小，利貞。初吉，終亂。」既濟卦遲早會往未濟卦轉，合久必分、分久必合，也是泰極否來；所以，只能把既濟卦視為階段性的成功，而不是全盤搞定。卦辭說既濟亨通，但這個亨是有限量的、是小的，千萬不要自滿，不要被成功沖昏了頭。這在事實上當然說得通，很容易變成勸世良文；既濟亨了，爽了，但要注意，那是有限的——「亨小」。也就是說，成功的喜悅只要一個晚上就好，不要樂過頭，第二天說不定就開始「明夷」了，所以要「利貞」；要保住成功的既得利益，這時利於固守。

「初吉，終亂。」這似乎是一種宿命論。在剛成功的時候覺得是吉，得到夢寐以求的東西，但到最後一定會亂，就像泰極否來一樣。這個趨勢確實是這樣，因此眼光不能看得太短，要高瞻遠矚，看遠一點；否則稍不注意，「既濟」的下一站就是「未濟」。「初吉，終亂」就提醒我們在成功的時候要想辦法穩住，要消化吸收，才會產生效益，因為局勢變得很快，亨通時也不要太高興，那是有限的。

但是，這樣解釋「小」有時不大好，很危險。我們在小過（䷽）、小畜（䷈）這些卦中，都提到小可以博大、可以事大，當然，像「可小事、不可大事」就有規模的限定。最典型的就是巽卦（䷸）跟旅卦（䷷），都是「小亨」，巽卦稱「小亨，利有攸往，利見大人」，旅卦稱「小亨，旅貞吉」。「小亨」是小的亨通，不是大的亨通，但不只是這個意思，而是說陽大陰小，用柔才能亨，這才是最重要的。像寄人籬下的旅卦一定要尚柔，絕對不能尚剛；旅卦中剛爻沒一個有好下場，柔爻可能還有機會，所以是柔就亨，用柔（小）才能亨通，小是保證亨的條件。可見，旅小亨、巽小亨，不是只有小的亨通，如果巽卦是小的亨通，最後怎麼會「先庚三日，後庚三日」呢？如果旅卦只有小的亨通，怎麼能夠「射雉，一矢亡，終以譽命」呢？。

既濟卦〈彖傳〉

〈彖〉曰：既濟亨，小者亨也。利貞，剛柔正而位當也。初吉，柔得中也。終止則亂，其道窮也。

關於《易經》的大、中、小，從既濟卦的〈彖傳〉來看，就不是從一般成見的大小來比較，而是講用剛、用柔。「亨小，利貞。初吉，終亂」，像籤詩一樣。但〈彖傳〉說「既濟，亨」，這是解釋「亨小」，還是解釋「亨」？「既濟」為什麼亨通，原因是「小者亨也」。就像旅卦、巽卦一樣，小才能亨，柔才能亨，剛一定不亨，強龍不壓地頭蛇。在旅、在巽的時候，就要善於用柔，才可能亨通，而不是說亨通一定是小的。「射雉，一矢亡」的亨通照亮整個世界；「先庚三日，後庚三日」也絕不是有限的亨通。所以，我們在追求成功、「既濟」的時候，千萬不要張牙舞爪、夜郎自大。在當世，就算你真的了不起，放在歷史和未來，就完全沒得比。歷史上隨便撿幾個人都比你「大」，就算在某一個領域，古今曾經存在過的人都不如你大，焉知來者之不如今呢？未來一定有人會超越你的，有什麼好驕傲的呢？小才能亨，用柔才能亨，偏偏人在「既濟」之時最容易驕傲，像大過卦〈彖傳〉就說「大者過也」。再看前面的小過卦，有了「小過」才有「既濟」，這種用柔的精神、謹小慎微、低調行事的精神是一以貫之的；就像由旅卦到巽卦一路都是小亨，小才能亨。小過卦的〈彖傳〉說「小者過而亨也」，後面就講「柔得中」；到既濟卦的時候就說「小者亨也」，到〈彖傳〉才講出真正的意涵，不然卦辭光看「亨小，利貞。初吉，終亂」，字面的意思老太婆都懂。

「利貞，剛柔正而位當也。」陰陽六個爻都當位就是「剛柔正」，就是利貞。有了最好的位置，當然要安分，像君君、臣臣、父父、子子；像《大學》講「止於至善」就是很實際的盡人生本分。還有「艮，止也」、「君子以思不出其位」、「不在其位，不謀其政」，「為人君，止於仁；為人臣，止於敬；為人父，止於慈；為人子，止於孝。」這些都在講，位置排好了，那就各得其所、各盡本分，這就是「利貞」，這樣才會產生效率。

「初吉，柔得中也。」又把柔提出來了。小過卦「柔得中，是以小事吉」，既濟卦也「柔得中」。小過卦是「六二」、「六五」；既濟卦則專講「六二」，柔居下卦光明的離之中，有無窮的智慧。因為被〈彖傳〉點名，這個爻就要多加注意。「初吉」，為什麼一開始就能享受成功的喜悅呢？因為「柔得中」。既濟卦「六二」的耐心發揮作用，不輕舉妄動。「柔得中」，就是「柔中」，這一觀念在離卦講得很清楚；「剛中」的觀念則在坎卦講得很清楚，要有堅強的意志，冒險犯難，不要被挫折擊倒。

「終止則亂，其道窮也。」「其道窮」完全是負面的，因為由既濟卦轉向未濟卦，而不是〈雜卦傳〉所說的「未濟，男之窮也」。既濟卦剛開始還是「初吉」，在追求成功的歷程中，很快就享受到成功的喜悅；這是因為「柔得中」的「六二」發揮作用。可是為什麼到「上六」就滅頂了，或者越到上面越不好呢？因為「終止則亂」，不管中間曾有什麼樣的「初吉」，到後面都有可能「終亂」。為什麼會「終亂」呢？還是一個字——「止」，因為成功之後志得意滿、不思上進。學如逆水行舟，不進則退，自認已經到達巔峰，不再成長，很快就會被時代淘汰。所以不要以為既濟卦就是終極成功，其實時代不斷前進，江山代有才人出。「終止」是〈彖傳〉的意見，卦辭只講「終亂」，只是陳述事實，不評論對錯，也沒有說出理由；只有〈彖傳〉會告訴我們，之所以「初吉」會「終亂」，就是因為「止」——「終止則亂」，拿到博士之後不讀書，做到部長之後不成長，「其道窮也」。不肯繼續鑽研、精益求精，結果就是如此。

既濟卦〈大象傳〉

〈大象〉曰：水在火上，既濟。君子以思患而豫防之。

「水在火上，既濟」，這是卦象。「水在火上」，居然稱「既濟」，有意思。「君子以思患而豫防之」，很簡單，「思患豫防」，豫卦（䷏）的「豫」出來了，人生要看得遠，就要做精確的預測和預備。《中庸》說「凡事豫則立，不豫則廢」，對未來可能發生的患難要有憂患意識，《易經》的憂患意識是很強的。「既濟」稍微看遠一點就是「未濟」；雖然現在行情很順，但再往遠處看就是尼加拉瀑布，所以現在就要做好預防。〈大象傳〉講修德，根本就來不及慶祝行樂，馬上就要思患預防。人生追求成功，在既濟的時候更要「思患而豫防之」。

這個卦象是從水在火上悟出來的，為什麼「水在火上」能成為既濟呢？因為它是一個烹飪的象，水和火沒有實質的接觸，透過生柴燒火，水滅不到火，火反而能把水燒開、把生的食材燒成很香的一鍋菜。水火是「保持距離，以策安全」的，這也是思患預防。當然，水滅火、火滅水等一般生剋現象未必是常規，《孫子兵法》就有「五行無常勝」的說法。杯水絕對無法滅車薪，這就有量的考慮。水可以滅火，火一樣可以滅水，中國神話就講得很透徹。水神共工和火神祝融的大戰，就是既濟、未濟二卦之道力與業力的衝突。共工跟祝融大戰，結果誰贏了？照講水神跟火神開戰應該是水滅火，結果是共工慘輸，輸了還怒觸不周山，使得地傾東南，害得女媧娘娘要鍊五色石去補天窟窿。這就告訴我們人生沒有常勝，要考慮很多條件。對火來講，其實是要造就水的，可是又不能在造就水的時候讓自己受傷害，那就要保持距離，不要直接接觸，要有一個器具裝著水，這樣才能讓水燒開，讓鼎中的肉變成美味，這就是互相造就，相反相成。如果中間沒有容器，就不會有烹飪的結果。像張良輔佐劉邦，他就懂得思患預防，劉邦滅秦滅楚，創立大漢王朝，是「既濟」。張良在下卦、內卦離的中心，他是有智慧的，結果造就了劉邦的坎水成功。但張良知道，劉邦成功後有可能會收拾這些大功臣，尤其旁邊有個呂后，「最毒婦人心」的典故就與她有關。結果韓信被殺，彭越被誅滅三族。張良懂得思患預防，他知道跟劉邦的相處絕對要有一定的區隔，必要的時候就要隱退，免得「狡兔死，走狗烹；飛鳥盡，良弓藏；敵國盡，謀臣亡」。共患難，不能共富貴，這是自古以來的教訓。像《易經》從屯卦（䷂）到鼎卦（䷱），變化不知有多大，這都是智慧。所以看到燒開水的象，就要想到可以造就別人，但不要靠得太近。成功的梟雄很可怕，他是坎，你可以造就他，但他也可以毀滅你。這就是「水在火上，既濟」，君子應思患而預防之。

既濟卦爻際關係分析

既濟卦的特性是每個爻都擺對了位置，陽爻在陽剛的位置，陰爻在陰柔的位置，看起來很好，其實也不好，安定的環境往往缺乏動能。還有就是它們的關係，我們知道上卦跟下卦、內卦跟外卦本身相反相成也相錯，在爻位上一定是相應與。「初九」跟「六四」互補，剛柔互濟；「六二」跟「九五」、「九三」跟「上六」，都是如此。未濟卦也是如此，雖然每個爻不正，但彼此的關係是相應與的。這跟泰極否來完全一樣，相應的爻位絕對相應與，只是否卦的環境相應與沒有用，泰卦就大有用了。

陰陽互補的關係當然很重要，初爻所代表的民生基層跟四爻所代表的精英高層，「誠於中形於外」，這種配套關係決定了成敗，二、五亦然。既濟卦除了上下完全契合，每一個單一的位置也是擺得最好，能量才適性、發揮長才，而且上下交流，避開互相傷害的角度而彼此造就。此外，既濟之所以成功，還有一項利多因素，就是「九五」跟「六二」中正相應與，兩個都有一等一的才能；當老闆的「九五」雄才大略，在坎險中也不會遭遇滅頂的危險；坎也代表有資源。君位有資源，「六二」則有智慧，兩個爻如魚得水，諸葛亮對劉備、張良對劉邦、范蠡對勾踐，都是「六二」、「九五」中正相應與的典型，他們的成功是有道理的。

另外，「六二」跟「九三」陰承陽，「六四」輔佐老闆「九五」也是陰承陽，這就是既濟卦充滿秩序感的爻際關係，倫理、紀律俱備。只是在進入卦的時候，卦辭就告訴我們對既濟卦的成功不要太過樂觀，爻辭中更道破盛極轉衰的命運。

既濟卦六爻詳述

初爻：小心翼翼

初九。曳其輪，濡其尾，无咎。

〈小象〉曰：曳其輪，義无咎也。

我們看既濟卦初爻爻辭：「曳其輪，濡其尾。」「其」是指誰？當然不是指人。「濡其尾」，「尾」是指小狐狸的尾巴，人不會長尾巴。當然，此處也沒有明確指出是小狐狸，我們也是從未濟卦才知道，小狐狸打濕了尾巴就是「濡其尾」；「其」就是指小狐狸。「曳其輪」的「其」就不是小狐狸了。曳是拖曳，踩煞車，什麼東西有輪呢？馬車。姤卦中有類似的觀念，要讓馬聽話，就要把牠拴在金屬棒上——「繫于金柅」。「曳其輪」，就是控制馬車的速度。也就是說，在追求人生成功的第一步別跑太快。這是「潛龍勿用」的位置，經驗不足，隨時可能出意外，所以要控制好速度；一看不大對勁，馬上拉住，輪子就停了。將速度維持在可控制的範圍內，不急功近利，這也是從小過卦第一爻的教訓而來。小過卦第一爻想一步登天，結果「飛鳥以凶」，馬上出事。既濟卦有機會追求成功，更要謹慎調控速度。

「曳其輪」是陸地行車要謹慎，但既濟卦是要過河的，車子過不了河，接下來就要轉水運，於是就換上了小狐狸。小狐狸要過河，但缺乏經驗；不像老狐狸，還沒下水就知道水深難涉，趕快回頭，苦海無邊，回頭是岸。

可見小狐狸太輕敵了，初爻絕不可成。先是在陸地上駕車，希望早一點到達目的地，但是要控制速度，從容不迫；然後到了水裡，就該小狐狸實際下場體驗了。但小狐狸畢竟經驗不足，雖然有一點狡詐、有一點小聰明，游到一半，發現不行，尾巴都搞得濕淋淋，只好狼狽地回到岸上。回頭上岸的結果是「无咎」。這樣的補救措施很正常，因為「既濟」的成功絕不在初爻，「曳其輪」是新手上路，一定要冷靜從容，一步步來。如果碰到水，就像小狐狸過河，會「濡其尾」，沒下過水，怎麼知道水深呢？下水之後發現不行，只有回頭，等到長大一點或者水位降一點再說。雖然沒有滅頂之災，但尾巴打濕了也頗狼狽，尾大不掉的弊端導致停滯不前。不過，因為及時回頭，斷尾沒斷頭，「濡其尾」只是付了一定的學費，結果還是无咎。

〈小象傳〉說：「曳其輪，義无咎也。」意思是說，不管是陸上行車還是涉水而過，都要謹慎小心，這是天經地義的。只有在不斷嘗試中積累經驗，懂得天高地厚，才不會遭遇滅頂之災。否則就是爻變為蹇卦（䷦），寸步難行。水山蹇，外險內阻，步履蹣跚。所以，既濟卦初爻一旦發現準備不足，就得聯絡眾多失敗的小狐狸，結成小狐狸聯盟，交一點學費，學到寶貴的經驗。雖然絕不可能成，但不試一下，焉知未來能不能成呢？這就是從小過卦到既濟卦初期的必經路程。小過卦還有嘗試錯誤的機會，既濟卦就要決勝負，但在第一爻還是得小心翼翼，這是人生奮鬥追求成功的第一步。

上爻：在劫難逃

䷾

上六。濡其首，厲。

〈小象〉曰：濡其首厲，何可久也？

初爻比上爻好，「濡其尾」只是交點學費，灰頭土臉，有一點難堪，沒什麼了不起；雖然尾巴濕了，頭卻保住了。可是「上六」竟然是「濡其首，厲」。「厲」已經很難過了，還加上滅頂的「濡其首」。追求成功的既濟卦，居然有可能會以「濡其尾」開始，以「濡其首」結束，這是怎麼回事呢？所以我們要研究中間那些爻到底發生什麼變化，何以會從「濡其尾」到後來不知輕重、不知己知彼，結果變成「濡其首」的滅頂之災呢？中間發生什麼事、犯了什麼錯？小狐狸在「初九」的時候只是「濡其尾」，稍微長大一點卻滅頂了。〈小象傳〉說「何可久也」，頭都淹在水裡了，還能掙扎多久？上經的大過卦轉坎卦，下經的既濟卦轉未濟卦，都是在上下經快結束的時候遭遇滅頂之災。

從「濡其尾」的輕微損失，到「濡其首」的整體滅亡，為什麼沒有從中學到教訓而及時調整？因為是「既濟」往「未濟」轉，也是既濟卦下卦離開離卦的光明，進入上卦坎卦的艱險；這正是「初九」跟「上六」的因果關係。我們雖然看不到中間的變化，但只看到「濡其尾」和「濡其首」，就可以明白中間的變化也是風雲不斷。

用卦中卦的觀念來看，「濡其首，厲」是兩個卦中卦的上爻。一是水火既濟，由三、四、五、上爻構成的是既濟中的既濟；「上六」的滅頂，在卦中卦還是滅頂，在劫難逃，怎麼算它就是有滅頂的基因。另一個則是二、三、四、五、上爻構成的坎卦（☵）上爻──無間地獄，真是糟透了，被五花大綁，丟在荊棘叢中刺得渾身流血，三年都沒法擺脫──「係用徽纆，寘於叢棘，三歲不得，凶。」原因就在「上六」失道，坎卦上爻有無窮的痛苦，滅頂中有滅頂，滅頂中還有無間地獄。可見既濟卦上爻之凶。占到這個爻，完全不必考慮，慘敗無疑。

我們再從卦中卦來看「初九」。同樣的，「初九」是卦中卦既濟卦（初、二、三、四爻構成）的初爻，這就強調了這個爻生嫩青澀的本性。另外它又是離卦（☲，初、二、三、四、五爻構成）的初爻。離卦初爻需要小心翼翼，謹慎小心踏出人生的第一步──「履錯然，敬之无咎」，免得一腳踏出去，引發突如其來的災禍。可見，追求成功的初爻，小心加小心，是絕對必要的。

沒有人不追求成功，既濟卦作為成功的方程式，初爻跟上爻從旭日東昇的朝陽，變成坎險之極的「濡其首，厲」，這種因果的對比令人震驚。由此可見，人生成敗的法則還是少犯錯；少犯錯，成功的機會就比較大。對競爭雙方來說，少犯錯的一方勝算也較大。

二爻：垂簾參政

六二。婦喪其茀，勿逐，七日得。

〈小象〉曰：七日得，以中道也。

「六二」這個爻比較重要，這是成功方程式之中一個必要的條件。「六二」本身還沒成功，但它是成功的必要條件。「九三」是成功的例子，「九五」也是成功，三與五同功而異位，「九三」、「九五」都是成功。「九三」在下卦明照千里，取得了輝煌的勝利。「九三」為什麼會勝利呢？「九五」為什麼會成為既濟卦的最高位置呢？都跟「六二」有關。「六二」打下「九三」跟「九五」成功的基礎。從爻際關係來看，「六二」跟「九五」相應與，「六二」跟「九三」是正當的承乘關係，沒有「六二」，就沒有「九三」、「九五」的成功。從爻的屬性來看，「六二」就是成功男人背後的女人，沒有一個躲在「九三」、「九五」後面默默支持的女人，怎麼會有「九三」、「九五」這些枱面上的男人的成功？

「六二」是下卦的智慧中心、網絡中心，支撐「九三」的英雄事業，也支撐「九五」更大局面的成功。為什麼既濟卦能「初吉」呢？雖然「初吉」不擔保將來常勝不敗，但至少有一次成功，這就是因為有「六二」的智慧。「六二」就是離卦如日中天的「黃離元吉」這個爻，他本身不一定是王，但他是一個造王者，就如同張良、劉伯溫。我們很難想像張良做皇帝，他也未必適合；適合做皇帝的都得帶一點流氓氣，像劉邦就是，而張良只適合做幕後軍師。如果沒有「六二」的支撐，就沒有「九三」跟「九五」的成功。

我們看乾、坤兩字就知道女人是男人的支柱。「乾」字裡面有「乙」，是第二天干。「乙」就是草木長出地面後，積極進取，慢慢繞著彎往上發展。但，乙是從甲來的，「坤」字就有「甲」，「申」字就是「甲」字出頭，所以誰比較偉大？當然是坤，女人。坤中有甲，乾中有乙，大概是倉頡老夫子在造字的時候，老婆在旁邊揪著耳朵說，造「乾」不可以用「甲」，要用「乙」；造「坤」就要用甲。商朝遵循文字學的原理，以坤為首，乾為次，孔老夫子回到宋國，就說：「吾得坤乾焉。」這就是背後的女人的偉大。「六二」支持「九三」、「九五」，因為「柔得中」，自己不出面，卻可以造就偉大的男人。

「六二」隱身在幕後幫人家出點子，充滿神秘感。「九三」、「九五」都是赳赳武夫，有梟雄之勢；但梟雄後面不知有多少人在幫他。這些人都是「六二」，它的很多想法就是通過「九三」、「九五」來實現的。

從爻變來講，「六二」爻變為需卦（䷄），「九五」、「九三」都需要「六二」；「六二」也需要它們。而且需卦代表一時還無法成功，要有耐心。既濟卦本身就要涉大川、靠信仰渡險難，更要有信心、耐心、平常心，要「不速之客三人來」，一步一步，摸著石頭過河。

我們看具體的爻辭：「婦喪其茀，勿逐，七日得。」〈小象傳〉說：「七日得，以中道也。」「六二」「柔得中」，當然是中道，居下卦光明智慧、人際網絡的中心。「以」就是「因為」，而且中道是時中之道，此一時彼一時。《中庸》講「君子而時中」，不是始終，所以「七日得」。「七日得」來自復卦（䷗），不管前面發生什麼狀況，都能快速復原，發揮核心創造力。《易經》最可貴的就是「七日來復」。「七日來復」是宇宙發展的基本規律，就人的身體來說，七天就會新陳代謝一次。這是自然界普遍存在的事實。在蠱卦的時候，任何東西腐朽、衰敗了，想要重新救回來也是要「七日來復」。所以卦辭稱「先甲三日，後甲三日」，然後才「利涉大川」，三加一加三，就是七天。還有巽卦的潛移默化，也是「先庚三日，後庚三日」，庚是第七天干，這也是「七日來復」。這些干支的觀念可能早在文字之前就出現了，只是缺乏一個恰當的表意工具。等到倉頡把文字造好，甲、乙、丙、丁、戊、己、庚、辛、壬、癸就冒出來了。

「七日得」不難理解，我們再看「勿逐」，就是不要拚命追逐。如果欲望作祟，捨不得放棄，就會「虎視眈眈，其欲逐逐」。飲食男女，貪嗔癡俱全，一定會產生追逐的欲望。「勿逐」就是想辦法消滅欲望，把急於成功的想法暫時淡化。如果這時候沒犯錯，不受欲望擺佈，現在喪失的東西將來有機會失而復得，只是要經過七天剝極而復的過程，所以千萬不要受欲望牽扯。斷尾求生，還可以再把錢賺回來，不要在危機時刻貪夫徇財，連命都送掉。暫時閃開，七天之後可以失而復得，千金散盡還復來，暫時避難的動作非常重要。震卦（䷲）「六二」在遭到劇烈衝擊時，就是採取斷尾求生的動作，犧牲局部以保全整體，和既濟卦「六二」是一樣的。

「六二」中正，故潛力無窮，有失而復得的可能。還有睽卦（䷥）「初九」，「喪馬勿逐，自復」。「自復」就是「七日來復」，在睽卦初爻出現這個象，一樣別緊張。因為時運使然，不是完全否定你這個人，而是要你不要急，遲早還是你的。震卦「六二」跟睽卦「初九」有個共同的特性，就是本身正，一時之間雖然有損失，將來還是可以賺回來。可見，只要本身行得正，即使是

「喪馬」、「喪貝」，將來還是可能失而復得。

「婦喪其茀」，「六二」是陰爻，故用「婦」來說明，「六二」在幕後支持，可是也出現意外，「喪其茀」，「喪」比「失」嚴重，「茀」是什麼呢？過去有很多解說，大致不出兩種。一種就是馬車的簾子。古代婦女像「六二」這種名門閨秀，不能隨便拋頭露面，得像神秘客一樣垂簾聽政，躲在馬車後面，做暗中支持者。所以富貴人家的馬車簾子一定是隱隱約約的，外面的人只看到裡面坐著一個人，看不清長什麼樣子。這就是「茀」。很重要，不然神秘感一喪失，「六二」的功能就大大下降。「婦喪其茀」就是說一旦車簾沒有了，外人沒有想像空間，就失去神秘感，也失去威懾力或者誘惑力。所以「茀」對婦女來講很重要，上流社會的貴婦一定要有「茀」，不能讓那些登徒子之流隨便看到她的面容。人生有時候也需要這樣的「茀」，就如遮羞布，如果沒有任何遮擋，只好「勿逐」；本來要出門爭名逐利，可是出現這個意外，還得花七天或更久的時間去找「茀」，因為「茀」是必要的條件，沒有它就沒有成功的可能。這種解釋勉強說得通，不過有一點怪。

另外一個說法就比較合理，「茀」就是女人的必須品，譬如珠寶首飾。「六二」是貴婦，古代貴婦出門一定要穿戴各式各樣的珠寶，以彰顯自己的身份地位。這就比所謂的車簾重要多了。也就是說，一個女人要出門應酬，珠寶就是她的信心。而且，珠寶這麼小的東西比較容易丟。所以「茀」的第二個解釋是講女人隨身帶的首飾，這個解釋就比較合理了。

所以歷來對「茀」有兩種解釋，到底哪個較合理，很難定論。我之所以說珠寶的可能性較高，其中一個理由是因為有實占經驗。珠寶不戴不會死，但對有些人來說，就比死了還難受，簡直是士可殺不可辱。我曾問過，美國二〇〇二年的經濟形勢就是這個爻：「婦喪其茀，勿逐，七日得。」爻變是需卦。什麼意思呢？那時看了也是滿頭霧水。以二〇〇二年初來看，金融風暴之類的泡沫還沒正式開始，靠調整還有七日來復——美國經濟復甦的跡象。但那一年落在既濟卦第二爻，代表那一年還不會復甦，因為少了一個因素——「婦喪其茀」；必須等到熬過那一年才有機會。所以，要看到美國經濟復甦，帶動全球經濟增長，可能要更有耐心了。那麼，我們就要推敲了，「婦喪其茀」是美國經濟復甦的必要條件，那是什麼呢？奢侈品消費。在不景氣的時候，有錢人的荷包會看得很緊，奢侈品的消費風氣能不能帶起來？攸關當時的美國經濟情勢。那一年過去之後確實是如此，大家還是不太敢買奢侈品，畢竟奢侈品不是生活必須品，經濟緊縮的時代就可以不要買。照講，二〇〇三年美國經濟就應該復甦了，結果二〇〇三年的美國經濟是完全不變的旅卦，失時、失勢、失位，為什麼？二〇〇三年發生第二次海灣戰爭，這一打就把復甦的機會打壞了，而且造成很多後遺症；包括後來的金融風暴，就是前面積累的諸多因素，造成整個經濟秩序失控。所以這種世界大事，也是按照《易經》一卦一卦、一爻一爻發展，很可怕。

還有，我們說漢字的起源跟八卦到底有沒有關係？跟卦象有沒有關係？清朝的文字獄使得很多經學研究鑽到故紙堆裡，把東漢許慎的《說文解字》當成寶典，甚至取代四書五經。《說文解字》當然了不起，可他說的全都對嗎？不可能！倉頡造字如果是在四千五、六百年前，許慎在東漢末年寫《說文解字》是多少年前的事？有很多東西許慎一輩子都沒見過，得靠想像，有的字可能比當時的小篆還要古老。老許去想老倉造的字，有可能全對嗎？用膝蓋想都知道不可能。所以我們解經有時候會採用他的說法，有時也不用他的說法。另外還有一些字在《說文解字》上就沒有，像「袁」

字多重要！它就沒有解釋。所以許慎的成就是「婦喪其茀，勿逐。」在當時的東漢，也只能做到這個地步了，但未必就代表他可以還原漢字的真相。不一定。

三爻：元氣大傷

䷾

九三。高宗伐鬼方，三年克之。小人勿用。

〈小象〉曰：三年克之，憊也。

「九三」是一次慘烈的軍事行動，「高宗伐鬼方，三年克之。小人勿用。」而且如〈小象傳〉所說：「三年克之，憊也。」師老兵疲，久戰不利，兵貴勝不貴久。《孫子兵法》云：「兵聞拙速，未睹巧之久也。」高宗是指殷高宗，殷高宗的帝號為武丁，商朝帝王以天干為號，這是比較有趣的一件事。我們熟悉的「帝乙歸妹」就是如此。武丁是商代有名的國王，那時的商朝武功很盛，他是中興明主，讓殷朝前半段衰微的國勢又開始興起。鬼方是陝北的遊牧民族，夏、商、周都是農耕民族，農耕民族安土重遷，文化較發達；遊牧民族很剽悍，相對來講比較落後，經常製造邊患，就像秦漢時的匈奴。鬼方這個民族，經常騷擾邊境，讓農耕民族窮於應付，直到秦始皇的時候還要建長城。他們反正是來去如風，靈活機動，居無定所，所有的資產統統在馬背上，搶完就跑，很難追擊。對商王朝來講，這個邊患很討厭，可能先前都採取隱忍的策略，到了武丁時期才展開「伐鬼方」的行動，想徹底解決邊患問題。這就有一點像漢武帝等到各方面準備成熟，就開始大肆北伐匈奴。當年漢高祖差點被圍，呂后還被人家寫信調戲。後代帝王對此也只能隱忍，因為國力尚弱，不忍不行；一邊採取和親政策，一邊是文景之治。等到漢武帝的時候，國力豐足，他才決定攻打匈奴。這也是「高宗伐鬼方」。「高宗」跟「鬼方」都是象徵，每個朝代大概都有。

殷高宗武丁雖然武功蓋世，但他大肆討伐鬼方也並不輕鬆。「三年克之」，打了三年才勉強克敵制勝。按照兵法原理，這三年不知要花多少錢，戰費就足以讓國庫空虛。就像漢武帝北伐匈奴，看似成功了，但漢朝從此開始走下坡路，這就是戰爭的可怕。既濟卦初爻、二爻就像漢朝初年劉邦以下都是隱忍，「曳其輪，濡其尾」，不能動，能忍則忍；「婦喪其茀」，也不能去逐，必須忍，要等「七日得」；等到各方面準備好了，就開始大肆討伐。但即使把匈奴打得稀里嘩啦，匈奴根基未滅，後來又死灰復燃。像西晉五胡亂華，就和匈奴殘部關係重大，其實並未取得根本的勝利。就像美國把伊拉克打垮了，也不能佔據伊拉克，還要花費大量的人力物力去維持。所以這種軍事行動實非上策。

既濟卦初爻、二爻大概是憋太久了，老虎不發威就被當成病貓，終於在隱忍了兩個爻之後，在第三爻，即下卦離火燒得最旺的點，展開軍事行動，大肆討伐遠征。「三年克之」，把三年戰費都耗進去，武丁中興之後，其實也把商朝很多東西打垮了，勉強慘勝，疲憊不堪。自古以來，這種戰爭一拉長了都是如此，所以這樣的戰爭勝利了也沒有太大意義。漢武帝伐匈奴不管是幾年克之，也是「憊也」，這都是歷史教訓。乾隆也是，自稱十全老人，有十全武功，打新疆回民、打大小金川，耗費國帑無數，清朝也就在乾隆揮霍之後，國運開始走下坡。所以乾隆雖是康雍乾三代的極盛時期，最後卻把家底揮霍光，造成後面的難過日子。

既濟卦第三爻之後進入上卦，越來越苦，就像走到第三爻的高峰開始往下掉一樣，即使打勝了也是敗局。還有「小人勿用」，乾隆用了和珅就是「小人勿用」的反面勸告。師卦（䷆）最後說「大君有命，開國承家，小人勿用。」打贏了，國家花費不少軍費，勝利沒有實質意義，還要賞賜、酬庸。如果用在真正有戰功的人身上還好，如果用錯了人，那就等於種下了敗因。既濟卦中的未濟就是這樣來的，在成功的巔峰種下毀滅的種子。殷高宗如此，漢武帝如此，清高宗也是如此。戰爭勞民傷財，國家元氣大傷，歷代都有「高宗」，都有一些莫名其妙的人，自以為英明，高高在上，認為自己是光明的天使，要替天行道，要去伐鬼方，結果由「既濟」轉「未濟」，害大家都受苦。

「九三」爻變為屯卦（䷂），也就是說，仗打完了，資源枯竭，消耗殆盡，又回到茹毛飲血的時代。值得注意的是，「九三」就在坎險之中，上下兩個陰爻，看著是光輝的勝利，細看很可怕，因為這是從成功轉到失敗的轉捩點；就像泰卦從最高峰開始往下滑一樣，要承擔一切苦果。所以高宗伐鬼方是爽在一時，幸好還有一個賢內助婦好。婦好不止是賢內助，還是有戰功的「梁紅玉」，武丁特別喜歡她，可惜婦好死在武丁之前，現在的殷墟博物館就有婦好的墓。

可見，殷高宗這麼性格鮮明、雄才大略的君主不一定好，他採取這麼大的軍事行動，沒有真正解決問題，卻讓國家由盛轉衰，後遺症非常嚴重。在這次軍事行動之後，就進入坎險之卦，四爻、五爻苦得不得了。漢武帝以後西漢很快就亡了，殷高宗以後，內憂外患頻仍，美國小布希以後，也是禍事不斷。這就是「九三」這個爻位，很是令人憂慮；而且還有「小人勿用」的問題。在人類歷史上，所有追求成功的時期，這個爻總會出現。「高宗伐鬼方」也代表自以為是佛的人，跟他認定的魔之間的戰爭。第三爻是離卦的天堂跟坎卦的地獄交界地，而且是由明入險，自己覺得高高在上，要教訓這個，要教訓那個，替天行道，可是最後又沒有辦法取得真正的勝利。如果降魔成功，花了三年把它搞定，但春風吹又生，你看，到了未濟卦第四爻，鬼方並沒有被消滅，消滅的是高宗。放在醫學上來說，鬼方可能是癌細胞，高宗就是化療、開刀。能不能治好鬼方？不一定，尤其是採取高宗跟鬼方二元對立的方式。治病如此，打仗如此，宗教戰爭也如此。沒有那麼純粹的高宗，也沒有壞到底的鬼方。要認清「高宗伐鬼方」，其實是犯了歷史的錯誤。就因為人類總是重蹈覆轍，一定要到後來的「未濟」，才會恍然大悟。

四爻：船到江心補漏遲

六四。繻有衣袽，終日戒。

〈小象〉曰：終日戒，有所疑也。

「六四」是執政高層，三爻的資源全部用於支援大戰，消耗殆盡，結果四爻是巧婦難為無米之炊。戰後經濟大家都知道，滿目瘡痍、百廢待興，「六四」就面臨這樣的局面。一次戰爭的揮霍把資源花光，得到的東西不能彌補失去的，所以就有「六四」這樣的爻辭。自古易學界對此也有兩種解釋。

一場大戰之後，中央政府執政高層面臨坎險的問題，光輝的離卦已經過去，榮耀不再，「初九」、「六二」的隱忍造成「九三」的揮霍，進入坎險之後，日子還是要過，結果是「繻有衣袽，終日戒」。乾隆到處征伐，造成清朝的一蹶不振，然後又碰到西方列強進來。愛新覺羅的後代檢討這些問題時，當然都承認康、雍、乾都是一等一的英主，也各有各的弱點。曾有些說法也很公正，前面的順治不算，康熙是聖人，雍正是凶人，很有膽識魄力；乾隆則是浪人。由聖人到凶人，再來一個浪人，敗家子把家底揮霍光光。

歷史的殷鑒就是第四爻簡簡單單的七個字：「繻有衣袽，終日戒。」〈小象傳〉說：「有所疑也。」「終日戒」是每天保持戒備，戰戰兢兢。為什麼要戒備呢？打仗打勝了，為什麼還要戒備？以當今美國為例，即可見其端倪。美國當今大大小小決定性的戰爭，可謂是戰無不勝，但它的日子一點也不好過，經濟不景氣，然後印鈔票、搞泡沫，搞得全世界都民不聊生。這十年來它發動的戰爭都打贏了，結果讓全世界都過著「終日戒，有所疑」的生活。所謂的反恐戰爭是越反越恐，美國自己要「終日戒」，怕的就是「鬼方」死灰復燃。所以大戰場上取得的勝利，一點都沒有帶來安全感，敵人化整為零，使得反恐反到後來要花更大的成本，要專門成立國土安全部，動用好多軍力。像倫敦奧運，英國老百姓就很煩，維安的成本特別高。可見，戰勝國要維持戰後局面，就得「終日戒，有所疑」。你看，進美國海關的安檢特別嚴格，恨不得大家都脫光光進入美國。由離明進入坎險，到底是誰聰明？「終日戒」，每天都在緊張中，時刻提防敵人的報復。而且，所有戒備措施還不一定防得住敵人的突擊，敵人只要襲擊成功一次，像「九一一」事件，然後就要再花天文數字防備它，這樣做太不划算了。這跟同人（䷌）、大有（䷍）講信修睦、世界和平的低成本作法完全不同。所有的戒備再高級，再多，也起不了作用。像冷戰時期，美國和蘇聯拚命花錢製造核武，展開軍備競賽，有沒有用？沒有用。可見，光是既濟卦和未濟卦，就把文明發展的規律都講透了，要是在這上面犯錯就會出事，即使是「終日戒」，還是「有所疑」。

「繻有衣袽」是什麼呢？這有兩個說法。「繻」跟「袽」是對比，「衣」是穿衣服，「衣袽」就是穿破舊的衣服，衣衫襤褸的樣子。「繻」即指絲綢華服。「繻有衣袽」就是漂亮的衣服穿在裡面，外面再加一件樸素的罩袍。換句話說，戰爭把國家資源消耗殆盡，這時一定要求節約，「六四」做為國家大臣，更要帶頭節約，可是他已經奢侈成習，不願真正配合國難簡約度日，實質上過的還是錦衣玉食的生活，但表面要裝窮，所以在華服外面加上一件襤褸的罩袍，又怕被人家發現，這種日子就免不了「終日戒」。

第四爻爻變為革卦（䷰），戰爭之後什麼都變了，革命時期的艱苦樸素沒了，享樂主義暗中滋生，出現很多「繻有衣袽，終日戒」的怪現狀，嚴刑峻法都很難抑制。三爻辛苦打下的江山，四爻連江山都坐不穩。鴉片戰爭之後，道光皇帝也不願「道光」，只是國恥讓他難安。我們以前講過，清朝皇帝還算是有責任感的。中國歷代皇帝生前大多要修帝陵，國家是要撥預算的；漢武帝時幾乎把國家全年預算的三分之一花在修墓上。道光皇帝也不能免俗，但他覺得國家已經沒錢了，鴉片戰爭的恥辱讓他寢食難安，所以他就決定如果不能洗雪國恥，把英國鬼子打回去，他的陵墓就不准上油漆。其實，他應該事先問一下後代的我們，他就不會發這種咒，因為他不瞭解國際形勢，要知道，在那個時候是絕不可能雪恥的。陵墓用素色，代表他想儘量節省；所以他的龍袍上都有補丁。既然皇帝都這樣了，大臣們也不好再過奢侈浪費的生活，大家的朝服上都有補丁，就像現在年輕人的牛仔褲故意要燒一個洞。這是堂而皇之的做假，實質沒有任何改變。鴉片戰爭後，道光皇帝的膳食是四菜一湯，下面的人也是四菜一湯，但背地裡則是四十菜一湯。表面看起來大家都在節約，堂堂大清帝國竟出現了丐幫內閣。這樣表裡不一，國家就越有可能走向衰敗。從這個角度來看，「繻有衣袽」的這種解釋應該是準確的。

另一種解釋是說，既濟是涉大川，第四爻由離進坎，就像船到江心開始漏水，怎麼辦？開回去已不可能，所以在過河的時候，就得準備一些布，好塞住漏洞。但這種講法必須把「繻」改成「濡其尾」、「濡其首」的「濡」。「濡」就是船進水，無法再開回船塢，只能採取權變措施。人在窘困的時候就是這樣，縫縫補補，要準備一些粗布（衲）補漏洞。只要水進得不太多，還是可以安全到達對岸或回到彼岸。這也是戰後艱苦的日子。這種解釋看似合理，但要改掉「繻」字，風險很高。為了慎重起見，經典的文字還是不宜隨便更改。

可見，假裝與民同患，過著清貧樸素的生活，外面有樸素的假象，這是對戰後政府官員的警告，因為這樣就離滅亡不太遠了。另外一個就是行船，因為資源不夠，連修船都沒有錢，只好隨便找一些布塞住。總而言之，進入坎險之中的第四爻，居高位的人，就出現這種破敗的象。

五爻：心誠則靈

九五。東鄰殺牛，不如西鄰之禴祭，實受其福。

〈小象〉曰：東鄰殺牛，不如西鄰之時也。實受其福，吉大來也。

最後看「九五」這個當家的領導人。戰後的皇帝就是「九五」，處在最險惡的深淵之中。「東鄰殺牛，不如西鄰之禴祭，實受其福。」這是對「九五」的箴言。戰後百廢待興，要用錢的地方很多，「用大牲」之類的國家慶典是沒有預算的；殺牛是打腫臉充胖子，《易經》的作者對這個爻的作法深深不以為然。就像賺錢困難的時候，沒有比省錢更重要的了。賺一塊錢很難，省一塊錢會容易得多。所以戰後就不必在乎面子了，這時裡子勝過一切，所以不必學「東鄰殺牛」。這時候還殺牛祭祀，就是想做足面子，讓人覺得自己還是泱泱大國。《左傳》說「國之大事，在祀與戎」。三爻是戎，五爻是祀，祀就代表政權，槍桿子出政權，「九三」用槍桿子打回了政權，但是把錢打光了；要維持政權，就要縫縫補補、勉強過日子。若要維護面子，就得花很多錢，學「東鄰殺牛」，以致寅吃卯糧，這肯定是不行的。「不如西鄰之禴祭」，西鄰採取的是禴祭，是用蔬菜做祭品的薄祭，就像損卦（䷨）的「二簋可用享」。只要「孚」夠了，薄祀其實就可以了，沒有人會怪罪你。尤其是國難時期，領導人在國家重要慶典中要儘量節省開銷，禴祭並不影響祖宗天地神明的賜福。

「實受其福」，祭祀就是希望能接受天地神明的降福。晉卦第二爻「晉如愁如」，要求王母娘娘，就是要受福。井卦的水已經洗乾淨了，最後要求明王，「並受其福」。困卦第五爻困得一塌糊塗，也是「利用祭祀，受福也」。要求天地鬼神祖先降福，就是要「實受其福」。如果天地神明真有靈，看你還這麼浪費，是不可能降福的。所以要用禴祭，不要殺牛，就會「實受其福」。〈小象傳〉說：「東鄰殺牛，不如西鄰之時也。」「時」太重要了，現在是「高宗伐鬼方」之後國家元氣大傷，挖東牆、補西牆的時候，怎麼還務虛呢？所以人在追求成功的時候，一個要重視「時」，該省要省；一個要重視「實」，要很務實才行。「升虛邑」的泡沫，「承虛筐」的一場空，都是不可取的，所以要務實不要務虛。從領導人開始就要有這個意識。「實受其福，吉大來也。」還可以遇難成祥、逢凶化吉。如果第五爻還要打腫臉充胖子，借錢都要搞得風風光光，結果就不是「實受其福」，完全違反時機，就不會「吉大來」，最終就是「上六」的滅頂。

既濟卦的「九五」該怎麼做？爻辭已經給了很好的建議。「伐鬼方」已經把所有的預算都花完了，要維持宗廟的香火不斷，當然沒錢，但沒錢有沒錢的過法，還是可以「實受其福，吉大來。」所以要隨時調整，不要務虛。若「九五」不按照爻辭做，就會滅頂，從「既濟」轉為「未濟」，「何可久也」，還能撐多久？然後，「九五」爻變明夷卦（䷣），「利艱貞」，要準備過苦日子了；如果不過苦日子，下面的人就有得受了。

沒有人不想追求成功，成功的巔峰就是「九五」，「九三」幫他打天下，「九五」要坐江山，如果「九五」單爻動，剛好點到這個爻，那就是「既濟」變「明夷」。一個成功的君位巔峰，居然那麼痛苦，那麼，人生為什麼要追求這種成功？不是帶來無限的痛苦嗎？登上大位，結果什麼也沒有，下面的「六四」都在做假，「九三」的那些小人拿了賞賜；戰爭打完了，什麼都沒有，最後就等著「濡其首，厲」。可見，如果把「既濟」當成追求人生的終極成功，成功的結果卻是「明夷」，還有人想成功嗎？這就很有意思了。這就是「九五」，如果下一步不好好弄，接下來就是「上六」。即使領導人做到了，高幹「六四」不配合，就像道光皇帝一樣，清朝還是往下走，內憂外患、喪權辱國，一件接一件。真正要追的原因其實就是「九三」——「高宗伐鬼方」。沒有槍桿子不會有政權，沒有戰勝就不會有大國，可是稱霸的結果就擺在這裡，自己把自己套牢，就是爽那麼一下子，後面的結果十分嚴重。

占卦實例1：英鎊的前景（二〇二一—二〇三〇）

二〇一〇年三月下旬，我問英鎊十年後的國際地位，為小過上爻動，爻變為旅卦，已見於小過卦的占例說明。其後續問廿年後呢？為既濟卦初、三爻動，齊變有比卦之象。既濟「初九」爻辭：「曳其輪，濡其尾，无咎。」艱困難行。「九三」爻辭稱：「高宗伐鬼方，三年克之，小人勿用。」苦戰多年，疲憊不堪。比卦是指得靠國際外援來支撐？至少也是互相影響密切。依卦序小過之後為既濟，十年至廿年占象由小過推至既濟，完全順勢發展。

占卦實例2：悠悠千載事

二〇一五年七月二十一日上午，我再訪安陽殷墟，先赴殷高宗武丁王后婦好墓坑參觀，多次來此，文物景觀熟悉如昔。突起心動念嘗試「問候」，手機螢幕上竟然顯示出既濟卦「九三」爻動，爻辭稱：「高宗伐鬼方，三年克之，小人勿用。」這不正是三千三百多年前的那段往事嗎？上古巾幗傳訊與我，算是身分認證？悠悠千古，「無壽者相」啊！

占卦實例3：二〇一〇—二〇二〇年歐元區情勢

二〇一〇年七月中，我問飽受債務衝擊的歐元區十年後的情勢，為既濟卦初、五爻動，齊變有謙卦之象。既濟初九爻辭：「曳其輪，濡其尾，无咎。」基層民生經濟停滯疲弱。「九五」爻辭：「東鄰殺牛，不如西鄰之禴祭，實受其福。」各國元首無力揮霍，必須樽節施政。五年多來的態勢正是如此。

究竟涅槃——未濟卦第六十四（䷿）

六爻皆失位

《易經》最後一卦未濟卦，也是三陰三陽。朱熹講未濟卦三陽失位，所以〈雜卦傳〉說「男之窮也」。其實它的三陰照樣失位，也就是說，六個爻統統都不正，君不君，臣不臣，父不父，子不子，未濟卦這個組織沒有一個擺對位置，很難發揮才能，做起事來當然就「未濟」，什麼事都不可能成功。

在未濟卦的時代，到處是一片亂象，每個人都不滿意，大家都在抱怨；買麵包的抱怨，賣麵包的也抱怨；勞工抱怨，老闆也抱怨。每個人都不安其位，完全沒有凝聚力。所以在自然卦序的最後一卦，是脫序、失位的狀態，整個世界是一盤散沙。

從卦象看，未濟卦上卦的火往上燒，下卦的水往下流，各行其是，背道而馳，力量根本整合不起來。我在上一章講過，既濟卦雖然也是水火組成，看起來有衝突，但它會接觸交流，而且相反相成；亦即心火跟腎水相交，心火可以溫暖腎水，腎水可以上濟心火，互相造就。泰卦（䷊）也是一樣，泰卦是既濟卦的體，既濟卦就是泰卦的用；未濟卦的體是否卦（䷋），天地不交，君子只能儉德避難。前一卦既濟卦似乎全都搞定了，才沒一下子，未濟卦六爻全變，每一個爻統統不安其位，沒有一個爻位是正的，做什麼事都不能成。這樣去觀察小環境、大環境中的未濟卦，它就不是書上的死線條，而是一個活生生的「未濟」，「男之窮也」。

六爻都不正，在六十四卦中只有這一卦是如此。當然，六爻都正，也只有既濟這一卦。既濟到未濟是六爻全變，有相錯、相綜，還有朝野互換的上下交易。然後「既濟」中有「未濟」，「未濟」中有「既濟」。所以這是卦際關係的大考驗，也代表所有事物都不是死棋，還有活路；因為既濟、未濟二卦根本就是不可分割的一體兩面；有「既濟」才有「未濟」，你中有我，我中有你，然後在短時間內發生劇烈變化。

用在身體上，身心狀況如果是不變的火水未濟，那就糟了。因為未濟卦就是否卦的用，「否之匪人」，全身都有問題，然後心腎不相交，不是太寒就是太燥，結果可想而知。

未濟卦的卦中卦

未濟卦的卦中卦在上一章略有提及。二、三、四、五爻所構成的是既濟卦，也就是說「未濟」中有「既濟」，所以人在「未濟」的時候不一定要放棄，用一句平常話說，就是「失敗為成功之母」，成功就藏在失敗裡，就看你怎麼把「未濟」裡面的「既濟」開發出來。

和既濟卦中有兩個既濟卦一樣，未濟卦中也有兩個未濟卦。未濟卦的初、二、三、四爻是火水未濟，這是第一個未濟卦中的未濟卦。意思是說，一個大的失敗是因為累積很多小的失敗，大環境使不上勁，這和很多小環節都鬆了套有關。雖然二、三、四、五爻可以調整變成「未濟」中的「既濟」，可是好景不常，三、四、五、上爻構成的又是未濟卦中的第二個未濟卦。

再看五個爻的卦中卦。坎卦、離卦是一定的，既濟卦的卦中卦是先離後坎，這完全說明了既濟是由盛轉衰，由離卦的光明往黑暗的坎水沉淪。其卦象也是如此，內卦到外卦、下卦到上卦都是離開離明進入坎險，所以爻的發展趨勢，跟泰卦先起來再往下掉完全一樣。而未濟卦給人的希望就在未來，現在不好，但將來有可能擺脫這個局面；因為未濟卦的初、二、三、四、五爻構成的是坎卦（䷜），套得很牢，但在這種失敗、不正的陰影中，調整得好，接下來的二、三、四、五、上爻所構成的，又是光明的離卦（䷝）。從這一點來看，未濟除了五個爻構成的卦中卦是從坎卦往離卦走，另外跟自然卦序也是由坎而離是相合的。未濟卦的卦象也是如此，從內卦下卦的坎險，進入上卦離卦的光明。這就說明未濟卦雖然不濟，但有無窮的希望，所以失敗並不可怕，不要輕言放棄，道理就在這裡。裡面隱藏很多的可能性，成功、失敗繫於一念之間，一個動作出手，就有很大的差別。就卦的結構本身來看，卦際關係最複雜的就是既濟、未濟二卦。《易經》從乾卦、坤卦的純陽、純陰開始，到屯（䷂）、蒙（䷃）、需（䷄）、訟（䷅）、師（䷆）一路發展到上經的坎、離，由簡而繁，到下經的既濟、未濟，已繁複到無以復加。

未濟卦的占斷

在講卦辭之前，我們先講一下未濟卦的占斷。顧名思義，假定占到不變的未濟卦，結果一定是不成或者是失敗。既濟則是可能這一次成功，但不擔保下一次也成，所以說「初吉，終亂。」而且人一成功就會得意忘形、停止不前；逆水行舟，不進則退。所以既濟卦〈彖傳〉就說「終止則亂」，必須繼續終日乾乾，才能保持勝利的果實。

未濟卦卦辭第一個字就是「亨」，也就是說未濟卦是亨通的，因為「焉知來者之不如今」。誰知道未來會怎樣？未來是開放的，各種可能性都有，就看如何吸收失敗的教訓，轉為成功的動力。所以未濟卦反而是亨通的、是海闊天空的。反觀既濟卦，如果局限於當下的勝局，未來就很有限了。

有很多卦本身不好，但卦辭第一個字是亨，這就說明未來充滿可能性。像蒙卦（䷃）卦辭第一個字也是亨，因為啟蒙成功就亨，蒙就有亨通的可能。困卦（䷮）第一個字也是亨，坎卦則講「維心亨」。現狀是蒙、困、坎、未濟，但未來可能亨通。如果占卦占到不變的未濟卦，表示這一回不要想，但有了這次失敗的教訓，正好累積未來成功的本錢。

曾有一個不變的未濟卦占例，就是二〇〇八年金融風暴爆發以後，那時美國的小布希還沒下台，當時美國國會要撥款救市，砸下七、八千億美金，希望緩和局勢。當時有個學生也是受災戶之一，他就問這些措施對金融風暴有無幫助？結果是完全不變的未濟卦。因為漏洞太大了，七、八千億美金丟下來一點用都沒有。

為什麼學了《易經》還會把一輩子的積蓄投進去，變成金融風暴的災民呢？這是因為沒把《易經》學透，無法形成敏銳、靈活的思維。未濟卦的結果是很明確的，沒得商量，沒有就是沒有，不成就是不成。何以未濟？個體的因素表現在爻，整體的因素表現在卦，表現在上下、朝野、內外的互動，整體就是不成的象。水火才能調和，火水就是完全背道而馳。不論做事業或修行，未濟就是完全失調、失序。

未濟卦卦辭

䷿

未濟。亨。小狐汔濟，濡其尾，无攸利。

未濟卦卦辭首先就是「亨」，下面就列舉具體的自然現象——「小狐汔濟，濡其尾，无攸利。」「濡其尾」，是尾巴打濕了，尾大不掉。既濟卦初爻就是「濡其尾」，發現水太深、風險太高，不可能過河，趕快夾著尾巴游回來。小狐狸雖然有一點小聰明，面對既濟卦的終極考驗，還是得暫時尋求平安，過不去就趕快回頭。既濟、未濟都是小狐狸過河，無論是「濡其首」，還是「濡其尾」，都有無限的風險。「濡其尾」還算好，「濡其首」就是滅頂之災。

「小狐汔濟」，「汔」字在井卦（䷯）出現過，人生在困頓、無奈時，會有很多遺憾，就跟這個字有關；也就是差一點過去，結果過不去、半途而廢，這就很可惜。行百里者半九十，就差一點沒成。小狐狸可謂是拚老命，過河時發現水太深，卻不肯中途放棄，老想著彼岸會好，儘量往前游，但是水又涼又深，實在游不過去，「濡其尾」，尾巴打濕了，負擔越來越重，嚇得趕快游回來，邊游邊喘氣，狼狽地回到岸上，拚命抖尾巴，好把水抖乾淨。在很長一段時間內根本不敢再下水。當然，還是有些小狐狸不肯放棄，繼續賣力往前游，游到中途「濡其首」者有之，拚老命游到快要上岸才功虧一簣者也有之。不管是游到哪裡，只要沒有爬上彼岸，統統都是未濟；百分之百完成才是「濟」。做到九九・九九％，就差〇・〇〇〇一，還是未濟。這跟井卦完全一樣。井卦就是人生遭遇困局時想辦法開發自性、開發潛在資源來紓困，紓困之後才會革新，進入「元亨利貞」的世界。可是要做到很難，「為山九仞，功虧一簣」者比比皆是。孟子說：「有為者譬若掘井，掘井九軔而不及泉，猶為棄井也。」就是從《易經》這個意象來的。井卦、未濟卦都強調差一點就要成功了，結果還是失敗。如果根本就沒參與，也不會有得失心或遺憾；如果就差一點失敗了，那種不甘心和無奈，就是「小狐汔濟」。一群小狐狸沒一個到達彼岸，在不同的地方力竭下沉。最痛苦的是那些已經游到岸邊，最後因力道不夠還是沉下去的。這些不同的未濟現象，並沒有程度上的差別，都是失敗，打球輸一分也是輸，輸幾十分也是輸，這就叫「汔」。《易經》通過井卦、未濟卦告訴我們，人生的成敗、大徹大悟，難就難在最後，只有百分之百完成，才是真正的勝利。

「汔濟」在人生是很常見的。古代科舉考試揭榜時，有人是榜尾，有人卻是榜尾後面第一名；名落孫山，就差一點點，很多人會覺得不甘心、不公平，但這就是人生的普遍經驗。不究竟就是零，〇・一到〇・九都是〇。「小狐汔濟」是眼看快到手了，卻飛掉了。這是在檢討人生的終極成敗和解脫。未濟卦就告訴我們現實很殘酷，「汔濟」很常見。

卦辭的重點在小狐狸。小狐狸的信心還未真正堅定，故有「狐疑」之說。既濟、未濟二卦為什麼以狐狸為象？一方面是自然現象，狐狸過河是北方的象，一方面是狐狸是不容易得到真正解脫的。解卦（䷧）中就有一群狐狸沒有解脫。為什麼不能消災解厄、赦過宥罪呢？因為狐疑不定，沒有真正的信心。中孚卦（䷼）告訴我們必須要有真正的信心，才能利涉大川。「信及豚魚」，就是靠信仰渡險難。小狐狸還有狐疑，沒有真信就過不去。卦辭特別強調小狐狸，就是因為經驗不足，怎麼不講老狐狸呢？因為老狐狸老奸巨猾，知道世事艱難，不做沒把握的事。不像小狐狸，「濡其尾，无攸利」。

既然是小狐狸，不吃虧就沒辦法長智慧、長見識，人生多失敗幾次，皮厚了，見識也廣了，未來還是有機會成功。但千萬要知難而退，不要搞到「濡其首」的絕境。「濡其尾」的時候雖然「无攸利」，但趕快撤回來，先保命再說。如果不信邪，不僅下場難看，到底還是不成。

這就是卦辭的結構，強調未來會亨通，一次不成沒關係，及早回頭，前面的亨才有保障。知難而退，適可而止，用俗話講就是不要一條道跑到黑。一條道跑到黑，正是所謂的「亢龍有悔」。「濡其尾，无攸利」，因為道行還不夠，狐狸成精都要修個幾千年，只修五百年，怎麼就想過河呢？苦海無邊，回頭是岸，此岸還在這裡，還有希望。該回頭趕快回頭，不要不好意思，要保留亨的可能性，斷尾還可以再生，斷頭就沒機會了。

未濟卦〈彖傳〉

〈彖〉曰：未濟，亨，柔得中也。小狐汔濟，未出中也。濡其尾，无攸利，不續終也。雖不當位，剛柔應也。

如果有人一輩子都「汔濟」，就可以封一個「汔濟大師」的號。從前追求建功立業、打江山的人，最後只有一個成功，差一點成功的都叫「汔濟法師」，陳友諒如是，項羽亦如是。誰也沒想到最後是朱元璋和劉邦這兩個大流氓達陣成功。差一點點就是要命的局面，《易經》不到最後不攤牌，「汔濟」就是大多數爭名逐利者的下場。人沒有那個命，就不要妄想；想去試一試、搏一搏的，也不妨一試，但試了之後達不到目的也不要賭命，差不多了就可以回來。成功很難，本來就只有少數人能夠如願以償。佛法說眾生皆可成佛，這話是安慰人的，放眼看天下，有幾個成了佛？就算是菩薩，也還是「汔濟」，還差一點，那一點就最難。

我們看〈彖傳〉。「未濟，亨，柔得中也。」「柔得中」是離卦（☲）的智慧。我們都知道，「剛中」是坎卦（☵）堅毅、強大的生命力，冒險犯難都不會被擊潰。上經的最後兩卦——坎卦的「剛中」和離卦的「柔中」，跟下經的既濟卦、未濟卦呼應。而下經的既濟、未濟二卦，雖然都是由坎、離組成，但它們歌頌的都是「柔中」。既濟卦「初吉」，因為「柔得中也」，就是「六二」，「婦喪其茀」，爻變是需卦（䷄），要涉大川，先培養核心創造力，就得摸著石頭過河，不要硬挺，不要強求。「柔得中」可以造成既濟卦的初吉，至少紅火一段，有一個階段性的成功。未濟卦要保持未來大成的可能性，也得「柔得中」。小過卦也是柔中，前面的節卦和中孚卦都是「剛中」，尤其是中孚卦，不然無法孵育幼小的生命。到了小過、既濟、未濟這些卦，人生的終極成敗、終極解脫，標榜的就是「柔中」。柔中是離卦的佛光普照、智慧光明，靠智慧才能渡彼岸。佛家所謂的般若波羅蜜，不是靠蠻力，也不是靠百折不撓，要有「柔中」的智慧。既濟卦的「柔得中」是「六二」；未濟卦上卦是離，「柔得中」是「六五」，擺脫了內卦、下卦的坎險，挺進到上卦、外卦的大放光明。未濟卦君位是「六五」，好到極點，沒有任何瑕疵。換句話說，未濟的亨是未來的亨，從內到外，從下到上，最後到未濟的君位，就是保障亨通；要經過下卦的坎險，才可進入上卦的離明——未濟的君位中心。這個亨，當然是未來式。那麼如何離開下卦的坎險，進入上卦的光明，進入柔中的未濟君位呢？這就需要耐心等待。要知道《易經》說未濟亨、蒙亨、困亨，都是指向未來而不是現在。

「小狐汔濟」，因為「柔得中」是指未來的「六五」，小狐狸現在剛下水，就要做好「汔濟」的準備。「未出中也」，只要沒有游到對岸，都沒有離開坎險，都是「汔濟」，就不能判斷得勝。「未出中」雖然出自〈彖傳〉，但也是從〈小象傳〉沿襲過來的，像坎卦第二爻「坎有險」，「未出中也」，沒有真正脫離人生的坎險，沒有擺脫內心形形色色的欲望、習氣、業障，怎麼能算「濟」呢？肯定還是未濟，都是「未出中」。

「濡其尾，无攸利，不續終也。」這是解釋「濡其尾，无攸利」。跑到最後的才算成功，缺乏續航力的，當然是「不續終」。續航力就是持續、永續的問題。離卦〈大象傳〉說「大人以繼明照于四方」，就因為能夠永續，中間雖然遭遇很多不順，但沒有放棄，還在不斷調整。「不續終」就是持續力不夠，不能堅持到最後。「濡其尾，无攸利」就是不鼓勵堅持到最後，因為不可能成功，最好趕快回頭。「濡其尾」算是交一點學費，但不會走上絕路，只要自動放棄，未來還有希望。棄權退出，這就是「不續終」。

「雖不當位」，指的是六爻都不當位，這是未濟卦的特色，卦的結構很糟糕，使不上勁。既然如此，未來為什麼還會有無窮的希望呢？因為「剛柔應也」。未濟卦並非全部是利空，利空中還有利多的因素。未濟卦未來的亨通，就是因為這一次吸收失敗的教訓，知道下一次如何趨吉避凶。也就是說，人在失敗中總結經驗教訓，這就叫「剛柔應」。未濟卦跟既濟卦一樣，上下卦火水相反相成，雖然不成，可是「初六」跟「九四」、「九二」跟「六五」、「六三」跟「上九」都是相應與。在下卦經歷坎險的「初六」、「九二」、「六三」，對將來上卦光明的「九五」、「六五」、「上九」都有影響。像「初六」跟「九四」相應與，「九四」未來能成功，就跟「初六」曾經的挫敗有關；「六五」功德圓滿，跟「九二」不敢輕舉妄動有關。所以未濟卦整體不當位，但爻之間是呼應的。「雖不當位」，但爻際關係有互相裨益之處，不然就沒道理會亨通。未來有希望，這是潛在的資源，要懂得利用，熟悉了遊戲規則、也熟悉了氛圍，下一次就有可能成功，這些端賴於「剛柔應也」。

未濟卦〈大象傳〉

〈大象〉曰：火在水上，未濟。君子以慎辨物居方。

「火在水上，未濟。」這是未濟卦的象。這和「水在火上」的「既濟」不同。水在火上，中間是有隔離的，沒有直接接觸；是我造就你、你造就我。張良、范蠡懂得保持距離；韓信、文種不明白這個道理。患難可相成，但富貴可以相害，一定要保持距離。「火在水上」就是各行其是，什麼都不信，所以未濟。

「君子以慎辨物居方」，這是《易經》最後一個卦的〈大象傳〉。一樣要很慎重，我們要從未濟卦的失敗中學到什麼教訓呢？那就是「辨物居方」，慎之又慎，謹言慎行，敬慎不敗。從未濟卦中要學的是「慎」和「辨物居方」，光「辨物居方」還不夠。「辨物居方」指的是一方水土一方人，一個地方上的人物、事物，一定具有濃厚的風土民情特性，所以方以類聚，物以群分。那是分類的大原則；東方、西方不一樣，南方、北方也不一樣。在同人卦（䷌）的時候，就希望能推動大家和平相處，以致世界大同。同人卦〈大象傳〉稱「類族辨物」，想「同人于野」，不同的族群有不同的風俗信仰、行為模式，都得下「類」的工夫；先「辨物」才有可能「同人」。

有物就有方的限制，方的問題除了地方，也包括方法。一個地方的人處世交友，大概都有一定的習性、特性。用哪一種方式——「居方」，決定著成敗。這一次失敗，可能是因為站錯方了。所以在「未濟」之後，就要痛定思痛檢討，下次就得調整，站在對的一方。還有，「居」也有固守的意思，用的是老套、失敗的方程式，下次就得審慎考慮站在哪一方。這些都跟「辨物」有關，要下工夫研究、琢磨；要慎思明辨，把人事地的習性、方法、態度統統研究清楚，那麼這一次的未濟就沒有白交學費，下一次就不會隨便「居方」，會謹慎「辨物」。

「君子以慎辨物居方」落實到未濟的卦象——「火在水上」，這是很值得探討的，為什麼跟「辨物居方」有關？因為火在水上，方位就錯了，怎麼可能成功；「水在火上」才可能成，還得思患而預防之。既濟卦把火、水倒置，相反才能相成。可見，「居方」就是說，水、火都各有其方，後天八卦是離南坎北，先天八卦是離東坎西。火擺在水上，那就不可能成；水擺在火上，中間再搞一個間隔，那就能成。所以第一次的「未濟」，發現「方」有問題，就要趕快調整，明辨水之為物、火之為物，還有它們對應的關係要怎麼擺才能成，不能馬虎。

未濟卦六爻詳述

初爻：格局難開

䷿

初六。濡其尾，吝。

〈小象〉曰：濡其尾，亦不知極也。

「初六」處於下卦坎險，而且又是從既濟卦接到未濟卦的初爻，那麼未濟卦的「初六」絕不可能成，這是一定的。「濡其尾，吝。」「濡」說明在坎水之底，「吝」說明格局不開，沒辦法突破，遭遇能力的極限。也就是說，已經下水了，尾巴也打濕了，卻沒撈到任何好處，純粹是交了點學費。卦辭說「濡其尾，无攸利。」「初六」就是「濡其尾，吝」，很有挫折感。有些人碰到這種情況會急著想突破，若發現自己的作法需要修改、調整，那就還有機會；如果像巽卦（䷸）第三爻的「頻巽，吝」一樣，「志窮也」，遭遇挫折，還進行自我防衛，那就更不能突破了，因為犯了「吝」的毛病——氣量狹小，文過飾非。

承擔錯誤要有一定的氣度，往往「悔」的人還能悔過，「吝」的人就不見得能悔過，那麼路子會越走越窄。如果「濡其尾，吝」，到最後還不知道錯在哪裡，還不肯改，就會像〈小象傳〉說的「亦不知極也」。〈小象傳〉的批評很不客氣。「濡其尾」，結果還是吝，還不如不要下水。根本不知道自己錯在哪裡，也不知道自己的能力極限，就是「亦不知極也」。節卦（䷻）第二爻和這一爻頗為相似，〈小象傳〉稱：「不出門庭凶，失時極也。」失時到了極點。也就是說，人一定要有自知之明，還要量力而為，別看到大家劈劈啪啪跳下水，你也去湊熱鬧，自身資源有限，何必一窩蜂想撈便宜，沒有這麼好的事！

「初六」爻變為睽卦（䷥），睽為不合，背道而馳、不適合幹，就是幹也幹不久，遲早會離開。既然不合適，為什麼不去找合適的事情去幹呢？真的是「亦不知極也」。一般人很難從爻變是睽卦檢討出失敗的原因，因為人很少有自知之明。

「濡其尾，吝」，看起來是比較不客氣的。卦是未濟，又是下卦坎險的「初六」，能怎麼樣呢？「亦不知極也」，「極」除了有極限，還有就是中道的意思。「初六」本來就不居中，比起居中的「九二」就差很多。「九二」居中，在坎險之中，剛而能柔，有自知之明，不會有不合適的舉動。但「初六」亦不知極，亦不知中。時中之道，就得恰到好處，正如《大學》所說的「君子無所不用其極」，人很難挑環境，掉到哪個環境中，就得充分瞭解這個環境，充分運用環境所提供的資源，避免環境中的風險，這樣還是可以得到不錯的成績。這就是「極中」，懂得陰陽和，才能夠生。

無所不用其中，無所不用其極，在任何一個環境中懂得運用方法、發揮最大的極限，產生極大值，也就是時中之道的意思。「見龍」的時候就得「在田」，那就是「見龍」的「時中」；「飛龍」就得「在天」，「潛龍」趴在地底下，就得「勿用」。這就是「無所不用其極」。有了這種積極的精神，都不挑環境，永遠可以在每一個環境中做到最好。正如孔子所說的「造次必於是，顛沛必於是」。人生的富貴、貧賤、患難、造次、顛沛，都不是我們能挑選的，碰上了，就在這裡落地生根、生長茁壯。形勢比人強，所以不必挑環境，要學習「無所不用其極」，做到《中庸》所說的

「無入而不自得」，在任何一個環境都能自得，絕不會空手而回。

二爻：剛而能柔

九二。曳其輪，貞吉。

〈小象〉曰：九二貞吉，中以行正也。

第二爻比較成熟了，剛而能柔。「初六」是柔，根本沒有實力，卻居於剛位，自取其辱。「九二」有一定實力，剛而能柔，知道在坎險之中，不能亂動，比「初六」雖為陰柔卻逞強的剛位要強很多。「九二」剛中，雖然在坎險之中，卻不會被浪濤淹沒，菩薩過江，先保住自己，立於不敗之地再說。所以很穩，不會躁進。「曳其輪」，就是車子慢慢開，不會翻車，人家想讓他倒也不容易，因為他有實力，剛而能柔，陽而能陰，能忍耐，瞭解形勢的險惡，不強求。故「貞吉」，固守正道就吉。

〈小象傳〉說：「九二貞吉，中以行正也。」「九二」居下卦之中，未濟卦每一爻都不正，「九二」就必須「中以行正」，才能求吉。其位不當，但是居於中，可以好好利用，保存實力，現在即使不成，將來機會到了說不定就能成。「九二」這個爻本來就應該這樣，下卦坎險，就像人生遭遇險難，既然已經捲進去了，就先求自保，想辦法「習坎」，等三個爻之後，即三年或三十年之後，就可能成功。「九二」跟哪一個爻對應？「六五」。「六五」就是「柔得中」，是光明的中心。想要將來的未濟能習坎、繼明，變成「六五」的大放異彩，現在就要保存實力，在坎險中維持不倒，將來才有希望像「六五」那樣。須知士別三日，刮目相看，所以在不能動的時候好好修煉；「曳其輪，貞吉」，「中以行正」，有彈性，剛而能柔，未來就是「六五」。這就是〈彖傳〉所說的「剛柔應也」。

現在雖不當位，寄望於未來，就如「九二」爻變為晉卦（䷢）一樣，旭日東昇，朝氣蓬勃。「明出地上」、「君子以自昭明德」。《大學》一開始就說「大學之道，在明明德」，下面就可以「親民」、「止於至善」。這就是「曳其輪，貞吉」的背景；即所有的戰略考量、周遭形勢的把握，先求不被衝垮，然後慢慢醞釀實力、等待機會。但前提是不被衝垮才有機會。可見，「九二貞吉，中以行正也」，還是在「小狐汔濟」，「未出中」的狀態。爻變是晉卦，前途光明，但光明不是天上掉大餅，需要自昭明德、自強不息，在坎險之中不斷歷練。

未濟「六三」——坎險之極

「六三」這個爻超有意思，每個字都認識，可是要真懂這個爻，若沒有過來人告訴你這個爻在講什麼，很可能會迷惑、不懂。自古注解《易經》的人很多都在猜謎、瞎起鬨。進入爻辭之前，我們先分析一下「六三」的形勢。這個爻的形勢、環境都非常差，是典型的逆境、險境，就像坎卦的「六三」一樣，「來之坎坎，險且枕，入于坎窞」，還可能越陷越深。凡是下卦坎險的「六三」沒有好過的，而且跟「初六」的淺嘗輒止還不一樣。初爻可以夾著尾巴回頭，「六三」已經是人在江湖，回不了頭了。陰居陽位，不中不正，坎險之極，也不會有誰來幫忙。「九二」求自保，一定不會幫。而且「六三」跟「九二」的關係也不好，陰乘陽，柔乘剛，欲望蒙蔽理智，是不正常的關係，更不會出手幫助。所以「六三」被孤零零地撂在那裡，尷尬得很。下卦的坎險已經熬過一段時間，很受耗損，結果還是卡在黑暗的坑洞裡，仰望上卦、外卦離的光明，看得到卻爬不到。「六三」上面是「九四」，「九四」已經進入上卦的光明，「六三」就差那麼一點——「小狐汔濟」。不光是差一點點，而且是自身條件太差，人家不見得要你這個包袱。「六三」高不高攀得了還不知道呢，已經快要沉入水中，載浮載沉、坎險之極。看到什麼東西都想抓，人家還不見得要你抓，你就被看成是包袱、負擔。

可見，「六三」跟「九四」有陰乘陽、柔乘剛的關係，很想上去，那怕是扒塊木頭都安全，不用在水裡窮泡，可人家不歡迎，怎麼上得去？這就是「六三」的尷尬處境。我們都知道，凡是下卦坎險的「六三」都沒有好處境。一個是本卦坎卦的「六三」，來之坎坎，進退兩難；條件不好，無人相救、左右無援。第二是解卦（䷧）「六三」，解卦要求解脫，希望赦過宥罪，消解諸多業障；但「六三」是很慘的一個爻，背著包袱坐在車上，強盜還來打劫——「負且乘，致寇至」，「自我致戎，又誰咎也」，坎險之極，丟也丟不掉，難過死了。訟卦（䷅）的「六三」也不好過，打官司，跟人家爭不過，被最好的朋友出賣，又爭不贏，氣得要死；想辦法化解，面對失敗挫折，就是沒能訟贏。爻辭說「食舊德」，該嚥下去的就得嚥下去，還得利用恩怨關係，「貞厲」，「无成」，形勢相差太遠，對方是勝利者，你是失敗者，怎麼調整，都還是挫折、失望。不過「六三」到最後「終吉」，對方「終凶」。但內心有無限坎險的「六三」，人生有時就是碰到這種屋漏又遭連夜雨的事。怎麼辦呢？訟卦「六三」教你不要輕舉妄動，解卦的「負且乘」告訴你問題在哪裡，要怎樣解決，坎卦也告訴你「來之坎坎」的時候就地臥倒。還有師卦（䷆）的「六三」，不但不好，還很糟，「師或輿尸，凶」，決策的意見多多，結果打了一個大敗仗，「大无功」。困卦（䷮）的「六三」更糟，身敗名裂、眾叛親離，賠了夫人又折兵，「困于石，據于蒺藜，入于其宮，不見其妻，凶。」爻變是大過卦（䷛），是超負荷的慘境。從正面、反面看，內卦是坎險的「六三」有什麼共通性，還跟卦有關，同樣是「六三」，內卦是坎險，因為上卦不同，環境不會完全一樣，脫困之策也不完全一樣。

三爻：失敗為成功之母

䷿

六三。未濟，征凶。利涉大川。

〈小象〉曰：未濟征凶，位不當也。

《易經》到了最後，本來就是垂直的、整體水準的比較，而不是獨立的一卦是一卦、一爻是一爻，這就需要「韋編三絕」，才能徹底搞通。孔子也得隨時帶一套《易經》，沒事翻一翻，觸類旁通，才能掌握《易經》整體貫通的關係。所以睡覺帶著，吃飯、坐車都帶著，隨時可以翻查。我們現在掌握很多利器，跟古人完全不一樣，想隨時查看也更加方便。《易經》雖說只有四千多字，刻在竹簡上份量應該不會太輕，孔老夫子還得天天隨身帶著一大堆東西，要翻查不是很累嗎？我們現在隨時查看，最多也就是薄薄一本書，做低頭族就可以了，找資料比以前方便多了，但我們怎麼讀不過他們呢？

《易經》，本身就是一個資料庫，卦與卦、爻與爻之間，縱橫相錯，息息相關。如果上卦是巽，巽為風，下卦如果是感情用事、欲望充沛的兌，就會很想表達出來。如果上卦是兌，第五爻跟第六爻就會產生一個很值得重視的關係。然後又有八種不同的下卦組成的資訊，這是橫切面，掌握它的規律，才能徹底搞懂。基本原型就是乾、坎、艮、震、巽、離、坤、兌，一定有其共同性。就像乾、坤假定是六十四卦的共同基因，任何一個卦的「初九」都有「潛龍勿用」的意思；每一個「九二」都有「見龍在田」的意思；每一個「初六」都有「履霜堅冰至」的意思，這是橫切面的關係。讀《易經》如果沒有辦法掌握橫的聯繫，那就都是碎片。這就是《易經》跟其他經典不一樣的地方，差一點就差很多。所以要縱橫交織，來來往往，才能駕馭《易經》的要義。很多人給《易經》寫注釋、寫《易經》的書，連這一點都沒掌握，怎麼講得通呢？

我們看未濟卦的「六三」。「六三」的形勢已經分析得很清楚，爻辭八個字，「未濟」的卦名出現了，這顯然很重要，這是表現卦的特色。整個卦稱「未濟」，這個爻就是「未濟」中的「未濟」，你看有多慘！「未濟，征凶」，本來就成不了，還不信邪，想賭大運強求，非往前衝不可，結果一定凶。「征凶」跟卦辭所說的「濡其尾，无攸利」一樣。「征凶，无攸利」是歸妹卦，為什麼「征凶」？因為「位不當」。為什麼「无攸利」？因為柔乘剛。「六三」都有這個毛病。有時候人不甘心，非要不可，還是要不到。

「六三」不肯放棄，想不通，死纏爛打，明明不可能，還是要強求，用所有的力量去出征。〈小象傳〉說：「未濟征凶，位不當也。」歸妹卦「征凶」也是「位不當」。「六三」「未濟征凶」，告訴你不可能的事就是不可能，因為「位不當也」。「六三」不僅「位不當」，而且跟「九二」的關係是陰乘陽、柔乘剛。但是，比較麻煩的是後面跑出一個「利涉大川」，讓人眼睛一亮。過去很多人看到這裡，還以為這個爻寫錯了，利涉大川不就是「既濟」嗎？前面的「未濟，征凶」要怎麼解釋呢？強行過河淹死了，後面又「利涉大川」，不是荒唐嗎？這是矛盾的，這叫二律背反，同一個爻怎麼既「未濟」又「既濟」呢？已經宣判死刑，「征凶」失敗了，怎麼「利涉大川」呢？自古以來，讀到未濟卦的「六三」，總會覺得「未濟，征凶」，真的是求不得苦，越求越得不到，越求越遠。但後面的「利涉大川」，就有點矛盾，有些人第一個想法就是參考傳怎麼解釋，結果〈小象傳〉說「未濟征凶，位不當也」，特別需要解釋的「利涉大川」卻沒有解釋。「未濟征凶」，需要解釋嗎？一般的研究者都知道「位不當」。

為什麼「利涉大川」呢？我們也不排除其中一個可能，就是〈小象傳〉的作者也不懂，所以不解釋，藏拙；另一個可能是他太懂了，裝不懂。總有一個可能性，但他沒解釋是事實，這就成謎了。後人再看到這裡，還是有大多數人不懂，因為傳也沒講清楚，可是研究《易經》的人要把《易經》解釋一遍，既然前人糊弄，他怎麼辦呢？不能不解釋啊，有的解釋就很好玩，拚命繞彎，恨不得從盤古開天講起，講到最後，反而越讓人半信半疑。那就是沒真懂，可是硬要解釋，這叫強作解人。這是一種。還有一種是另外一個極端，他想既是「未濟」又「利涉大川」，講不通，就想一定有另外一個可能，就是爻辭錯簡，根本就沒有後半段的「利涉大川」，只有「未濟，征凶」；〈小象傳〉不解釋是因為作者當時看到的經文沒有「利涉大川」。這種人就把「利涉大川」稱為衍文，如果沒有這四個字，〈小象傳〉的解釋就完全合理。這是一種解釋，就是不能理解的一定不存在。還有一種是妥協派，他覺得要把四個字去掉於心未安，認為不會莫名其妙多四個字，一定是掉了一個字，應該是「不利涉大川」——「未濟，征凶，不利涉大川」。這樣豈不合理？掉一個字的可能性應該比多四個字的可能性高，一想通了就很愉快，他就說本文應該是「未濟，征凶，不利涉大川」，掉了一個「不」字。如果〈小象傳〉的作者看到的是「未濟，征凶，不利涉大川」，還需要去解釋「不利涉大川」嗎？不需要解釋。這也是一種說法。

其實，以上三種解釋都錯了，後來不少證據都說明「利涉大川」確實存在。為什麼爻辭要這麼寫？這個爻就是非得這八個字才能寫清楚。

為什麼「未濟，征凶，利涉大川」？一定要找出一個說得通的解釋。對一件事的詮釋，讀一本書，讀一個人，讀一段歷史或當代事件，常發現很少解讀是嚴謹可信的。這種爻辭的出現絕非偶然，一定有其道理，看著好像很難，說破了一文不值。人越想越遠，才會認為「未濟，征凶，利涉大川」不合理。其實「未濟，征凶，利涉大川」百分之百合理，就是因為這次失敗得這麼慘，只要你沒有完全完蛋，轉化成未來成功的動力，下一次就「利涉大川」。寫在前面的是「未濟，征凶」，說明你敗得這麼慘，痛定思痛，轉化成活的智慧，下一步就運用「未濟，征凶」慘痛失敗的經驗，保你逢山過山、逢河過河——「利涉大川」。這就是把「未濟征凶」慘痛的失敗經驗化為動力，就利於以後渡過一切重大險難。這正是未濟卦給我們的教訓。「慎辨物居方」，所以不要怕失敗，失敗得越慘（除非完蛋），永遠有東山再起的機會。前面的「未濟征凶」，因為不懂得「辨物居方」；下一次一定要「慎辨物居方」，就懂得如何渡過險難。這個爻之所以冠上卦名，正是要我們從人生的慘敗之中吸收經驗，運用「未濟征凶，位不當」這一重大錯誤的經驗「利涉大川」，展開人生的下一步。所以絕對不可以把「利涉大川」拿掉，否則意義完全沒了；更不可以說是「不利涉大川」。認定是「不利涉大川」的人，對經典的認識只在文字層面上。《易經》卦爻辭的寫作嚴謹而且精煉，如果寫「未濟征凶」，又說「不利涉大川」，這絕對不是爻辭的作者，那不是廢話嗎？寫在前面的是眼前慘烈的事實，寫在後面的就是往未來看；任何在「未濟征凶」中的人，只要把它想成「利涉大川」，就永遠不會倒下、永遠不會放棄。所以這個爻稱「未濟」，不是平行的，更不是同義反覆，而是有前後因果關聯；因為這次「未濟征凶」，所以下一次可以「利涉大川」。

另外，我們還可以從別處檢驗這個爻絕對是這個意思。「六三」現在很虛弱，不中不正，可是經過慘敗的錘煉，變堅強了，學到很多東西，由虛轉實，爻變為火風鼎（䷱），下一次就是你當老大，革故鼎新，展開新生活。沒有這次敗得這麼慘，知道方法用錯，辨物沒辨清楚，承認看錯人，用人不當，下次還有可能再起來嗎？鼎卦全新的局面，「革去故，鼎取新」，正因為舊的「未濟征凶」給的刺激太甚，激發下一次「利涉大川」的動力，創造一個新時代、或是一個嶄新的人生，這樣的大起大落，才是未濟的教訓。不痛到一定程度，就不會徹底洗心革面，革故鼎新。

從卦中卦看「六三」的複雜性

還有，從卦中卦來看，初、二、三、四爻構成的是未濟中的未濟，這就是為什麼這個爻的爻辭有這麼多東西糅合在一起。「六三」是卦中卦未濟卦的第三爻跟第五爻，等於是兩個爻位，未濟的「六三」又是未濟中的未濟「六三」，這就加重了它的悲劇性；可是別忘了，它同時也是未濟中的未濟「六五」。「六五」是成功的、是君位，三與五同功而異位，失敗跟成功是重疊的，沒有失敗，就沒有後來的成功。所以「未濟征凶」裡面有「利涉大川」一點也不奇怪，因為裡面隱藏了未濟卦「六五」的可能。

再看，三、四、五、上爻構成的也是火水未濟。本卦的「六三」是卦中卦未濟卦的第一爻。第一爻是「濡其尾，吝」，「亦不知極也」。這個爻的複雜程度就是這樣，同時是未濟卦的三個陰爻，是「初六」，是「六三」，又是「六五」，三者糅在一起，結果就構成這麼一個表面看來複雜而矛盾，實際一點都不矛盾的爻的環境。通過爻變，又使這個爻能夠轉虛為實；心臟強的，會吸收歷史教訓，就可以坐上王位，因為有未濟「六五」的可能。

這是「六三」在卦中卦相應的爻位，用各個不同的方式去瞭解其真正的意思。沒有絕對鐵案如山的證據，千萬不要隨便更改經典來自圓其說。要知道，《易經》自古以來就是一本未曾遭禁的書，就是秦始皇也不敢燒它；沒有特殊原因是不會加減字的，沒有證據怎麼能亂猜呢？「未濟，征凶，利涉大川」看似矛盾，其實任何一個卦的三爻和四爻一定是最繁複的，會受到各方力量的作用，除了在本卦中承上啟下，多凶、多懼，還有就是五個卦中卦的每一個卦，都包含三爻、四爻；五個卦東拉西扯，一定會影響到這個爻。所以，我們常常看到第三爻一波三折，第四爻反反覆覆，多方拉扯，難免複雜。

這個爻還有另一個角度可以幫助我們理解。為什麼「未濟，征凶，利涉大川」？在不同的卦中，這樣一個爻是人生的谷底，是極度挫敗的環境，要怎樣重整旗鼓、轉化矛盾？我們都知道，未濟卦如果是「用」，它的「體」就是否卦。否卦第三爻「包羞」，沒有講吉凶，要是在那樣的人生恥辱挫敗中都能忍下來，下面的成敗就難說了。「包羞」不論吉凶，在於人能夠忍辱精進，「包羞忍辱是男兒，捲土重來未可知」。「包羞」的時候，人生的慘敗已經無以復加，可是否卦第四爻「有命无咎，疇離祉」，是不是起來了？熬過最黑暗的時刻，光明就在前面，人生本來就是這樣。

未濟卦的「體」是否卦，第三爻和否卦包羞的筆法雖然表達方式不一樣，但意義是一樣的。「未濟」就是「否」之用，否到不能再否的時候，是謂包羞；未濟到不能再慘的時候，就是「未濟征凶」，可是裡面就有「利涉大川」的可能，就看有沒有志氣，有沒有轉化的動力。

四爻：和平共存

九四。貞吉，悔亡，震用伐鬼方。三年有賞于大國。

〈小象〉曰：貞吉悔亡，志行也。

未濟卦還剩三個爻，現在就等著翻牌，看未濟卦上卦離的光明到底是怎麼回事。「濡其尾」、「曳其輪」的人生都是失敗、挫折、停頓，想要的要不到，到了「未濟，征凶」給你迎頭一棒，打得你頭昏眼花，然後安慰你——「利涉大川」。

「九四」是上卦離光明的開始，曙光乍現，至少看到光了。在本卦來講，它的位置好像比「九二」高，但還沒有真徹底脫險，也尚未擺脫業障習氣，只是程度上少了一點而已。「九四」比「六三」好一點，就像「九二」一樣，剛而能柔，陽而能陰，有彈性，能忍耐。

首先就是「貞吉，悔亡」，這一點我們很熟悉，固守正道就吉，可能發生的「悔」就會降到最低，甚至根本不會發生。〈小象傳〉就迫不及待地解釋了：「貞吉悔亡，志行也。」只要做到「貞吉悔亡」，心中的主張、想法就可以實現。革卦藉著突破性的開創而扭轉形勢，第四爻「改命之吉，信志也」，裡面也講「悔亡」；和未濟卦「九四」是一樣的道理。我們剛才一直強調，要理解

「未濟」，要和否卦對照著看。否卦「九四」，從包羞忍辱的谷底掙脫出來，百煉金剛，最後又重新沐浴在天命的加持下。〈小象傳〉稱「有命无咎，志行也」，可見它們的關係多密切。

「貞吉，悔亡」還只是初步，畢竟已經越來越好。曾出現「貞吉，悔亡」的是哪些爻呢？一個是下經第一卦咸卦（䷞）的「九四」。咸卦的感應、感想、感懷、感情是人生下來就有的。「九四」地位很高，但心不定，「憧憧往來，朋從爾思」，「未光大也」；必須正心誠意，讓「悔」亡了，這樣才能「未感害也」；然後再進一步到達咸的更高境界——「咸其脢，无悔」。「无悔」在「悔亡」之後，在未濟卦也是如此；除了咸卦，大壯卦（䷡）也是如此。大壯卦的「九四」跟咸卦「九四」、未濟卦「九四」，都是劈頭一個「貞吉，悔亡」。一是在「藩決不羸，壯于大輿之輹」的情況之下；一是在「憧憧往來，朋從爾思」的心思不定狀況下，都特別需要「貞吉悔亡」。大壯卦的君位也是「无悔」——「喪羊于易，无悔」。還有渙卦（䷺）的門檻是在「九二」——「渙奔其机，悔亡」，到了「六三」就進一步變成「渙其躬，无悔」。也就是說，在「悔亡」之後向上提升的境界就叫「无悔」。

未濟卦也是如此。「六五」是大成功、功德圓滿的境界，上卦的太陽中心、文明中心，佛光普照的光源發射地，爻辭就稱「貞吉，无悔」。「九四」是「貞吉，悔亡」，「六五」是「貞吉，无悔」，這是有因果的。人生「无悔」太難，先要從「悔亡」做起；「悔亡」做到了，自然而然就「无悔」。而且，要處理得好，永遠都得靠「貞吉」。

第四爻是「貞吉，悔亡」，因為才剛剛擺脫坎險，要先把還沒清理乾淨的東西儘量讓它「亡」了，不要讓它再發生。但這些負面的東西也不可能一下就清除，時不時還會冒出來，但就靠著「貞吉，悔亡」，習慣成自然，慢慢就不再出現了——亦即「貞吉，无悔」。在晉卦（䷢）第四爻「晉如鼫鼠」的時候，形形色色的欲望、業障多得不得了，鼠患為禍，就得養貓，盡可能地撲殺老鼠，那就叫悔亡。滅鼠成功，再也沒有老鼠，那才叫无悔，這時貓就可以退休了；沒有老鼠，自然而然就可以從心所欲不逾矩。所以，人在「貞吉，悔亡」的時候還是得戰戰兢兢、咬牙切齒、戒慎恐懼，就怕悔不亡；到了无悔的時候就不必這麼緊張了，習慣成自然，這種自然態的无悔，才是最終的成果。

「九四」可能是旭日東昇，是「貞吉，悔亡」，「六五」則是日正當中。「无悔」是建構在「悔亡」的基礎之上。那麼，「上九」就有落日的象，夕陽西下。未濟卦上爻也是《易經》最後一個爻。

未濟卦「九四」爻辭也是比較長的，真能把它想通、悟通的很少，一般都是在文字上做工夫，而不是在實際的身心實證上下工夫。「貞吉，悔亡」之後，就是「震用伐鬼方，三年有賞于大國」。又出現「鬼方」了，黑暗勢力死灰復燃，魔鬼大軍又出現了，這就得趕快遏惡揚善，大肆討伐。「伐鬼方」在既濟卦「九三」，在未濟卦是另外一面「九四」；因為未濟、既濟相綜，未濟卦「九四」反轉過來就是既濟卦的「九三」。鬼方又復活了。既濟卦「高宗伐鬼方，三年克之，小人勿用」，把鬼方打敗了，疲憊不堪，看似輝煌成功，但資源枯竭，已經埋下敗亡的種子。不過，不管怎麼講，「高宗伐鬼方」確實是把鬼方打敗了，只是到了未濟卦「九四」又發現「鬼方」。人生真難搞，黑暗的那一面總會冒出來！現在已經進入未濟卦第四爻，應該是光明的，怎麼還會有黑暗呢？

為什麼「鬼方」在高宗大肆討伐之後仍然死灰復燃？這就代表「高宗伐鬼方」沒搞乾淨，再不然就是治療方法有問題；鬼方還是鬼方，完全沒變，即使被打趴下去了，還是又出現了。不過，高宗至少打敗過鬼方，雖然花了三年時間，打得筋疲力竭，而現在鬼方又出現了，是不是再把高宗徵調出來，讓他再打一次鬼方？結果這一爻找不到高宗了，沒有高宗，該怎麼對付鬼方呢？可見無法再用高宗那一套了，要換成「震用伐鬼方」。既濟卦已經嘗到災難式的後果，現在是未濟，就應該換一種方法、思維。照這樣，人生的成敗又該怎麼看呢？在「高宗伐鬼方」的時候，歷史上都說「高宗」獲勝了；但其實最後滅亡的是高宗。也就是說，未濟卦看不到高宗，搞了半天，因為高宗被消滅了。高宗出什麼事了？「濡其首，厲」，「何可久也」。高宗那一套無法有效克制鬼方，反而被毀滅了。那就要用新的方法、新的思維，對付象徵惡魔的鬼方。這樣看來似乎可以下結論了，輸的一方是高宗而不是鬼方，不然鬼方何以又出現？其實，高宗也不一定是不見了，而是走火入魔，變成新的鬼方；降魔一久，也跟黑道差不多，黑才能打黑，鬼方跑到高宗裡面主宰了高宗，高宗則變成新的鬼方。很多稱霸的思想、歷史上的梟雄，剛開始義薄雲天、豪氣干雲，跟一起搞革命的兄弟同甘共苦，等他得了江山之後，患難兄弟就被他逐一殺盡，他變成了新的鬼方。這就像明夷之心和天地之心一樣，在一念之間轉變；佛可以變魔，魔可以變佛。還有「近朱者赤，近墨者黑」，高宗跟鬼方肉搏，久了也會被鬼方傳染，變成新的鬼方。美國一直認為自己是高宗，把賓拉登和海珊界定為鬼方，但現在海珊和賓拉登都死了，世界也沒有好到哪裡去，還是冤冤相報、沒完沒了。

換句話說，這時候重新再起、改頭換面的鬼方，一定比先前更強悍，用老方法去打是不可能勝利的，再者，以太極思維來看，沒有任何東西能徹底消滅任何東西，只能尋求和平共存；癌症基因與生俱來，是生命永續發展的一部分，根絕癌症就是根絕生命；而且在壓制它的同時又會殃及無辜，所以用高宗那一套對付鬼方，其實也是在對付自己的生命。最後發現鬼方的問題還在，高宗卻不見了，那就只好「震用伐鬼方」。這需要大徹大悟，二元對立的抗爭永遠解決不了問題。鬼方既然是自然存在的一部分，就一定要以正面面對；生命中的某些不完美與生俱來，所以要用好的方法化解衝突；要化解，就要先承認它的存在，求取雙方的平衡。這就要用「震」的方式。「震」代表創造力的核心、生命力的核心，眾生皆有，鬼方也是眾生，哪來的聖戰和魔鬼呢？就像太極圖一樣，有陰有陽；有致癌基因，也有正常基因。會出問題，是因為失去平衡，表現出來的就是鬼方氾濫。用不當的方法強行打壓，就要費時費力——「三年克之」，還要小心「小人勿用」。既濟卦伐鬼方就已經元氣大傷；到了未濟卦，鬼方再現，就不能再用那一套了。要承認震裡面也包括鬼方，想辦法各方和平共存，這才是終極的王道解決方法。人活著，就算是佛菩薩轉世，他也會生病。「震用伐鬼方」，就是說鬼方出現了，不要大驚小怪，更不要想辦法撲滅，因為撲滅不了；要設法找到和平的相處方式，承認鬼方也是震方的一部分。

一旦有了「震用伐鬼方」這種生命主體性的認識，就不會有分別心，這樣反而能解決鬼方的問題。其實，放下屠刀，立地成佛，鬼方就變成上帝這一方，一念之轉，佛就變成魔。其實，宇宙的基本原理就是這樣，說起來簡單，修煉起來可難得不得了。個人修還簡單，國家、社會、世界要修成「震用伐鬼方」這樣大徹大悟的境界就更難，中間不知道要付出多少代價，戰爭不斷、殺戮不斷。

「高宗伐鬼方」是既濟卦離開光明、快要進入坎險的最後一爻，但是大徹大悟的「震用伐鬼方」是在未濟卦脫離坎險，剛剛進入離卦光明時，這個爻絕對有啟蒙的意義，讓我們知道如何根本解決問題。既然鬼方也是震的一部分，是一切眾生，就該一視同仁，找到最善的解決方式，和平共存。高宗那一套不是究竟的方法，而且遺患無窮。

「震用伐鬼方」就是和平解決；可以顯示力量，但不用真動武，讓對方知難而退就好，那也是震。給他一定的尊重，而不是把他逼到無路可走。「震」是主詞，「用伐鬼方」，用調整光明跟黑暗的平衡，來處理鬼方的問題。「三年有賞于大國」，注意這只有賞沒有罰；而「高宗伐鬼方」絕對有賞有罰，所以才說「小人勿用」，跟師卦（䷆）最後一爻「大君有命，開國承家，小人勿用」一樣，每打完一場仗都要賞罰，還可能賞罰失當。戰國時代的秦國就是以斬首多少來加官晉爵，如此賞罰嚴明，結果十五年而亡。只有賞而沒有罰，表示大家都蒙福報。這裡的賞不一定是人的賞，也是天的賞，就像天賜一樣。只有賞，說明只有好處而沒有壞處，大家和平共存，沒有種族歧視，沒有宗教偏見。「三年有賞于大國」就往第五爻象徵的佛國邁進，不像「三年克之」那樣的苦戰殺人無數，還得「小人勿用」；這裡沒有小人的問題，只有「三年有賞于大國」。把戰爭耗費的資源，以及鬥爭的心力省下來，拿來做經濟建設、文化建設，改善大家的生活。

這個爻有深刻的啟蒙意義，爻變為蒙卦（䷃）。離開下卦坎險的習氣，進入上卦智慧之光的光明，思維勢必要轉換；藥方不能用錯，仇恨、打壓不可能解決問題，要給予尊重、和平的空間，「三年有賞于大國」。這是貫穿整個《易經》的思想，從乾卦、咸卦一直以來的思維，現在下總結論，讓你思考終極成敗是怎麼回事。咸卦稱「聖人感人心而天下和平」，說到就要做到，現在就告訴你歷史借鑑就是如此。乾卦稱「首出庶物，萬國咸寧」，就是「震用伐鬼方，三年有賞于大國」。「貞吉悔亡，志行也」，就從這裡脫胎換骨。

五爻：佛光普照

䷿

六五。貞吉，无悔，君子之光。有孚，吉。

〈小象〉曰：君子之光，其暉吉也。

「九四」脫胎換骨，就可以進入「六五」。圓融飽滿、功德無量，沒有任何瑕疵，呈現佛光普照、和平永續的象。「貞吉，无悔，君子之光。」「有孚」，講信修睦；「吉」。「君子之光」，就是佛光、智慧之光，就如太陽光一樣，作為一個發光體，從中心投射出來，直到整個邊緣都是吉的。這就是〈小象傳〉所說的「其暉吉也」。如果一念之差，老是靠征伐、暴力，就會一路錯到底。《易經》的好處就是一開始就是對的，所以才有這種看透一切人情事理的不可思議的力量。未濟卦君位「六五」是智慧之源、智慧之海；也就是從「貞吉，无悔」而來的「君子之光」；在《春秋》被稱為「人人皆有士君子之行」；在《易經》就是「群龍無首」的境界。

「有孚，吉。」「其暉吉也。」，要達到這個境界絕不容易，不知要經過多少爭論的過程。其爻變為天水訟，就是如此。寫爻辭的人實在是太高明了，把什麼都看透了，常常出人意表。「九四」嚴格講就是《易經》的最後一戰，而這一戰不見得真的要打，而是為了建立第五爻永久的和平。真正用暴力流血衝突打的最後一戰是「高宗伐鬼方」，結果什麼也沒打到。未濟卦「九四」

則是不戰而屈人之兵，「震用伐鬼方，三年有賞于大國」；然後大家講信修睦，進入「貞吉，无悔，君子之光。有孚，吉」的「六五」，然後再往上，就進入《易經》的最後一爻。

上爻：一波未平，一波又起

上九。有孚于飲酒，无咎。濡其首，有孚失是。

〈小象〉曰：飲酒濡首，亦不知節也。

《易經》的最後一爻也就是未濟卦的上爻。「有孚于飲酒，无咎」，這話特別好。《易經》學了半天，最後一爻是喝酒。熱情、信仰等統統表現在飲酒的慶功宴上，不用打仗多好，大家都很高興，鬼方派代表來了，上帝也派代表來了，大家都來參加慶功宴。「有孚于飲酒」，當然高興，結果无咎。沒有用野蠻的手段解決紛爭，能達到這麼一個境界，功德無量，大家很滿意。我敬你一杯，你敬我一杯。這是一種成功之後的感性抒發。人一定是有感性的，從咸卦開始，一直到家人、睽、蹇、解，都是感性的表徵；從損、益開始才要求用理性來平衡。「有孚于飲酒」顯然是很感性的，熱情豪邁，歡暢淋漓，結果无咎。

可是，《易經》沒有在這裡結束，後面又出現變故了：「濡其首，有孚失是。」真的是沒完沒了，永遠不會停在一個看似安定的情境，好像天下太平，中間又有合久必分、分久必合的動力。可見，一個事物不可能永遠停止，會一直在變，有很多不可測的因素存在，所以未濟卦最後是一串省略號，沒有固定在哪一個境界，也不知道後面還會生出什麼樣的變故。「有孚于飲酒」，是在慶功宴；可是酒席宴上突然就出現變故了，「濡其首」，滅頂了。既濟卦初爻「濡其尾」，上爻「濡其首」，這是由離之初進入坎之中。未濟卦初爻是「濡其尾」，怎麼上爻又「濡其首」，豈不是騙人，讓我們白修一遭？而且真的是豈有此理，坎卦初爻進入離卦最高境界，就算是西斜的太陽，也不至於滅頂吧？怎麼會「濡其首」呢？

其實，這是一個象徵性的說法，看〈小象傳〉就知道了，這不是小狐狸滅頂，而是喝醉了：「飲酒濡首，亦不知節也。」是什麼意思呢？酒能亂性，樂極生悲，有些人喝酒有酒膽而沒酒品，所以喝到醉醺醺，就亂七八糟講醉話，這就叫飲酒濡首。喝酒的這幫人在歡樂的場合中出現意外，因為感性失控，如脫韁野馬。本來《易經》的每一卦每一爻就是一個世界，不管東方、西方，人都有感性理性，最好的狀態就是感性、理性處於平衡態；如果感性太強，理性太弱，就是家人、睽、蹇、解的輪迴；如果理性太強，過分冷酷，完全沒有感情，也不能長久。現在一喝酒就失去了平衡，講醉話了，結果樂極生悲。「飲酒濡首」，就是昏頭昏腦，做了什麼、講了什麼，自己都搞不清楚；「亦不知節也」，失去節制，沒有恰到好處，就會添亂。注意，初爻「濡其尾」，稱「亦不知極」；上爻「濡其首」，不是滅頂，而是喝醉了言行失節，故稱「亦不知節」。爻變為雷水解，「解，緩也」，緩必有所失，後面就是損卦，可能得罪人了。

「有孚失是」，在這種輕鬆的氣氛下，好像一切都解決了，和平了，也承認這是一種孚的表現；但孚的表現偏離了「日中為是」的標準。恰到好處就是「是」。維持平衡很難，「六五」是日正當中，恰到好處；「上九」就過頭了，故稱「有孚失是」。「上九」兩個「有孚」，都是針對飲酒；飲酒可以，但不要過量，過頭了，就會失去「是」。

《易經》第一爻「潛龍勿用」，「不見是而無悶」，最後一爻「是」又出現了，可是已經偏離了。《易經》始於「是」，終於「是」，這一失就麻煩了，下面到底會發生什麼事也無法預測，說不定酒席上又引起衝突。如果一切就在這裡結束，這就不是《易經》的最高智慧。《易經》告訴你「有孚于飲酒，无咎」，好像什麼事都搞定了，但下面一波未平，一波又起，也不曉得還會怎麼樣。因為「濡其首」是感性過度，理性退縮；「有孚失是」，這一「失是」，是非就來了。

在希臘羅馬神話中，太陽神阿波羅代表清明理性的精神，酒神戴奧尼索斯代表感性的奔放，非常熱情。人交朋友可能有阿波羅的朋友，也有酒神的朋友。宣佈上帝已死的德國哲學家尼采，就說人都有一種追求感性奔放的酒神衝動，也有維持理性的日神阿波羅的精神，兩者一天到晚天人交戰。從這個爻看，酒神復活，第五爻日正當中的、清明理性的阿波羅精神退潮了，因為不平衡了，會出什麼事都不知道。這個爻也代表宇宙人生，而這個爻之後要幹嘛、會出什麼事？若打破沙鍋問到底，估計要挨老師的棒子，因為《易經》也不知道。用佛家的話來講，就是投胎去了。如果投胎作男的，等到「有孚失是」之後，就變成「潛龍勿用」，又落地了；如果投胎作女的，出來就「履霜堅冰至」，又踩一個透心涼，開始輪迴了。可見，「濡其首」就好像到了傳說中死後世界的奈何橋，有個老太太要請你喝孟婆湯。假定投胎轉世時還帶著未濟卦最後一爻的記憶降臨人世，那就天下大亂了；為了把所有記憶清洗乾淨，就一定要給你喝湯，讓你喝到神智模糊，等到再醒來，就會認定自己就是「潛龍勿用」。到底是忘光了好，還是作弊記下一點好？有些人完全忘了，似乎很快樂；有的人什麼都記得，結果痛苦死了。這是最後一爻。要始終維持日正當中的平衡，以致天下無事，那是不可能的；「六五」好不容易維持了，「上九」又偏了，又生出事端，這就叫「未濟，男之窮也」。

占卦實例1：學無止境

大概在二〇一〇年，我學《易經》大概三個十二年了，就想問問自己修的境界到底怎麼樣，結果是不變的未濟卦。看到這個結果，我很高興，「未濟，男之窮也」，沒有終止，還可以繼續深造自得。如果是既濟卦的話，那就沒得玩了。既然是未濟卦，那就代表沒完沒了，不斷還有亨的可能，還有創造的可能，這是學《易經》的方向。

占卦實例2：曾國藩、左宗棠失和真相

這是一段歷史公案。太平軍失敗、湘軍勝利之後，曾國藩跟左宗棠兩個湖南人公然撕破臉吵架，但他們是真失和，還是假失和？就不得而知了。在我看來，兩人演戲的成分居多。當時太平軍已除，不斷壯大的湘軍和清廷的矛盾就浮上了枱面；要麼功高震主，殺功臣，要麼反戈一擊，換人做皇帝。歷史的教訓一直是如此，在有共同敵人的時候，大家都忍；等到共同敵人被消滅了，內部矛盾就出來了。湘軍建立起足以威脅朝廷的龐大軍隊，聲勢這麼壯盛，北京的老太后心裡難免忌憚。怎麼辦呢？一是走極端，先下手為強；等他來動我的手，不如先動手把他幹掉，反正最後就是攤牌，看最後誰贏。持這種想法的湘軍將領大有人在，甚至包括左宗棠在內。他們都是飽讀詩書的

人，很清楚消滅敵人之後，自己反而危險，就算想和朝廷好好相處，朝廷也不見得容得下你，然後又有一堆嫉妒鬼進讒言。還有一種就是一不做、二不休，乾脆殺到北京去，趁現在兵威最盛，乾脆換漢人做皇帝。以左宗棠為代表的一群人就勸曾大帥，這位湖南前輩也不是完全不動心，辛辛苦苦打贏了，結果被人家幹掉，歷史的教訓太多，漢初的劉邦、呂后和明初的朱元璋都是大肆屠殺功臣。左宗棠勸曾國藩時，曾國藩也不講話，手沾茶水在桌上寫了一個「妄」字。「妄」不是要忘掉，而是說不要輕舉妄動。也就是說，這種見解雖然有點道理，但還是「妄」。據說曾國藩繞室彷徨三天，後來明確指出，反滿扶漢就是不行。道理在於左宗棠他們只想到西漢和明朝殺功臣，殊不知時勢不同，歷史事例不能硬套。因為在滿清末年，國內外的整個形勢跟朱元璋、劉邦時期絕不相同。太平軍被消滅了，可是外面還有西洋列邦，外患明顯比內患棘手，如果這時滿漢再打起來，那中國真的就完蛋了。既然不能打，又有朝廷的猜忌，那就要找出和平解決的方式，於是就設計一套方案，把湘軍不想與朝廷為敵的資訊明確傳出去。於是乎，傳說曾、左就串通演了一場戲，在慶功宴上喝醉酒翻臉，公然決裂。曾、左失和的消息傳開了，很長一段時間他們互不見面。消息傳到北京，清廷高興死了，認為他們內部分裂，不可能出手對付朝廷。但朝廷高層也不是傻子，他們和湘軍將領一樣，也知道他們在演戲，只是各自心裡有數，不造反就行。棋逢對手，既然湘軍無意，朝廷也樂得無意，大家和平相處，所以曾國藩自動裁軍，朝廷對湘軍的遣散費也很大方。這就是藉著吵架演一場戲，然後彼此相安，所以並沒有殺功臣的事發生。

曾、左失和，當時有眼光的人都知道是假的，尤其最後，曾國藩死在左宗棠之前，左宗棠給曾國藩的輓聯，對他簡直推崇備至。左宗棠自認才高，是很驕傲的人，可他對曾國藩是自嘆不如。

我曾為此公案占了一卦，問曾、左失和是真是假？結果是未濟卦的第二爻和第六爻，宜變之爻是第六爻。也就是說第四爻「震用伐鬼方」，消滅太平軍，「三年有賞于大國」，第五爻和平，第六爻就裝瘋裝醉演一場戲，不露痕跡地化解了內鬥的可能。第六爻爻變為解卦（䷧），和解收場，把問題化解於無形。兩爻齊變為豫卦（䷏），什麼都想到了，思患預防；張良要防劉邦，范蠡要防勾踐，就表現在第六爻，成功化解很多問題，成本最低，也釋放了和解的善意。第二爻「曳其輪，貞吉」，慢慢裁軍，第六爻就是曾、左失和的真相。這個卦象就可以斷歷史公案。一般來講，《易經》是占測未來或者占測當下的，但也可以占測過去。未來還有很多變動的可能，真要占得準比較難。過去已成事實，只是常被政治、歷史淹沒了真相。一個可以預測未來的東西，若不能預測過去，豈不是笑話嗎？所以很多真相不明的歷史，倒是可以用《易經》來探測。是非成敗轉頭空。

占卦實例3：蘋果掉落悟出萬有引力定律

二〇一〇年十月中，我問：牛頓看蘋果掉落，悟出萬有引力的說法可靠否？得出未濟卦上爻動，爻變為解卦，爻辭稱：「有孚于飲酒，无咎。濡其首，有孚失是。」多半是不可輕信的醉話，這種解釋應該是應酬外行人說的，被問煩了嘛！

占卦實例4：易占洞燭幽隱

二〇一一年九月上旬，我應邀再度赴德國慕尼黑授《易》，頭天下午教學員占卦，還是師生合占，我示範算出下卦三爻，另三位上來練習上卦三爻。徵求問題時，有學員問她們要如何幫助道場負責人？結果算出未濟卦「六三」爻動，爻辭稱：「未濟征凶，利涉大川。」當時自己解卦有些艱澀，也真正不知所以。後來事有變故，才知道負責人財務周轉極困難，不方便明說而已，易占神通燭照，世人隱密都瞞不過啊！

易經密碼：易經六十四卦的全方位導覽 / 劉君祖著.
-- 初版. -- 臺北市：大塊文化, 2015.11
冊； 公分. --（劉君祖易經世界；9）

ISBN 978-986-213-655-3（第八輯：平裝）

1. 易經 2. 研究

121.17 104020591

劉君祖易經世界9

易經六十四卦的全方位導覽

易經密碼 第八輯

作　者：劉君祖
責任編輯：李濰美
封面設計：張士勇
文字校對：陳錦生、鄧美玲、劉君祖
法律顧問：董安丹律師、顧慕堯律師
出　版：大塊文化出版股份有限公司
地　址：台北市 105022 南京東路四段二十五號十一樓
網　址：www.locuspublishing.com
讀者服務專線：0800-006689
電　話：(02) 87123898　傳真：(02) 87123897
郵撥帳號：18955675　戶名：大塊文化出版股份有限公司
總 經 銷：大和書報圖書股份有限公司
地　址：新北市新莊區五工五路 2 號
電　話：(02) 89902588（代表號）　傳真：(02) 22901658
初版一刷：二〇一五年十一月
初版七刷：二〇二一年五月
ISBN　978-986-213-655-3
定　價：新台幣四〇〇元
Printed in Taiwan

《易經》是民族智庫，文字發明前的集體創作

易經是群經之首，相傳6500年前從伏羲畫卦開始，
經周文王修訂卦爻辭，到孔子的集大成。經文雖然只有四千多字，
卻歷經時代的檢驗，裡面含納了歷代聖賢豐富的生活經驗和深沉的智慧。

《易經》是天人之學，蘊涵天地人的應對關係

《易經》對於中國文化的影響非常深遠，
幾乎所有的學問和技藝均受其啟發。
尤其神秘的易占，是中國術數之學的具體應用，
精確推演人生世事盛衰榮枯的變化，
而且隨著時代演變，以及個人的生命閱歷，
可不斷發現新的詮釋角度，令人讚嘆不已。

《易經》是憂患之書，經得起時間的考驗證明

64卦、384爻就是教人面對人生的種種橫逆，
找到化解的方法。
它的神機妙算和決策智慧，
自古以來被廣泛運用於政治、經濟及軍事領域，
面對全球化的今日，不僅有極大的發展空間，
更能給予高度的啟發。

《易經》的陰陽和合，為宇宙的生命基因解碼

《易經》卦爻符號表意系統所提供的信息和剖析豐富而精確，
它將陰陽互變的所有可能都考慮進去，
還可透過時間驗證預測結果。
易經64卦是宇宙的資訊網、信息庫，
想要探究生命的奧秘，就得參透其中的意義。

《易經》的古老智慧，能為21世紀的瓶頸解套

《易經》總合了不同時代的人生經驗與處世智慧，它是古代帝王學，
因為它不是一家之言，會不斷湧現新的創意構思，
具有未來趨勢的前瞻性，可以解決每個時代所面臨的困境。

易經世界
劉君祖

劉君祖將古代易學
與現代生活緊密結合，
深入淺出、迭出新意，
讓人大開眼界。
他積累數十年的學思匯萃，
將義理與象數融合無間，
引領大家進入易經玄妙而
豐富的世界！

深入淺出、循序漸進
教你一次讀懂易經

入門

《天道驚險人驚艷—易經的第一堂課》

進階

《易經密碼》第一輯
《易經密碼》第二輯
《易經密碼》第三輯
《易經密碼》第四輯
《易經密碼》第五輯
《易經密碼》第六輯
《易經密碼》第七輯
《易經密碼》第八輯

高階

《易經之歌—易經繫辭傳》